요한계시록 강의
: 선교와 저항

# 요한 계시록 강의

### 선교와 저항

정용성

홍성사

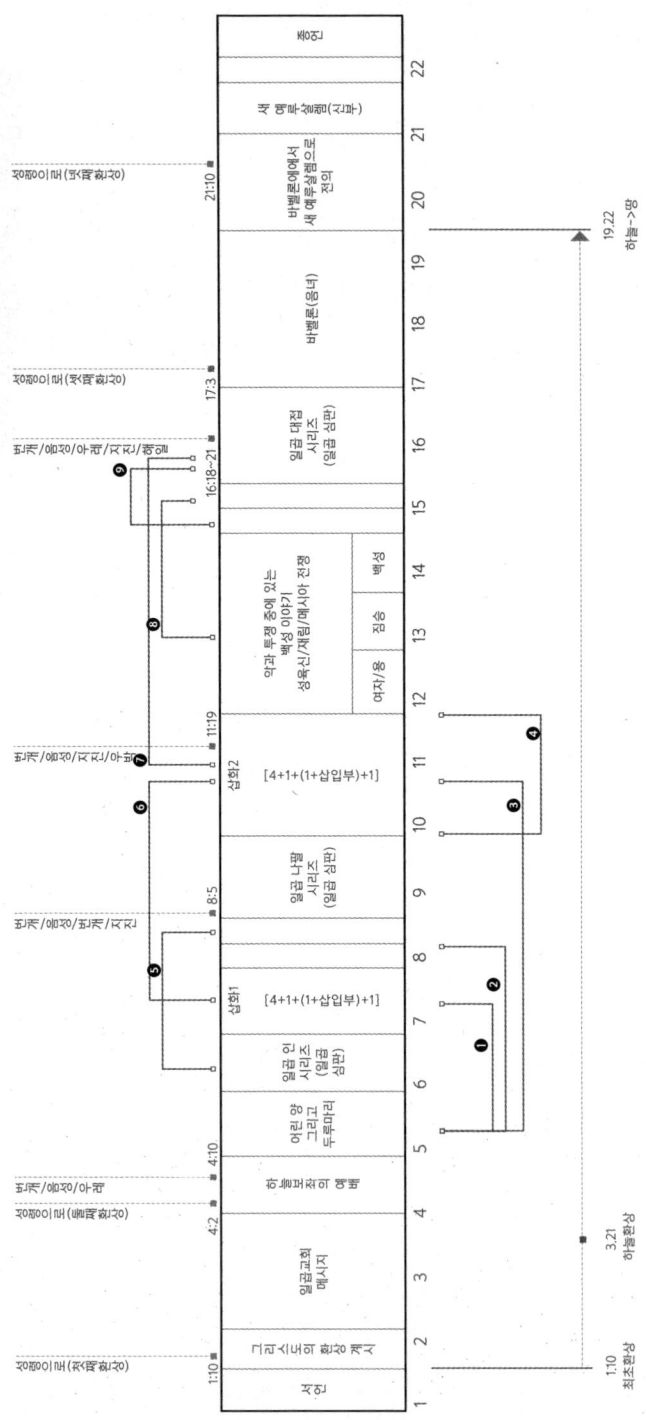

화살표 ❶ ❷ ❸ ❹
6장에서 15장까지의 이야기 흐름이 4-5장의 하늘
보좌와 관련되어 시행되는 사건들을 기술하고
있음을 표시한다.

화살표 ❶ ❷
5장의 어린 양과 두루마리가 첫 번째, 두 번째
삽화와 관련되는데, 어린 양을 경배하는 자들은
어린 양을 따르는 자들이고, 이들을 통해 하나님
나라가 이 땅에 이뤄짐을 나타낸다.

화살표 ❷
5장의 하늘보좌 예배 장면과 8장 2-5절의
성도들의 기도가 연결됨을 표시한다.

화살표 ❹
5장의 두루마리가 10장 2절에 등장하고, 11장(두
증인 이야기)은 두루마리의 축소판, 12-14장은
두루마리의 확대판이다.

화살표 ❺
일곱 인 시리즈와 8장 1절이 연동교합 방식으로
연결된다.

화살표 ❻
두 개의 삽화가 연결됨을 나타낸다(첫 번째
삽화의 14만 4천은 두 번째 삽화의 두 증인들과
같이 이 땅에 어린 양의 복음을 신실하게
증언하는 자들).

화살표 ❼
둘째 삽화(두 증인)의 내용과는 달리 일곱 대접
시리즈는 회개의 기회가 주어지지 않는 대접
심판이 실행됨을 대조한다.

화살표 ❽ ❾
두루마리(12-14장)와 일곱 대접 심판이 연동교합
형태로 연결됨을 표시한다.

들어가기 전에

이 책은 신학교, 목회자들 모임, 해외 선교사 재교육 모임 그리고 풍경 성서 마당에서 지난 수년간 강의한 내용을 정리한 것이다. 신천지가 요한계시록으로 많은 신자들을 현혹하고, 세대주의 종말론에 영향을 받은 운동들을 통해 잘못된 계시록 이해가 파급되고 있다. 많은 목회자들이 어떻게 대처해야 할지 모르겠다고 하소연한다. 계시록은 이해하기 어렵고, 공부하기가 막막하고 두렵다는 말을 들었다. 나도 계시록은 특정한 분들의 몫이라고 생각했다. 하지만 용기를 내었다. 신약학을 공부한 배경을 살리고 계시록 전문가들의 연구를 소화하여 신자들과 목회자들의 눈높이에 맞추어 보려 했다.

기본적으로 리처드 보컴(Richard Bauckham)의 책(The Climax of Prophecy: Studies on the Book of Revelation, Edinburgh: T. & T. Clark. 1993)을 읽고, 그레고리 빌의 주석(NIGNT 시리즈, Grand Rapids: Eerdmans, 1999)을 참고하였다. 이 두 권의 책을 바탕으로 주해 작업을 하고 강의를 하였다. 내용 중 많은 부분이 두 권에 의존하고 있음을 밝힌다. 특히 리처드 보컴의 책에서 중요한 아이디어를 많이 차용하였으나 몇 차례 강독과 강의를 통해 소화하고, 정리된 내용을 표현하였으며 한국적 상황에 적용하는 시각과 통찰력은 본인이 생각하고 연구한 결과이다. 물론 내용의 책임도 전적으로 본인에게 있다.

계시록 강의의 기회를 준 학생들과 수강생들이 있었기에 집필이 가능했다. 계시록 공부를 시작하도록 동기를 부여한 대구의 작은 목회자 성경 공부 모임인 '성서 속으로' 회원들에게 많은 빚을 졌다. 어려운 출판 환경에서 책이 세상에 나오도록 해주신 홍성사에 고마움을 표한다. 무엇보다도 풍경이 있는 교회 식구들이 고맙다. 기다려 주고 따라 주는 넉넉함이 귀하다.

전작 《닭장 교회로부터 도망가라》와 《나사렛 선언》을 많은 독자들이 찾았다. 이 책 또한 독자들에게 읽혀져 도움이 되길 바라는 마음이다. 특히 하나님 나라에 대한 전망을 가지고, 제국을 추구하는 공룡들에 저항하며 신실한 증인으로 치열하게 살기를 기도한다. 부족한 자와 함께 동고동락하는, 풍경이 있는 교회 성도들과 강의를 들었던 학생들에게 이 책을 헌정한다.

2018년 4월
모든 것이 제자리로 돌아가는 풍경을,
아름다움을 갈망하며

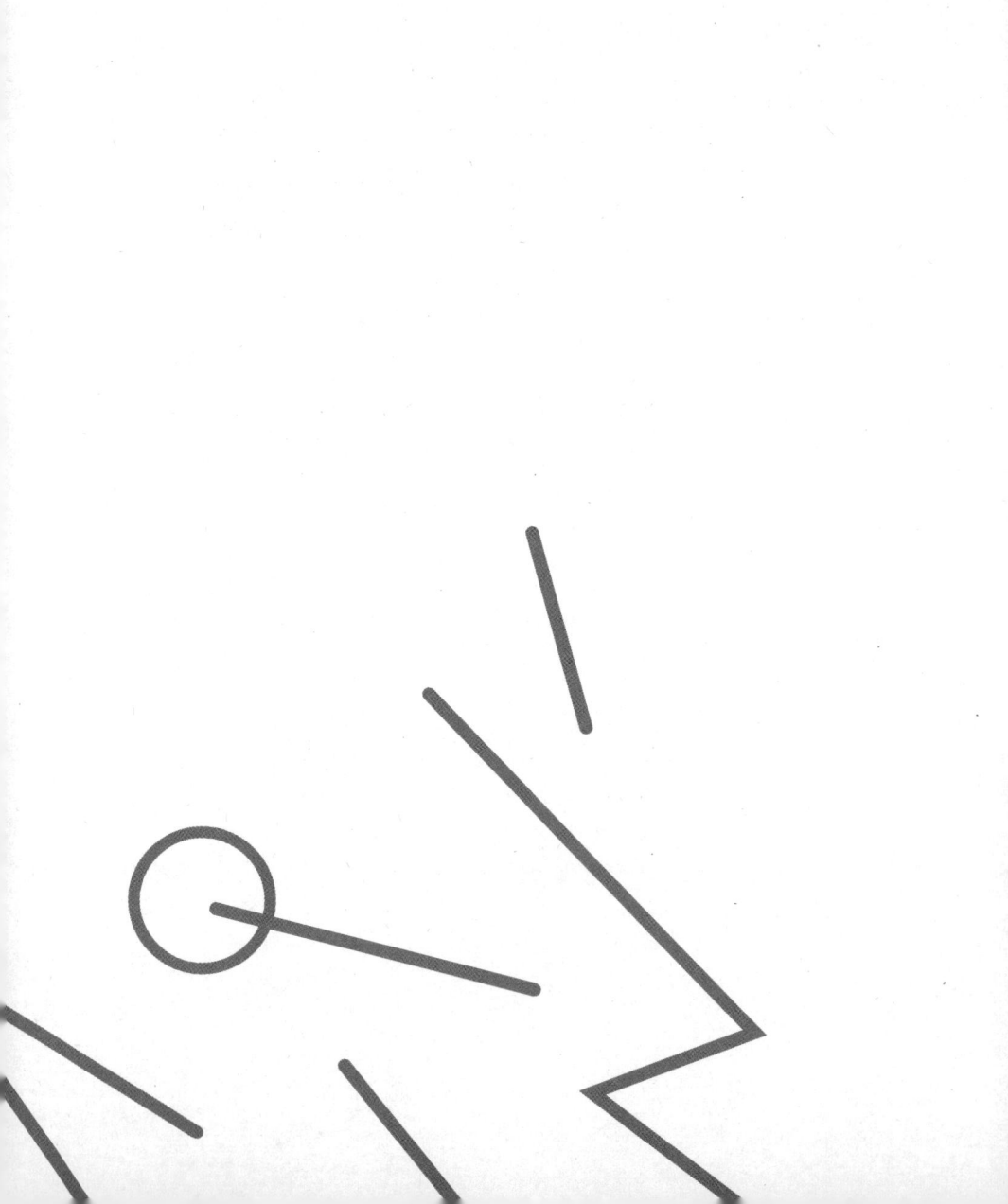

차례

도표_요한계시록의 문학적 구조  4
들어가기 전에  7
들어가며  13

## 1부
# 요한계시록 이해의 길잡이

**1장** 구조와 장르  21
**2장** 이미지  47
**3장** 아이러니와 패러디  54
**4장** 문학적 특징  85

## 2부
# 핵심 메시지

**1장** 들을 귀와 이기는 자  109
**2장** 하늘 보좌 예배  131
**3장** 하나님 나라의 원동력, 기도  165
**4장** 선교 : 열방의 귀의  183
**5장** 두루마리와 하나님 나라  223
**6장** 음녀 바벨론의 실체  350
**7장** 천년왕국, 하나님 나라, 새 예루살렘  385

나가며  403
주  412
약어표  414

들어가며

요한계시록은 어렵다? 그러나 알고 나면 어렵지 않다. 요한계시록은 두렵다? 공포 분위기를 조성하며 가르치는 이들이 많다. 그러나 알고 나면 위로와 용기를 준다. 요한계시록은 위험하다? 계시록을 잘못 읽어서 이단이 많이 생긴다. 하지만 알고 나면 유익하다. 하나님 백성이 어떤 전망을 가지고 어떻게 살아야 할지를 가르쳐 준다. 요한계시록은 그림책과 같다? 숫자와 색깔과 동물, 환상과 그림언어가 등장하지만 이것은 문학적 장치일 뿐이다. 요한계시록은 미로와 같다? 미궁에 빠져 막다른 골목에서 발견한 소품을 보물로 여기고 만족할 수도 있지만, 진짜 보물을 전체를 관통하는 사람은 누린다.

　계시록은 난독과 오독이 많은 책이기도 하다. 문화적·사회적 배경을 이해하지 못하고 더욱이 눈이 뜨이지 않으면 이해하기 어렵다. 어설프게 읽어서 선무당 사람 잡듯이 메시지를 전하면 소경이 소경을 인도하는 꼴이 된다. 이디오피아 여왕 간다게의 청지기 역할을 하는 내시가 이사야 53장을 읽고 있었지만, 그 뜻을 알지 못하고 있었다. 그때 성령의 인도함을 받은 빌립이 다가가서 "읽는 것을 깨닫느냐?" 물었다. 그는 "지도하는 이가 없으니 어찌 깨달으리요!" 반문했다. 계시록을 읽을 때도 마찬가지이다.

　요한계시록은 세 가지 신학적 특성이 있다. 첫째, 하나님 나라의 전망을 제시한다. "하늘에서 이루어진 것 같이 땅에서도 이루어지리이다." 하늘에 이루어진 하나님 나라(계 4-5장)가 이 땅에 이뤄지도록(계 11-15장) 교회는 부름을 받았다. 어떻게? 죽임을 당한 어린 양과 같이 신실한 증인으로서 십자가의 길을 걸어가며 복음을 증언하는 것이 교회의 사명이다. 새 하늘과 새 땅, 새 예루살렘은 이 땅에 이루어지는 하나님 나라의 비전이다. 계시록은 하나님 나라의 완성을 위해 교회가 참여하라는 요청이다.

둘째, 열방이 주께로 돌아온다는 선교문헌이다. 계시록은 '종말'과 관련 있지만, '종말론'을 다루지는 않는다. 종말론으로 접근하는 해석은 계시록의 근본 메시지를 오도할 가능성이 크다. 예수님은 "이 천국 복음이 모든 민족에게 증언되기 위하여 온 세상에 전파되리니 그제야 끝이 오리라"(마 24:14) 말씀하신다. 계시록은 교회로 하여금 예수의 약속이 실현되도록 신실한 복음의 증인으로 살아가라고 촉구하는 책이다. 이런 측면에서 종말과 관계된다. 하지만 종말론은 주요 관심사가 아니다. 계시록은 아브라함의 약속(창 12장)을 성취하고, 열방이 시온으로 순례하는 종말을 그리는 이사야의 예언(사 2:1-5; 11:1-16)을 성취하려는 선교문헌이다.

셋째, 계시록은 저항문서이다. 묵시문학은 본질상 저항문서이다. 당시 교회는 로마제국의 정치적·종교적·경제적 압박에 짓눌려, 사명을 망각하고 정체성을 상실할 위기였다. 계시록은 이러한 교회에 로마제국의 지배 문화에 저항하고, 원래의 사명을 감당하라고 강력하게 호소한다. 제국이 제공하는 안전과 풍요, 평화를 거부하고 복음의 신실한 증인으로 살도록 저항하는 급진적 제자도를 요청한다.

이러한 관점에서 볼 때, 계시록이 왜 묵시 장르를 가져왔는지, 왜 이미지를 자주 등장시키는지, 중요한 장면과 단어마다 구약을 직접 인용하지 않고 암시하거나 반향(反響)하는지 알 수 있다. 계시록은 초대교회 예언자 집단이 당시 교회 상황에 비추어 구약성경을 집단적으로 해석한, 일종의 예언적 주해이다. 그 대표 저자가 요한이다. 예수 그리스도의 십자가와 부활, 보좌에 좌정하심이 현실 교회에 어떤 의미가 있는가? 교회는 그리스도 사건에 비출 때 어떻게 행동하여야 하는가? 계시록은 구약 예언을 주해하여 독자들에게 전하고 그대로 살도록 촉구하는 예언적 메시지이다. 음녀로 상징되는 바벨론은 지극히 높으신 보좌에 앉으신 이의 주권과 능력으로 반드시 멸망당한다. 새 하늘과 새 땅은 새 예루살렘의 모습으로 이 땅에 도래한다. 이 과정에 종말론적 성전(聖戰)은 필연적이다. 교회는 이 전투에 참여한다. 그래야 하나님이 아브라함과 맺은, 열방을 향한 언약이 성취된다. 이것이 두루마리 예언의 본질이다. 이러한 예언적 삶에 교회가 동참하도록 계시록은 하나님 나라의 전망을 제시한다. 이 하나님 나라가 하늘에서 이뤄진 것같이, 땅에서도 이뤄지도록 촉구하는 예언적 메시지가 요한계시록이다.

요한계시록이 어려운 큰 이유는 선입관이요, 다음은 이미지와 장르에 대한 오해이다. 이러한 이유의 근원에는 요한계시록의 구조에 대한 몰이해가 있다. 문학적 구조를 파악하면 계시록은 다른 차원에서 읽힌다.

# 1부

## 요한계시록 이해의 길잡이

## 1장

## 구조와 장르

강줄기를 하늘에서 보면, 어디서 발원해서 어디로 흘러가는지 한눈에 보인다. 곳곳에 고여 있는 곳과 소용돌이치는 곳은 큰 물줄기의 한 부분일 뿐이다. 강이 어디를 거쳐 결국 어디로 흘러가는지가 중요하다. 건물도 전체 구조를 알면, 어디가 핵심이고 어디가 부수적인지를 알 수 있다. 한 권의 책도 마찬가지이다. 기승전결로 이어지는 문학적 구조를 파악하는 작업이 우선적이다.

요한계시록 이해에 가장 중요한 열쇠는 구조 이해이다. 계시록 구조 이해에 결정적인 실마리는 "성령으로 … 되었다"라는 문학적 표시이다. 이는 계시록에서 구조의 전환을 표현하는 용어이다. 1장 10절, 4장 2절, 17장 3절, 21장 10절에 등장한다.

| | |
|---|---|
| 최초 환상<br>(1:10) | 그리스도 환상 계시와 일곱 교회 메시지(2-3장) |
| 둘째 환상<br>(4:2) | 하늘 보좌 환상(4-5장)과 연속되는 세 가지 심판(인, 나팔, 대접, 6-16장). |
| 셋째 환상<br>(17:3) | 음녀 바벨론 환상 — 바벨론 멸망과 신부 새 예루살렘으로 전이 |
| 넷째 환상<br>(21:10) | 신부 새 예루살렘 환상 — 음녀 바벨론을 대체하러 하늘에서 도래 |

'성령으로'라는 표현은 계시록 전체 환상의 틀이 어떻게 구성되는지를 보여 준다. 이 표현을 중심으로 먼저 간략하게 전체 구조를 설명한 후에, 구체적 구조를 설명하고자 한다.

최초 환상은 계시자이신 그리스도와 계시의 대상인 교회의 상황을 묘사한다. 계시의 초점은 무엇인가? 교회는 그리스도의 통치를 받으며, 온 세상을 향한 신적 통치의 주요 통로이다. 그리스도는 다양한 모습으로, 다양한 메시지와 더불어 다양한 약속을 하며 교회를 통치한다. 그런데 당시 교회는 그리스도의 통치를 받기는커녕, 우상숭배 문화와 타협하여 정체성을 상실할 위기에 빠졌다. 이 상황을 어떻게 타개할까? 그래서 둘째 환상이 도입된다.

둘째 환상은 하늘 보좌의 시각에서 현실을 볼 수 있는 관점을 제시한다. 하늘 보좌는 성도들의 기도와 찬양, 예배로 충만하다. 성도들의 기도는 둘째 환상을 펼쳐가는 추진력이다. 하늘 보좌의 예배 주제는 하나님의 다스림이다. 어떻게 하나님의 다스림이 하늘에서 이루어진 것과 같이 땅에서도 이루어지는가? 그 핵심은 두루마리(5장; 10장; 12-15장)이다. 두루마리는 신실한 예언적 증언을 통해 이 땅에서 짐승의 통치가 종결되고, 하나님의 통치가 완성됨을 하나의 드라마로 묘사한다. 연속적인 세 심판은 두루마리의 내용을 강조하여 드러내는 무대 장치이다.

셋째 환상은 둘째 환상의 주제를 특별히 강조하여 다룬다. 세상을 통치하는 세력은 바벨론이다. 바벨론은 제국주의적인 세상권력이다. 계시록의 시대에는 로마제국이다. 제국의 권세는 우상숭배와 더불어 경제적인 수단으로 압박하고 핍박한다. 계시록은 이 부분에서 제국의 본성을 적나라하게 폭로하고 고발한다. 바벨론은 하나님의 심판을 받고 짐승과 더불어 멸망한다.

넷째 환상은 바벨론을 대체하는 새 예루살렘의 등장을 묘사한다. 셋째 환상의 음녀 바벨론의 멸망과 넷째 환상의 신부 새 예루살렘은 병행을 이룬다. 이 둘 사이에 놓인 단락은 바벨론에서 새 예루살렘으로, 파루시아에서 새 창조로 전이를 나타낸다. 현실 역사의 종말이 어떻게 성취되는지, 그 절정을 드라마로 묘사한다. 종국에는 이 땅에 하나님 나라가 이뤄지고, 새 예루살렘이 하늘에서 땅으로 내려와 새 하늘과 새 땅에 도래한다. 그리고 성도는 '마라나타'로 응답한다.

일곱 교회로 대변되는 교회는 이 땅을 통치하시는 그리스도의 풍성한 축복과 온전한 약속을 받았다. 그러나 당시 교회는 짐승과 바벨론의 통치로 인해 정체성을 상실할 정도로 위기에 봉착한다. 위기를 극복하기 위해서는 하나님 나라의 시각을 가질 필요가 있다. 그래서 교회는 하늘 보좌에 펼쳐지는 예배에 초대되어 두루마리를 받아 먹는다. 교회는 이 땅에서 어린 양의 발자취를 따라 신실한 예언적 증인의 삶을 살도록 요청을 받는다. 열방이 주께로 돌아오는 하나님의 구원 드라마에 참여하도록 사명을 받은 주체가 이 땅의 교회이다. 교회의 신실한 증언으로 말미암아 결국 바벨론은 멸망당하고 새 예루살렘이 도래한다. 계시록의 전체 메시지는 교회가 하나님 나라의 도래에 능동적이고 역동적으로 참여하기 위해, 바벨론의 통치와 맞서 싸우는 어린 양의 군대에 합류하여, 신실한 예언적 증인의 삶을 살도록 요청하는 선교와 저항의 메시지이며, 철저한 제자도의 메시지이다. 종말의 프로그램이 어떻게 진행되는가는 계시록의 관심사가 아니다. 오히려 예수의 약속대로 모든 민족에게 복음이 전해지면 '내가 속히 오리라'는 파루시아(흔히 재림으로 이해하지만, 왕이나 신이 특정 지역에 방문하는 사건을 표현하는 전문 용어) 약속이 성취되는 여정에 교회가 참여하도록 하기 위함이다. 그래서 계시록은 "마라나타"로 끝난다. 마라나타는 '주여! 오시옵소서!'라는 탄원기도이기도 하지만, '주여! 임하셨군요!'라는 감격의 찬송이기도 하다.

### 최초 환상: 계시자와 계시 대상의 관계

최초 환상은 계시의 원천인 그리스도와 계시를 들어야 할 일곱 교회 메시지이다. 여기서 중요한 것은 그리스도가 어떻게 표현되는가, 그리스도가 교회와 어떻게 연결되는가이다.

| | |
|---|---|
| 이제도 계시고 전에도 계셨고 장차 오실 이(1:4) | |
| 보좌에 계신 일곱 영(1:4) | **사데**(3:1) |
| 충성된 증인(1:5) | **라오디게아**(3:14) |
| 죽은 자 가운데서 먼저 나신 이(1:5) | |

| | |
|---|---|
| 땅의 임금의 머리가 되신 이(1:5) | |
| 일곱 촛대 사이에 인자 같은 이(1:13) | **에베소**(2:1) |
| 발에 끌리는 옷을 입으신 이(1:13) | |
| 가슴에 금띠를 띠신 분(1:13) | |
| 머리와 털의 희기가 흰 양털 같고 눈 같으신 분(1:14) | |
| 눈이 불꽃 같으신 분(1:14) | |
| 발이 풀무불에 단련한 빛난 주석 같으신 분(1:15) 음성이 많은 물소리 같으신 분(1:15) | **두아디라**(2:18) |
| 오른손에 일곱별을 가지신 분(1:16) | **에베소**(2:1), **사데**(3:1) |
| 입에 좌우에 날 선 검이 나오시는 분(1:16) | **버가모**(2:12) |
| 얼굴은 해가 힘있게 비치는 것 같은 분(1:16) | |
| 처음이요 마지막, 살아 있는 자, 전에 죽었던 분(1:18) | **서머나**(2:8) |
| 사망과 음부의 열쇠를 가지신 분(1:18) | **빌라델비아**(3:7) |

    1장에서 계시하는 분인 예수 그리스도는 2, 3장에서 일곱 교회에 말씀하신다. 교회는 그리스도와 밀접한 관계를 가지고 있으며, 그의 통치를 받는다. 그리스도의 통치를 받지 않는 교회는 하나님 나라와 관련이 전혀 없으며, 또한 존재의 이유가 없다.

교회는 그리스도의 통치를 받아서 하나님 나라를 이 땅에 세우기 위하여 존재한다.

십자가에서 죽으시고 부활하신 예수 그리스도는 일곱 교회로 대변되는 1세기 당시 교회를 향하여 환상으로 계시하시는 분이다. 그리스도는 일곱 교회 상황에 적합하게 등장한다. 일곱 교회는 문자적으로 일곱 교회가 아니라 계시록이 기록될 당시의 전체 교회를 상징한다. 이들 교회는 로마의 지배 이데올로기에 짓눌려 몸부림을 치고 있다. 이들은 전반적으로 심각한 위기에 직면하여 있으며, 교회의 정체성이 상실될 상황에 놓여 있었다. 이미 이세벨, 발람, 니골라 당과 같은 거짓 선지자의 속임에 넘어갔고 로마 사회의 압도적인 권세와 영향력에 심각하게 물들어 가고 있었다. 일곱 교회를 향해 최초 환상에서 계시된 그리스도는 각 교회를 향하여 예언적 메시지를 전달한다. 메시지는 각기 다르지만, 두 가지 핵심 메시지는 같다. 하나는 '들어라!' 정형문으로 구성된 각 교회를 향한 경고이고, 다른 하나는 '이기는 자'에게 주시는 약속이다(2부 1장, '들을 귀와 이기는 자'를 보라).

### 둘째 환상: 하늘 보좌로 인도받은 요한

왜 하늘 보좌로 인도하는가? 생명력이 상실될 위기에 처한 교회 스스로는 문제의 해결 방법이 없다. 늪에 빠진 사람은 스스로 헤쳐 나오기 어렵다. 전혀 다른 시각에서, 문제의 돌파구를 열어 갈 수 있는 동기 부여와 전망이 필요하다. 독수리의 눈으로 광야를 보듯이, 하늘 보좌의 시각으로 교회의 현실을 볼 수 있어야 한다. 그래서 천사는 요한을 하늘 보좌로 인도한다. 역사의 주관자이시고 만물의 창조주이신 하나님이 어떻게 역사를 주관하시는지 볼 때에, 지배적인 세상 권세에 짓눌려 고사 상태에 빠진 교회가 문제를 박차고 탈출할 수 있는 해결책을 얻는다.

그러면 하늘 보좌에서는 어떤 장면이 펼쳐지는가? 우주적 예배와 성도의 기도에 대한 응답으로 두루마리가 주어지는 장면이다. 4장은 보좌에 앉으신 성부 하나님을 중심으로 한 우주적 예배가 핵심이며, 5장은 하나님의 오른손에 들린 두루마리의 일곱 인을 떼기에 합당한 어린 양께 드리는 예배가 핵심이다. 4장의 하늘 보좌 예배에서는 보좌에 앉으신 이와 네 생물과 24장로, 14만 4천 성도와 계속 합류하는 셀 수 없는 무리가 끊임없이 창조주 하나님을 찬양한다. 5장에서는 보좌에 앉으신 이의 오른손에 일곱 인으로 봉인된 두루마리가 등장한다. 이 두루마리를 죽임 당한 어린 양이 봉인 해제한다. 5장은 인을 제거하기에 합당하신 죽임 당한 어린 양에 대한 예배가 전체 장면을 지배하지만, 두루마리를 올바로 이해할 수 있는 실마리를 제공한다. 봉인 해제된 두루마리는 10장에서 천사가 요한에게 전달한다. 요한은 이 두루마리를 충분히 소화하여 선포하는 예언자의 사명을 위임받는다. 그 내용이 12-14장이다. 이 두루마리가 계시록의 핵심 메시지이다.

그런데 이 두루마리는 왜 등장하는가? 그 배후에는 성도의 기도가 있다. 5장 6절에 네 생물과 24장로가 거문고와 향이 가득한 금 대접을 가졌다. 이 기도는 6장 9, 10절에 제단 아래에 죽임을 당한 영혼들의 기도와 8장 2-5절의 성도들의 기도와 연결된다. 이들 기도에 대한 응답이 일곱 심판 시리즈이고 또한 두루마리이다. 두루마리는 하늘 보좌에 상달된 성도들의 탄원기도에 대한 응답이다. 그 응답으로 하늘보좌에서 내려진 칙령으로 실행되는 하나님의 구속과 통치에 대한 계획이며, 핵심 주제는 하나님 나라의 확립, 즉 "주가 다스리신다"(사 52:7)이다.

하늘 보좌 예배는 둘째 환상 전체와 어떻게 연결되는가? 하늘 보좌 예배는 세 가지 연속적인 일곱 심판 시리즈와 두루마리의 내용의 계시와 밀접하게 관련되어 있다. 이 연결고리는 두 가지 문학적 장치를 사용한다. 하나는 '번개와 음성과 우레와 지진'(4:5; 8:5; 11:19; 16:18)이라는 정형문이다. 다른 하나는 연동교합식 문학적 연결 기법(literary interlocking technique)이다. 즉 앞의 심판 시리즈와 후속 심판 시리즈가 단절되지 않고, 상호 연결되어 있는 문학적 구조이다.

첫째, '번개와 음성과 우레와 지진' 정형문을 살펴보자. 각 심판 시리즈의 일곱 번째는 한편으로 다른 시리즈와, 다른 한편으로는 4장의 하나님 보좌 환상과 연동교합식 기법과 연결되어 있다. 각 시리즈가 등장할 때에 이 정형문은 확장된다. 이는 4장의 하늘 보좌에서 결정된 포고문의 실행이 시작되거나 종료되는 신호를 알리는 일종의 무대장치이다.

> 번개와 음성과 우렛소리(4:5, 하늘 보좌에서 심판을 알리는 신호. 따라서 지진 생략)
>
> 우레와 음성과 번개와 지진(8:5, 일곱 번째 인 심판)
>
> 번개와 음성과 지진과 큰 우박(11:19, 일곱 번째 나팔 심판)
>
> 번개와 음성과 우렛소리, 큰 지진과 해일(16:18-21, 일곱 번째 대접 심판)

왜 이러한 정형문을 사용하는가? 하늘 보좌에서 심판의 시작을 알리고, 각 심판 시리즈가 끝나는 일곱 번째 심판에 이 정형문이 등장한다. 하늘 보좌의 포고문으로서 시작되는 각 심판 시리즈는 시내산 신현 사건(출 19:16)을 암시한다. 이 정형문은 점진적으로 확대된다. 각 일곱 심판 시리즈가 점진적으로 강도를 더해 가며 가혹해지는 현상과 일치한다.

둘째, 연동교합식 문학적 연결 기법은 무엇인가? 이는 일종의 문학적 체인이다. 앞뒤 단락이 서로 연계되어 있는 형태이다. 즉 목걸이 또는 기차가 연결되어 있는 형태이다. 이 문학적 기법(A-b-a-B)은 문학적 흐름의 '연속성과 문체의 연결'을 위해 사용되었다. 계시록 당대의 로마 저자들인 퀸틸란(Quintilian)과 루시안(Lucian)에게서도 발견되며[1], 구약과 알렉산드리아의 필로(Philo), 플루타크(Plutarch)와 요세푸스(Josephus)의 작품에서도 발견된다. 이 기법은 그레코 로망 세계에서 수사학 기교로서 사용되는 데 한정되지 않고, 지중해 지역과 근동 지역 문학의 특징으로 폭넓게 자리를 잡고 있었다.[2] 연동교합 기법은 본문의 의미 창출에 영향을 미치고 구조는 의미에 영향을 주며 문학적 구조 기법은 신학적 함의를 반영한다.

| 계시록에 나타난 네 가지 연동교합 단락들 | | | | |
|---|---|---|---|---|
| 본문 | 연동교합 | (A)연동교합 | (B)본문 | 참고 |
| A | b | a | B | |

|  | 예기적<br>(Anticipatory) | | 회고적<br>(Retrospective) | | |
|---|---|---|---|---|---|
| 2:1 – 3:22 | 3:21 | 3:22 | | 4:1 이하 | 서신과 하늘 보좌<br>연결 |
| 6:1 – 8:5 | 8:2 | 8:3 – 5 | | 8:6 이하 | 인 심판과<br>나팔심판 연결 |
| 12:1 – 15:4 | 15:1 | 15:2 – 4 | | 15:5 이하 | 두루마리와<br>대접심판 연결 |
| 21:9 – 22:5/9 | 22:6 – 7a | 22:7b – 9 | | 22:6, 10 – 21 | 천년왕국과<br>새 예루살렘 연결 |

계시록에서 연동교합기법을 통한 장면 전환은 전체 구조에서 문학적 연결고리를 동시에 창출한다. 이는 문학적 단위들을 구분하기도 하고 동시에 묶어 주기도 하며 서신과 묵시라는 전혀 다른 성격의 장르를 서로 교합시키는 역할을 한다. 또한 당대 대부분 묵시 문학에서 나타나는 경향과 달리 계시록의 예언의 비밀을 특정 집단만 이해하도록 제시하지 않고 모든 독자들이 읽고 깨달을 수 있도록 만든다.

예를 들면, 계시록 3장 21, 22절과 22장 6-9절의 연동교합기법은 편지의 문학적 골격과 묵시적 환상들을 혼합시켜서 서신과 묵시를 교합하는 효과를 창출한다. 계시록 8장 2-5절의 연동교합 구조는 일곱 인 심판 시리즈가 그 자체로 단절되지 않고 다음에 오는 일곱 나팔 심판 시리즈에 이어지게 만든다. 마치 특정 구역에서 다른 구역으로 이동할 때, 채널을 자동으로 전환시켜 통화가 끊어지지 않게 해주는 기능과 같다. 마찬가지로 계시록 15장 1-4절도 일곱 대접을 예상하고 아울러 일곱 나팔과 두루마리의 내용을 회고하면서, 서로를 이어 주는 역할을 한다.

왜 연동교합 기법을 사용하는가? 앞뒤 큰 단락 사이를 구분하고 또한 연결하기 위함이다. 계시록에서 첫 번째와 네 번째 연동교합은 서신과 묵시 사이를 구분하고 연결시키는 동시에, 또한 두 장르를 교합시켜서 새로운 장르로 묵시적 서신을 창출한다. 두 번째와 세 번째 연동교합은 세 가지 연속적인 일곱 심판 시리즈를 서로 연결시켜서, 인 심판 시리즈는 나팔 시리즈에, 나팔 시리즈는 대접 시리즈에 심판의 무대를 넘겨주면서 연결시키기 위함이다.

이러한 기법이 의미하는 바는 무엇인가? 계시록의 일차 독자인 소아시아 일곱 교회가 묵시적 환상에 참여하여, 하늘 보좌에서 포고되는 바벨론의 심판과 하나님 나라 확립을 목도하고, 어린 양의 승리에 참여하도록 하기 위함이다. 그리고 세 가지 연속 심판 시리즈는 시간적으로 이어지는 사건이라기보다 한 가지 심판을 세 가지 측면으로 묘사한 것이다. 서로 구분되면서도 서로 연결되어서, 하나님의 목적이 실현됨을 의미한다. 세 가지 심판 시리즈는 시간적인 순차가 아니라 강도와 범위와 단계의 순차이다. 한 시대나 한 지역에 하나님 나라의 확립을 위해 인과 나팔과 대접 시리즈가 순차적으로 진행됨을 의미한다. 마지막으로 연동교합 기법은 독자들이 묵시적 환상만 탐닉하도록 허락하지 않는다. 묵시적 메시지를 통해 두루마리의 예언을 독자의 현장에서 선포하고 풀어내도록 일상으로 다시 되돌려 놓는다. 그래서 특정 지혜가 있거나 가치가 있는 특수 집단에게만 계시록이 이해되는 것이 아니라, 모든 독자들이 풍부한 이해를 누리며, 두루마리 예언의 메시지를 증언하는 삶을 살도록 동기를 부여한다.

하늘 보좌와 세 가지 연속적인 일곱 심판 시리즈는 어떻게 연결되는가? 세 시리즈는 각기 시공간적으로 독립되어 순차적으로 일어나는 사건들이 아니다. 오히려 점진적이고 점층적으로 강도를 더해 간다. 세 가지 시리즈 각각에서 일곱 번째 심판은 최후 심판에 도달되는 동일한 마지막 심판이다. 인과 나팔 심판 시리즈는 최후 심판을 예비적으로 미리 엿보게 만든다. 그 다음 시리즈는 다시 강도를 더하여 최후 심판에 가깝게 접근한다. 이는 앞의 '번개와 음성과 우레와 지진' 정형문이 갈수록 확대되는 현상과 같다.

| 일곱 인 | 6:1 – 8:1 | 4+1+1+(삽화)+1 | 1/4 | 신자와 불신자 |
| --- | --- | --- | --- | --- |
| 일곱 나팔 | 8:2 – 11:19 | 4+1+1+(삽화)+1 | 1/3 | 불신자에 집중 |
| 일곱 우레 | 10:3 – 7 | 취소된 심판 | (1/2) | ???? |
| 일곱 대접 | 15:1 – 16:21 | 4+3 (삽화 없음) | 1/1 | 불신 세계 |

세 개의 일곱 심판 시리즈가 서로 연결되는 방법은 각기 다르다. 각 심판 시리즈가 연결 연결되어 연동됨을 표현하기 위해 '연동교합식 문학적 연결 기법'을 사용한다. 일곱 인 시리즈가 일곱 나팔 시리즈와 연결되는 방법은 중첩 기교이다. 8장 1절에서 어린 양이 일곱 번째 인을 뗄 때에, 한 시간 반 동안 침묵이 있다. 이 침묵은 하나님이 성도들의 기도를 들으시는 시간이고, 이 기도에 대한 응답이 8장 5절에서 기술된 땅에 대한 심판이다. 그러나 침묵에 대한 언급과 기도의 봉헌 사이에, 일곱 나팔의 준비로 8장 2절에서 일곱 나팔을 가진 일곱 천사를 소개한다.

일곱 나팔과 일곱 대접의 경우에는 어떤가? 첫째로, 12–14장이 일곱 번째 나팔(11:15–19)과 5장 1절의 대접을 가진 일곱 천사들의 첫 번째 등장 사이에 간섭을 한다. 둘째로 11장 19절이 일종의 이음매 역할을 한다. 한편으로, 11장 19절 전반부의 내용이 대접 시리즈를 도입하는 15장 5, 6절 사이에 내용상으로 상호 반향을 하여 연결되고 있다(11:19의 전반부, "하늘에 있는 하나님의 성전이 열리니 성전 안에 하나님의 언약궤가 보이며" / 15:5-6, "또 이 일 후에 내가 보니 하늘에 증거 장막의 성전이 열리며 일곱 재앙을 가진 일곱 천사가 성전으로 부터 나왔다"). 다른 한편으로 11장 19절 후반부는 일곱 번째 대접 이야기를 확대하고 있다. 따라서 12-14장의 간섭에도 불구하고, 대접 시리즈의 전체가 일곱 번째 나팔의 발전으로서 분명하게 표시가 나도록 고안되어 있다.

그렇다면 세 가지 연속적인 일곱 심판 시리즈에 나타나는 특징은 무엇인가? 첫째는 인과 나팔 시리즈에서 첫 번째 네 심판은 짧고 급하게 정복/전쟁/기근/사망의 순서로 진행되고, 다음 세 심판은 긴 내용으로 느리게 진행된다. 둘째로 인 시리즈와 나팔 시리즈에는 삽화가 있고, 대접 시리즈에는 삽화가 없다.

삽화의 역할은 무엇인가? 두 가지 역할을 한다. 먼저는 여섯 번째 심판에서 제기된 이슈와 이에 대한 답을 제공한다. 다른 한 편으로, 심판의 연기를 통해 회개의 기회를 제공하는 역할을 한다. 일곱 대접에서 삽화가 없다는 점은 심판의 급박성으로 인해 더 이상 회개의 기회가 없음을 상징한다. 첫 번째 삽화(7장)는 여섯 번째 인에 제기된 "얼마나 오래?"의 질문에 대한 답변이다.

심판으로부터 14만 4천의 인을 쳐서 하나님 백성을 보호하고 하늘 군대의 승리에 대한 확신을 제시하여, 회개의 기회를 제공한다. 두 번째 삽화(10, 11장)는 여섯 번째 나팔에 제기된 질문, "재앙에 죽지 않고 살아남은 자들이 어떻게 돌아올 수 있는가?"에 대한 답변이다. 하나님 백성이 두 증인을 본받아서 어린 양과 같이 신실한 예언적 증인의 삶을 살면, 불신자들이 돌아올 수 있는 가능성을 제기한다.

두 가지 삽화와 5장의 승리하는 어린 양 사이의 관계는 무엇인가? 첫 번째 삽화는 어린 양의 추종자들이 승리하는 환상으로 묘사하는데, 이는 5장에 어린 양이 승리하는 환상과 병행을 이루도록 용의주도하게 구성되어 있다. 두 번째 삽화는 명확하게 문학적 연결고리로 연결되어 있다. 첫째, 5장 2절의 힘 있는 천사와 10장 1절의 힘센 다른 천사. 둘째, 10장 2절의 작은 두루마리와 5장 2절의 두루마리. 셋째, 5장에서 어린 양이 개봉한 두루마리를 10장에서 요한이 삼키도록 받는 명령. 이는 요한의 선지자로서의 위임명령이다. 따라서 요한은 그 내용들을 예언으로서 계시하게 된다(10:11). 11장 1-13절에서는 맛보기로, 12-15장에서는 보다 상세하게 예언한다.

요한은 능수능란하게 6-11장의 모든 부분들을 4-5장의 하늘 비전과 연결시킨다. 인과 나팔 시리즈는 5장의 어린 양과 두루마리 비전으로부터 순차적으로 발전된다. 어린 양은 두루마리의 일곱 인들을 각각 개봉한다. 일곱 번째 인의 개봉은 뒤에 따라오는 나팔 소리를 수반한다. 더욱이 이들 두 시리즈는 절정에 이르는 결론 부분(8:5; 11:19)에서 4장의 신적 보좌의 비전과 되돌아서 연결된다. 그러나 두 시리즈 내에 있는 두 가지 삽화들은 또한 5장과 자체적인 연결고리를 가지고 있다. 특히 두 번째 삽화는 5장이 전망하는 사건, 즉 두루마리 예언 선포를 위한 위임 명령과 두 증인 이야기를 포함하도록 정렬시킨다.

두루마리(12-14장)의 기능은 무엇인가? 계시록의 강조점은 세 가지 심판 내용이 아니라, 이들 심판이 둘러싸고 있는 두루마리의 내용이다. 두루마리는 계시록 예언의 핵심 내용이다. 두루마리를 둘러싼 세 가지 심판 시리즈는 두루마리 내용에 초점을 집중시키는 일종의 무대 장치에 불과하다. 12장에서 여자와 용의 주제를 도입하여, 메시아의 어머니로서 하나님 백성 이스라엘의 소명과 사명을 드러낸다. 13장에는 짐승들과 그들의 실체인 666을 소개한다. 그러나 13장은 14장과 함께 읽어야 한다. 13장의 짐승은 14장에 소개된 어린 양과 그 추종자들 사이의 종말론적 전투에서 패배를 당하고, 어린 양의 추종자들이 최후 승리를 한다.

두루마리의 내용은 두 가지 삽화에서 제기한 주요 주제들, 즉 문학적 연결고리가 아닌 주제를 통해 서로 연결된다. 첫 번째 삽화의 14만 4천(7:4; 14:1)과 묵시적 기간(3년 반, 11:2-3=12:6-14=13:5)과 짐승(11:7; 13장)이 그것이다. 두루마리는 세상 속에 하나님의 대적과 갈등을 겪으며 살고 있는 하나님 백성의 이야기이다. 하나님 백성은 순교자로서 이 땅에 살아가며 이 땅에서는 죽임을 당한다. 하지만 하나님의 능력으로 다시 살아나서, 짐승을 이기고 결국 일곱 교회 메시지에서 제시한 '이기는 자'에게 주는 약속을 누리게 된다.

### 셋째 환상, 바벨론의 멸망과 새 예루살렘

셋째 환상은 세 가지 연속 심판 시리즈에서 간략하게 다루거나 넌지시 암시하였던, 바벨론의 멸망을 구체적으로 다루고 있다. 사실 셋째와 넷째 환상은 둘째 환상에 대한 부록이라고 할 수 있다. 둘째 환상에서 다루었던 중요 주제를 요점 반복을 통해 확대하고 있다.

바벨론은 음녀이다. 하나님의 백성을 미혹하고, 술에 중독되듯이 열방을 우상숭배에 빠져들도록 유혹하는 음녀이다. 17장은 바벨론의 멸망 원인과 통로(짐승과 그 동맹)를 설명한다. 18장은 바벨론이 멸망당해야 할 이유를 열거한다. 만국을 미혹하는 매력 포인트는 경제적인 번영과 안전 보장이다. 스물여덟 가지 상품 거래 목록을 통해 이를 제시한다. 그리고 바벨론의 멸망으로 인해 애곡하는 집단(왕들, 상인들, 뱃사람들)의 반응을 기술한다. 18장은 1세기 당시의 로마나 유대의 그 어떤 문헌과도 비교할 수 없을 정도로 로마의 경제적 제국주의에 대한 강력한 비판이다. 바벨론 멸망의 절정으로 어린 양의 혼인잔치와 바벨론을 멸망시킨 짐승의 멸망(19:1-10)을 그다음에 다룬다. 다음 장면은 '파루시아에서 새 창조'(19:11-21:8)를 다루고 있다.

음녀 바벨론의 환상(17:1-19:10)과 신부 새 예루살렘의 환상(21:9-22:9)이 병행을 이루고 있다. 그렇다면 그 가운데 있는 단락(19:11-21:8)은 어떤 내용과 구조적 특성이 있는가? 내용상으로는 파루시아에서 새 창조, 또는 바벨론에서 새 예루살렘으로 전이를 나타낸다. 구조상으로는 19장 11절이 중요한 도입부 역할을 한다. 4장 1절과 의도적인 병행을 이루고 있다. 4장 1절에는 하늘에서 문이 열리고 요한이 올라간다. 19장 11절에는 하늘이 열리고 신적 용사가 전쟁을 하러 내려온다. 19장 11절은 하늘에서 사건들의 청취와 환상들이 마무리되었음을 알리는 표시이다. 19장 11절 이후에는 하늘에서 일어나는 어떤 것도 들을 일이 전혀 없다. 이제는 모든 일이 4장 1절 이전과 같이 땅에서만 일어난다. 19장 11절은 하늘에서 땅으로의 전이를 나타낸다.

요지는 바로 이것이다. 신적인 것은 더 이상 하늘에서만 활동하지 않고 세상에 뚫고 들어와서, 선행하는 전체 환상이 지향하고 있는 방향의 절정을 나타낸다. 바로 이 목적을 염두에 두고 요한은 선행하는 장들에서 일련의 지시표들을 배치하여 놓고 있다. 이들 지시표들은 파루시아 환상을 이해할 때에 다시 참조하도록 만든다.

### 가장 중요한 지시표들

- 하나님과 어린 양의 진노의 큰 날(6:17)과 19장 11-21절의 심판(6:15).

- 철장으로 열방을 다스리는 어린아이는 하늘로 들려 올라간다. 19장 15절에서 다시 그렇게 하기 위해 돌아온다(12:5).

- 두 개의 병행된 곡물 추수와 포도 추수 환상들(14:14-20)에서, 추수는 '인자와 같은 이'(그리스도, 1:13; 단 7:13에 대한 인유)에 의해 실행된다. 그렇다면 포도 추수는 누가 실행하는가? 포도즙 틀로 포도열매를 모으는 일은 천사에 의해 실행된다(14:18-19). 하지만 포도 틀을 밟는 결정적인 행동의 주체는 언급되지 않는다(14:20). 이제 그 주체가 어린 양으로 선명하게 등장한다(14:20).

- 마귀의 영들이 전능하신 하나님의 큰 날의 전투를 위하여 [왕들을] 모은다. '전능하신 하나님'이라는 표현은 계시록에서 이곳과 19장 15절에서만 등장하는 반면, 왕들의 모음은 시편 2편 2절을 인유하는데 계시록 19장 19절에서 분명하게 반향된다(16:14, 16).
- 짐승과 왕들의 정복자로서 어린 양의 타이틀은 19장 16절에 다시 등장하고, 그의 추종자들은 19장 14절에서 하늘 군대로 다시 등장한다(17:14).

이들 지시표들은 파루시아 환상에서 다 함께 수렴되어, 예언의 성취를 고조시킨다. 19장 11절에서 20장 15절의 내용이 책의 구조에 통합되는 두 가지 다른 방법들이 있다. 첫째, 하나님의 주적들의 첫 번째 등장의 순서와 멸망의 순서 교차 대구 배열이다.

|  | 인 심판에서 첫 번째 등장의 순서 | 멸망의 순서 |
|---|---|---|
| 죽음과 하데스 | 6:8 | 20:14 |
| 용 | 6:12 | 20:1–10 |
| 짐승과 거짓 선지자들 | 6:13 | 19:20 |
| 바벨론 | 6:17 | 19:18 |

둘째, 24장로들의 노래(11:18)는 일곱 번째 나팔의 울림과 더불어 시간이 이르렀음을 선포한다―죽은 자 심판, 종들을 보상, 땅을 망하게 하는 자들의 멸망. 이 프로그램은 거의 역순으로 실행된다. 땅을 망하게 하는 자들의 멸망은 16장에서 시작되어 19장 11, 21절, 20장 7-10절에서 계속된다. 하나님의 종들의 보상은 천 년의 기능이다(20:4-6). 죽은 자의 심판은 20장 11-15절에서 일어난다. 그래서 일곱 번째 나팔에 의해 선언된 심판은 사실상 20장의 마지막 부분까지 연장된다.

### 넷째 환상, 신부 새 예루살렘의 등장

새 예루살렘은 이미 시작되었으나 아직 완성되지 않은 하나님 나라가 종합 완성될 때에, 어떤 모습일지를 상징적으로 표현한 그림이다. 새 예루살렘은 음녀 바벨론과 대조되는 신부이다. 신부처럼 단장하여 바벨론을 대체하러 하늘에서 내려온다. 새 예루살렘은 장소이기도 하고, 하나님 백성을 나타내기도 하고, 또한 하나님의 임재를 상징한다. 하나님 나라가 온전히 완성될 때의 모습을 상징적인 그림으로 묘사한다. 새 하늘과 새 땅은 새 생명과 새 창조이다. 새 예루살렘에는 바다도 없고 성전도 없다. 계시록에서 바다는 악의 근원이다. 성전은 하나님 임재를 상징했지만 하나님이 그 백성과 현존하기에, 성전은 필요가 없다. 하나님 나라가 온전히 임할 때에, 죄와 악과 사망과 고난과 눈물과 성전은 더 이상 필요가 없다. 오직 하나님의 온전한 임재 속에, 그 통치의 기쁨과 축복만이 있을 뿐이다.

**요한계시록의 세 장르**

장르는 작품 이해에 중요하다. 어느 사회든지 의사소통 모양에 대해 공통된 지식이 있다. 코미디는 유머로, 시는 운율로, 소설은 이야기로, 편지는 의사소통으로, 법조문은 논리로 읽어야 한다. 장르는 실재(reality)를 가시적인 형태로 표현하는 특별한 방식이고, 반복된 사회 교류를 통해 특정한 모양의 메시지를 전하기 위해 형성된다.[3]

요한계시록은 세 장르로 구성된다. 첫째, 편지 형식이다. 계시록의 프롤로그와 에필로그는 서신 형식을 취하고 있다. 서신 형식은 역사적 상황 적합성과 공동체적 시각을 담았다. 즉 로마가 통치하는 지배 이데올로기에 짓밟힌 약자의 시각에 동참하고 있다.

둘째, 예언 메시지이다. 계시록은 초대 선지자 집단이 구약 예언, 특히 다니엘서를 예수 그리스도의 십자가와 부활 및 하늘 보좌로 승귀하심에 비추어서 재해석하여 1세기 교회에 전하는 예언적 메시지이다. 예언의 메시지는 예언적 통찰력을 품게 한다. 현실에 대한 성경적 인식과 가치 판단을, 다른 한편으로는 종말론적 시각을 가지고 현실을 전망하는 진리와 지혜를 제시한다. 예언에는 예언(豫言)과 예언(預言)이 있다. 전자는 미래에 일어날 사건을 드러내고, 후자는 현실 교회를 향한 하나님 메시지를 선포한다. 이 두 측면은 동전의 양면과 같다.

셋째, 계시록은 묵시록이다. 원문을 보면 계시록의 첫 구절은 "예수 그리스도의 묵시"이다. 묵시(默示)는 '장막을 벗긴다', '드러낸다'는 뜻으로, 신적인 비밀을 계시한다는 의미이다. 묵시는 묵시적 상상력을 제공한다. 하늘 보좌의 관점에서 현실을 통찰하여 창조 세계의 통치자가 누구인가를 직시한다. 시공간을 뚫고 들어와 개입하시는 신적 경륜을 상상하는 힘을 준다. 1세기의 사회 상황은 묵시 문학이 자라나는 비옥한 토양이다. 따라서 요한이 묵시라는 용어를 사용할 때에, 독자들은 사전적인 의미보다 장르로서 자연스럽게 의사소통하였을 것이다.

그러면 묵시는 무엇인가? 묵시 문학이 자라나는 토양은 정치적·사회적·종교적으로 억압을 받는 집단이 자신들의 힘으로는 상황을 변화시킬 능력이나 기대가 전혀 없는 상황이다. 이때에 시공간을 뚫고 하늘에서 개입하여 그 상황이 변화된다는 위로와 소망의 메시지가 묵시이다. 묵시는 비관적인 다수가 대상이 아니라 신실한 소수가 지배 이데올로기에 매몰되지 않고 깨어나서, 신적인 개입으로 올 미래를 준비하도록 결단을 촉구한다. 묵시는 한 집단이 겪는 사회적 위기에 대한 반응을 대변하여, 대안적 소망을 제시한다. 특이한 이미지를 사용하거나 부적절한 언어를 병렬식으로 조합하여 표현하기도 한다. 현실에 대한 방향 감각을 혼란스럽게 만들기도 한다. 묵시는 '전제적이고, 논리적이며 (또는) 사실에 입각한 언어'가 아니라 '상상하면서 참여하기를 강요하는 상징 언어의 환기력'으로 설득한다(피오렌자, 1991:31).

묵시문학의 근본 의도는 위로와 소망을 통한 격려이다. 두려움과 위협이 아니다. 택한 자와 심판받을 자가 이미 결정되었다는 인상은 요한계시록에 없다. 현실을 외면하고 다른 세상만 지향하거나, 미래에만 목을 매고 있거나, 택함 받은 자신들이 유리한 위치를 독점하는 신분과 특권이 있다고 맹신할 수도 없다. 요한계시록은 억압받는 신실한 소수가 지배 이데올로기에 타협하거나 동화되지 않도록 일깨우며, 동시에 현실을 변화시키는 하늘의 손길에 동참하도록 촉구한다.

## 2장

# 이미지

계시록은 이미지를 통해서 말한다. 이는 당대 묵시문학과 뚜렷하게 차별되는 특징이다. 요한은 이미지를 만들어 내는 면에서 매우 창의적이며, 탁월한 재능이 있다. 이미지를 통해 '상징적 우주'[4]를 만들어 낸다. 이미지와 이미지가 네트워크를 이루는 큰 그림이다. 상징적 우주는 개인이나 집단의 가치와 방향을 설정하는 준거틀이다. 즉 현실 세계가 추구해야 할 다른 세계이다. 구약 예언과 묵시문학과 당대의 역사적 실재는 연결되어 있다. 왜 이미지를 통해 '상징적 우주'를 창출하는가? 상징으로 구성된 우주는 우리를 초청하여, 현실 세계의 제한과 질곡에서 벗어나 왜곡 없이 보도록 인식과 시각을 변혁시킨다. 이미지들은 상상력을 북돋운다. 상상력이 없는 읽기는 요한이 제공하는 풍부한 이미지의 의미를 말라 죽여 버린다.

### 이미지의 대조

계시록은 선악이라는 추상적 개념보다는, 하늘 보좌에 속한 세계와 음녀 바벨론에 속한 세계 사이를 대비시킨다. 첫째, 가장 눈에 띄는 대조적인 이미지는 현실을 지배하고 있는 로마제국과 이에 저항하는 대안 이미지이다. 대안 이미지들은 상징을 통해 긴장관계를 형성하고 있다. 로마 세계의 이미지인 바벨론, 음녀, 뱀, 용, 소돔, 애굽, 두로 등은 지배사회의 이미지이며 궁극적으로 로마제국의 실체를 올바로 인식하도록 만든다. 대안 사회의 이미지는 여자, 광야, 두 감람나무와 두 촛대이며 일상적 틀에서 벗어나 새 시각으로 세상을 보도록 기여한다. 이미지가 주는 대안적 시각은 예수의 죽음과 부활과 승귀에 기반하여 하늘 보좌의 시각으로 땅(현실)을 보도록 한다.

둘째, 누구를 경배하고 누구에게 통치를 받느냐가 이미지로 표현된다. 유다 지파의 사자, 다윗의 뿌리, 죽임 당한 어린 양에 대비되어 짐승과 용과 음녀가 등장한다. 계시록의 핵심 메시지 중 하나는 '짐승을 숭배하지 말라'이다. 가장 강력하고 영향력이 있으며 가시적인 짐승의 통치에 저항하고 이기는 것은 죽임 당한 어린 양이다. 짐승에게 죽임을 당한 어린 양이 짐승을 멸망시킨다니 역설이다. 이러한 아이러니는 요한이 독자들에게 일관성 있게 추천하는 삶의 방식이자 방향이다.

셋째, '누구의 편에 서느냐?'가 이미지로 표현된다. 짐승의 수(666), 바벨론, 음부와 사망과 바다. 그리고 이에 대비되는 성도의 수(14만 4천), 시온, 성소, 새 하늘과 새 땅, 새 예루살렘이 제시된다. 짐승의 통치에 순응하여 사는 삶과 어린 양의 발자취를 따라 사는 삶 사이의 대조이다. 이는 누구의 통치를 받으며 살 것인지 결정하라는 요청과 더불어 현실에 대한 대안을 제시한다.

이미지는 풍부한 의미를 압축하여 표현한다. 신문에 비유하자면 일종의 만평(漫評) 역할이며, 그림만이 가진 매력이다. 그 자체로 독립적인 신문의 만평과는 달리, 계시록의 이미지는 일관적이고도 연속적인 시리즈를 구성한다. 한번 도입된 이미지는 앞뒤에 언급된 참조사항들과 연계되어 더 풍부한 이미지를 만들고 부분과 전체를 연결시킨다. 병행과 대조 기법으로 특성과 의미를 부각시키고, 이미지의 네트워크를 형성하여 마침내 하나의 상징적 우주를 창출한다.

### 구약과 동시대 사건의 소환

계시록은 구약을 직접 인용하지 않는다. 1세기 독자들은 회당 교육을 받았기에 구약을 잘 알고 있었다. 계시록은 반향(反響)과 인유(引喩)로 구약을 불러와 당대의 정황에 적합하게 창조적으로 재작업하여 새로운 그림을 창출한다.

초대 기독교 공동체 내 선지자 집단은 구약의 예언을 연구하였고 계시록의 단어마다 구약 주해의 흔적을 남겼다. 단순한 답습이나 흉내가 아니라 영적인 통찰력의 새로운 장을 열어 주는 환상을 통해 시각적 상상력의 절정을 보여 준다. 요한은 처음 소개하는 대상을 도입할 때 독자에게 이미 친숙한 대상인 듯 소개한다. 큰 주제들을 초기에 포착하여 이후에는 온전하게 이해할 수 있도록 하는 방법인데 예를 들어 두아디라 대변인을 통해 음녀 이세벨(2:20)에게서 큰 음녀의 이미지(17장)를 볼 수 있다. 첫 번째 인을 떼자 나오는 흰 말 탄 자(6:2)는 19장 11절의 말 탄 자와 마주 서 있는 듯이 보인다.

계시록의 이미지는 생동감 있고 창의적이며 상황 적합성이 있다. 일곱 나팔과 일곱 대접 재앙은 당시 사람들에게 전쟁과 자연 재해로 인한 참혹한 기억을 회상하도록 만든다. 파르티아 기병대의 침략 위협, 네로 환생설, 베수비우스 화산의 폭발, 로마 항구 도시였던 오스티아의 지진 등 당대 사람들의 기억에 생생한 역사적 사건들에 출애굽, 애굽에 내린 재앙, 여리고 함락, 소돔과 고모라, 요엘의 메뚜기 군대, 시내산 현현 같은 구약의 사건들을 본문 주해를 통해 융합한다. 구약을 인유하고 유비하여 묵시적 용어와 이미지를 새롭게 주조한다.

신화적 이미지가 융합되기도 한다. 사탄/악마의 상징으로 용과 뱀이 등장한다. 용과 뱀은 그레코 로망 사회, 특히 계시록의 수신자들이 살던 소아시아 세계를 지배하던 종교적 이미지였다. 이들 신화적 이미지는 문화적 공명을 불러일으켜 사실과 두려움, 희망과 상상을 창출한다. 동방으로부터 군대가 침략하는 이미지(9:13-19; 16:12)는 네로 환생설과 더불어 로마의 위협이 되었던 파르티아 침략의 공포와 맞물린다. 666의 이미지와 결합하면 이들은 현실적인 위협으로 다가온다.

**이미지 ≠ 알레고리**

계시록의 이미지는 시공간을 초월한 상징이 아니고 아름다움을 탐닉하는 미학 세계를 창출하지도 않는다. 소아시아 일곱 교회의 역사, 문화, 종교, 정치 상황에 상응하는 적합성이 있다. 이는 현실 세계를 보는 독자들의 반응을 변혁시키고 재조정한다. 1세기 독자가 이해할 수 없는 차원의 이미지 해석은 억지이다. 계시록의 이미지는 역사적 정황에 적합하게 읽어야 한다.

당대 묵시문학이 알레고리(풍유)를 사용한 데 비해 계시록은 이를 이미지로 대체시킨다. 요한의 이미지들은 독립적이지 않다. 전체를 구성하는 요소로 하나하나 구성되어 있는 상징이며, 알레고리를 초월한다. 이미지를 알레고리로 풀면서 마치 암호 해독하듯이 현실에 일대일로 상응시켜 파악하면 이미지가 가진 상상력은 말라 죽는다. 알레고리는 상상력을 요구하지 않으며 질문과 답이 명확하다. 그러나 상징은 단도직입적인 암호 풀기를 허용하지 않는다. 묵시는 전제나 논리에 바탕을 두지 않으며, 상징이 가진 상상력을 극대화시킨다. 상징은 상상력을 통해 감정이입을 하고 묵시에 참여하도록 요청한다.[5]

깔끔하게 들어맞는 논리로 계시록의 이미지를 이해하려고 강요한다면 끼워 맞추기가 되어 이미지의 생동력은 질식해 버린다. 계시록의 이미지는 논리보다 상상력을 요구한다. 논리적 설명은 이해를 강요하여 설득할 수 있을지 몰라도 이미지가 구성하는 상징적 우주에 자신의 위치를 설정하고 참여시키지는 못한다. 상상력이 없는 이미지는 생명력이 없다.

요한의 이미지들이 촉구하는 상상력은 무엇인가? 짐승의 실체와 운명을 분명히 파악하고, 짐승 숭배에서 몸을 돌려 어린 양을 경배하고 따라가는 분별력과 통찰력이다. 시각적인 이미지로 우리의 가치와 방향 감각을 재설정하고 조율하기 위함이다.

# 3장
## 아이러니와 패러디

　　아이러니는 표현 효과를 높이기 위해 정반대로 표현하는 방식, 즉 반어법이다. 예를 들어 교회가 세상을 걱정하지 않고, 세상이 교회를 걱정한다는 식이다. 아이러니는 압제적인 권위 구조를 폭로하고 전복시키는 방식으로 로마 사회와 신약 성경에서 흔히 사용했다(참조. Quintilian *Institutio Oratoria*, 9.3.44).[6]

　　패러디는 인물이나 대상을 흉내 내어 웃음을 자아내는 풍자 기법이다. 고대 그리스 시대부터 연극이나 시에서 널리 사용되었다(Quintilian *Institutio Oratoria*, 6.3.97; 9.2.35; Aristotle, *Poetics*, ii. 5.).

계시록에서 아이러니와 패러디는 어린 양과 사탄 사이에 비교 포인트를 제시하고, 양 진영의 싸움에서 일어나는 반전(反轉) 드라마를 극대화시킨다.

### 아이러니

**죽임 당한 어린 양의 승리**   예수의 십자가 죽음과 부활을 아이러니한 그림으로 그린다. 신실한 증인으로서 그리스도는 희생적인 죽음과 죽기까지 타협하지 않는 증인으로 제사장의 역할을 수행하여 하나님의 진리를 계시하였고, 또한 십자가 죽음과 부활을 통해 죄와 사망의 권세를 정복하고 아이러니하게도 왕으로서 통치하신다.

**성도들이 사탄의 통치에 이기는 방법**   어린 양의 발자취를 따라 복음의 신실한 증인으로 살아감으로써 이기는 자가 된다. 일곱 교회 메시지에서 '이기는 자'는 성전(聖戰)을 통해서 이기는데, 그 방식은 희생적 제사이다. 즉 죽임당한 어린 양처럼 신실한 증인으로 죽임을 당하는 순교적 삶을 살면 결국 이기는 자가 된다.

**비밀의 성취**   계시록에서 '비밀'의 성취는 다니엘서 2장의 느부갓네살 꿈의 성취를 말한다(단 2:29, 47). 느부갓네살의 꿈에 나타난 제국들은 하나님 백성(성도)을 박해하고 억압하며 성도들은 악의 제국들에 완전히 패배한다. 그러나 하나님은 '인자와 같은 이'(단 7:13)에게 권세를 주어서 제국들을 무찌르고 하나님 나라를 세운다. 계시록에서도 마찬가지이다. 하나님 백성은 신실한 증인으로 죽기까지 복음을 증언하는 삶을 산다. 짐승의 제국은 성도를 박해한다. 성도는 육신적으로는 완전히 억압을 당하고 죽임을 당하기까지 한다. 하지만 성도의 영은 승리한다. 짐승의 제국은 육신적으로는 승리하나 영적으로 패배를 당한다. 악한 제국이 성도를 박해하고 억압한 행동이 도리어 그들이 최후 심판에서 받을 심판의 근거가 된다. 성도가 당하는 핍박은 도리어 제국을 심판하는 비밀병기가 된다. 그리스도와 성도의 고난은 도리어 제국을 심판하는 근거이다. 이것이 아이러니이다.

17장 8-18절에서 제국은 경제적으로 번영하고 정치적으로 막강한 위력을 발휘하지만, 배반과 분열로 자멸의 길을 걷기 시작한다. 악한 체제의 정치적 측면은 종교적, 경제적 측면과 충돌을 일으키어 등을 지게 될 것이요 서로 멸망시키는 자중지란을 겪는다. 이 또한 아이러니이다.

**이방인을 통해 유대인이 구원됨** 빌라델비아 교회를 향한 메시지를 보면 사탄의 회당인 "그들(유대인)로 네 앞에 와서 절하게 한다"(3:9)고 한다. 일부 유대인들이 진정한 메시아와 교회를 찾을 것이다. 이사야의 예언들(사 45:14; 49:23; 60:14)에서는 이방인들이 마지막 날에 이스라엘과 이스라엘의 하나님 앞에 와서 무릎을 꿇을 것임을 예견한다. 이스라엘의 구원이 먼저 일어나고, 이로 인해 이방인이 경외한다. 이사야 예언의 성취는 아이러니한 반전으로 성취된다. 이방인의 신실한 증언으로 유대인이 이방인을 찾고, 교회의 발 앞에 엎드리는 현상이 일어난다. 이방인은 참 이스라엘이 되고, 인종적 이스라엘은 불신으로 인해 이방인의 역할을 하는 아이러니이다.

**성도가 짐승을 패배시킴** 요한계시록 5장 6절에 죽임 당한 어린 양이 등장한다. 이 어린 양은 유다 지파의 사자(창 49:9)이고 다윗의 뿌리(사 11:1, 10)이다. 이는 아이러니한 패러디이다. 다니엘서 7장에 네 짐승이 권세를 받아서 하나님 백성을 짓밟는데, 이 그림은 이제 어린 양이 대적을 패배시키는 그림으로 활용된다. 하나님의 대적이 하나님 백성을 복속시키려고 시도하는 수단을 하나님 대적을 대항하는 데 사용하실 것이다.

**고난으로 진전하는 하나님 나라** 믿음을 상실하도록 사탄이 퍼붓는 재앙이 도리어 불신자들을 징벌하는 수단이 된다. 요한계시록 6장에서 네 가지 색의 말을 탄 기수들이 땅에 재앙을 내리는데 정복과 전쟁과 기근과 죽음이다. 사탄은 어떡하든지 고난을 통해 성도들의 믿음을 좌절시키려고 시도한다. 그러나 이러한 시련은 불신자들을 징벌하는 수단으로 궁극적으로 사용된다. 6장 1-8절은 하늘보좌의 포고령으로 가해지는 재앙을 묘사하는 반면에, 9-11절은 성도에게 가한 고난으로 죽임을 당하는 핍박자들과 하늘 보좌에 나아간 성도들의 반응을 묘사한다. 순교자들의 고난은 무의미하지 않고, 하늘 보좌에서는 하나님 나라를 완성시키는 하나님의 주권적 섭리를 촉진시키는 역할을 한다. 죽임 당한 성도들은 어린 양의 발자취를 따라서 희생적 죽임을 당했다. 그 고난은 하나님 나라를 진전시킨다.

**성전(聖戰)으로 승리하는 14만 4천** 계시록 7장 4-8절은 유다 지파가 인도하는 성전(聖戰)에 참여하는 종말론적 군대의 숫자이다. 7장 9-14절은 고난과 패배의 와중에서 믿음을 견고히 지킴으로써 아이러니하게 싸우는 자들을 묘사한다. "어린 양의 피에 그 옷을 씻어 희게 하였느니라"라는 표현은 성도에게 환난이 어떤 영향을 주었는지 표현한다. 이는 창세기 49장 11절의 인유이다. "그 옷을 포도주에 빨며 그 복장을 포도즙에 빨리로다." 유다 지파의 예언된 통치자가 마지막 날에 자신의 대적을 무찌르는 장면을 묘사한다. 끝까지 믿음을 고수한 성도들은 예수의 피로 죄의 결박에서 해방되고(1:5) 정결해진다. 동일한 사상이 계시록 19장 13-14절에 나타난다. 그리스도인은 "희고 깨끗한 세마포 옷을 입었다". 이 옷은 피에 깊이 담근 옷을 입은 예수와 동일한 옷이다. 예수는 아이러니한 승리를 십자가 보혈로 쟁취하였다. 예수의 옷에 묻은 피는 십자가 죽음을 상징하지만, 한편으로는 십자가에서 무찌른 대적의 피를 상징한다. 죽임 당한 성도들이 이 옷을 입는다.

**희생적 제사로 수행되는 성전(聖戰)** 나팔 재앙 시리즈에서 제기되는 질문은 9장 20, 21절이다. "이 재앙에 죽지 않고 남은 사람들은 … 회개치 아니하더라." 7장에서는 14만 4천의 인을 친다. 이후 8, 9장의 나팔 재앙이 등장한다. 왜? 나팔 재앙은 애굽에 내린 재앙과 같이, 사람들을 더욱 강퍅하게 만든다. 나팔 재앙은 또한 여리고 함락에 사용된 나팔을 반향하며 하나님 백성의 승리를 시사한다. 나팔 심판 시리즈는 하나님의 군대가 악과 벌이는 성전의 이미지이다. 하나님 백성이 악의 권세와 맞서 싸우는 성전(聖戰)의 방법은 복음의 신실한 증언을 통한 희생적 제사이다. 이는 어린 양 예수의 발자취를 따라 사는 삶이다. 이것 또한 아이러니이다. 죽임을 당함으로써 승리한다.

이러한 패턴은 5장과 10장에서 동일하게 표현되어 있다. 고난 속에서 믿음과 증언을 지키면 비록 세상에 정복당한 듯하지만 실상은 세상을 이기고(정복하고) 권위를 얻는다. 압제자들은 성도들을 핍박하고 압제하여 육신적으로 승리한다. 하지만 그 자체가 그들의 영적인 패배가 되고, 최후 심판에서 받을 징벌의 근거가 된다. 죽임 당한 성도는 어린 양 예수의 부활과 같이, 죽음에서 부활하여 생명의 면류관을 받는다(2:10-11). 어린 양이 십자가 죽음과 부활이라는 아이러니한 방법으로 하나님 나라의 통치와 권세를 확립했듯이, 성도들도 아이러니한 방법으로 그리스도의 통치에 참여하도록 초청된다(11장).

**세상의 분노, 하나님의 진노**  세상의 눈에 교회는 패배를 당한 듯하다(계 11:7; 참조. 마 24:9-22). 그러나 이로 인해 성도들은 최종적으로 옳다 인정함을 받는다. 아이러니한 귀결이다(계 11:11-12). 11장에서 증언을 마친 두 증인은 무저갱에서 올라오는 짐승에게 죽임을 당한다. 그리스도의 신실한 증인으로서 교회의 직무를 수행할 때, 사악한 세상은 하나님과 그 백성을 향하여 분노를 표현한다(계 11:16-18; 참조. 시 2:2). 그러나 하나님의 진노는 세상의 분노에 맞서 세상을 징계하고 심판한다. 증인들의 신실한 증언을 통하여 이미 세상에 대한 심판은 시작되었다(계 11:5). 이는 역설적이고 아이러니한 패턴이다.

계시록 11장 18절은 시편 2편과 더불어 노아 홍수를 인유하는데, 황폐한 창조 세계를 창조주 하나님이 심판하시고, 창조에 대한 신실함을 드러내신다. 계시록 11장 18절에는 "땅을 황폐하게 하는 자들"을 하나님이 황폐하게 만든다. 일종의 탈리오 법으로, 범죄의 비중과 동등하게 징벌한다. 폭력과 압제와 우상숭배로 땅을 황폐하게 한 자들이며, 용과 짐승과 음녀 바벨론과 그 추종자들이다. 이들은 세상을 황폐하게 한 연고로 멸망당한다.

**지상 법정과 하늘 법정**  "또 여러 형제가 어린 양의 피와 자기의 증거하는 말을 인하여 저를 이기었으니 그들은 죽기까지 자기 생명을 아끼지 아니하였도다"(계 12:11). 이 말씀은 법적으로 아이러니한 승리를 표현한다. 사탄은 하늘 법정에서 참소한다. 그러나 십자가에 죽으시고 부활하신 그리스도가 성도들이 마땅히 받아야 할 징벌을 가혹하리만큼 충분하게 받았다. 따라서 성도들에 대한 기소권은 무효화된다(롬 3:21-26). 그리스도 예수 안에 있는 자들에게는 더 이상 정죄가 없다(롬 8:1). 성도들은 "종일 주를 위하여 죽임을 당케 되며 도살할 양 같이 여김"을 받았지만 그리스도 예수 안에 있는 하나님의 사랑에서 영구적으로 끊어 버릴 수 있는 이러한 법적인 고소장을 "넉넉히 이기느니라" 확신한다(롬 8:36-37, 39).

**우주적 숭배를 원하는 짐승**  다니엘 3장, 6장, 7장은 동일한 언어로 참 예배와 거짓 예배를 기술한다.

### 다니엘 3장

신상에게 '엎드려 절하다' / 왕을 높이며 신을 섬기다 / 너희를 내 손에서 건져 낼 신이 누구이겠느냐? / 왕의 명령을 거역하고 그 하나님 밖에는 다른 신을 섬기지 아니하며 그에게 절하지 아니한 종들을 구원하셨도다(18절) / 이같이 사람을 구원할 다른 신이 없음이라(29절)

### 다니엘 6장

무엇을 구하다(7, 12절) / 메대와 파사의 고치지 못하는 규례(8, 12절) / 하나님 앞에 기도하며 간구하다(11절) / 영원히 변하지 않으시고 망하지 않고 권세가 무궁한 하나님(26절)

### 다니엘 7장

사람의 마음을 받아 권세를 가진 네 짐승 / 잠정적인 권세를 받다 / 복종시키다(24절) / 옛적부터 항상 계신 이와 인자와 같은 이 / 소멸되지 않는 영원한 권세를 받다 / 다 그를 섬기며 복종하나라(27절)

요한은 이 점을 간과하지 않고, 계시록 13장 7-8절에서 아이러니하게 함축된 의미를 도출한다. 7장에서 짐승이 권세를 받지만(6, 17절), 인자도 권세를 받는다(14절). 이 동일한 단어에서 아이러니가 나온다. 짐승이 성도들과 싸워 이기고 우주적인 숭배를 받지만 짐승이 이러한 승리를 쟁취하는 권세의 근원도 궁극적으로 하나님이다. 이에 반하여 인자도 하나님으로부터 권세를 받아서 우주적인 숭배를 받는 짐승을 이기고, 그 권세를 빼앗아 버린다. 짐승의 권세와 숭배는 인자의 다가오는 승리와 경배의 전주곡일 뿐이다. 이는 경쟁 이미지를 통한 아이러니한 조롱이다.

요한은 이러한 메시지를 극대화하기 위해 인접한 문맥에 다른 아이러니를 포함시킨다. 첫째, 13장 3절에서 첫째 짐승은 5장 6절의 어린 양의 죽음과 부활을 묘사하는 언어로 기술된다. 둘째, 4절은 신성의 비교 불가능성을 묘사한 구약을 아이러니하게 인유한다. 셋째, 11절에서 둘째 짐승은 '뿔을 가진 어린 양'으로 등장한다(13:7하, 8상). 이는 5장 6절의 어린 양과 뿔을 연상시켜 아이러니를 통한 대조가 극대화된다.

**패배한 자 같으나 결국 이기는 자** "이기는 자는 이것들을 상속으로 받고, 나는 그의 하나님이 되고 그는 내 아들이 되리라"(계 21:7). 하나님 백성은 각자가 "이기는 자"이다. 이기는 자는 핍박과 박해의 위협에도 불구하고 짐승과 타협하기를 거부하고 신앙을 고수한다. 그런데 어떻게 이기는가? 아이러니하게 이긴다. 박해로 인하여 세상의 눈에는 패배를 당한 듯 보이지만 자신들의 신앙을 천명할 때에 도리어 정복하는 자가 된다.

이기는 과정은 죽음 이전에 시작되지만, 생애의 끝자락에 그 과정이 완결된다. 옛 세상이 끝날 때에, 온전한 유업을 상속받는다. 사무엘하 7장 14절의 다윗 언약과 이사야 55장 1-3절을 인유하여, 다윗에게 언약한 축복을 목마른 자에게 유업으로 주실 것이다. 새 예루살렘 환상(21:1-22:5)은 성도들이 언약의 축복을 온전히 상속받음을 묘사한다.

### 패러디

**하나님의 이름, 사탄의 이름** 계시록의 패러디에서 가장 눈에 띄는 점은 구약에 나타난 신적 이름을 변형하여, 사탄을 패러디하는 것이다.

> **하나님(4:8)** 전에도 계셨고 이제도 계시고 장차 오실 이(1:4; 1:8; 11:17; 16:5)
> 
> **사탄(17:8)** 이전에 있었다가 지금은 없으나 장차 나올 짐승(17:8상; 8하; 11)

'전에도 계셨고 이제도 계시고 장차 오실 이'라는 칭호는 야웨 하나님의 신적 이름에 대한 해석이다. 과거, 현재, 미래에 변함이 없이 영원하시고 멸하지 않는 속성을 나타낸다. 당대 유대 문헌은 헬라어로 번역할 때 미래 동사를 사용했지만 요한은 현재분사형을 사용한다. 하나님은 미래에만 오실 분이 아니다. 하나님 이름을 신앙으로 고백하고 천명하는 자들의 시공간에 구원과 심판을 위해 도래하시는 분이시다. 하나님은 영원한 현재이시다.

반면에 사탄은 결정적 결함이 있다. 과거와 미래에는 있으나 현재에는 없다. 과거에 왕성히 활동하였지만, 지금은 존재감 자체가 없고, 막연한 미래에 두려움과 함께 나타날 뿐이다. 사탄은 예수 그리스도의 죽음과 부활을 통해 결정적인 패배를 당하였다. 사탄은 심각한 상처를 입고 역사의 현재에 없는 존재와 같다. 이는 일종의 패러디이다. 사탄은 하나님의 신적 영원성을 흉내 내지만, 결정적인 결함을 가지고 있는 존재임을 드러낸다. 사탄은 과거와 미래를 통해 숭배자의 관심을 끌 뿐이다. 막연한 두려움의 대상이자, 현재를 보장할 수 없는 주장을 할 뿐이다.

**죽임 당한 정복자** 어린 양은 연약하기 짝이 없는 이미지를 나타낸다. 죽임을 당한 어린 양은 당연히 미력하고 먹이밖에 되지 않는 존재이다. 희생의 대상이다. '죽임 당한 어린 양'은 이사야 53장의 인유이다. 고난당하는 종, 어린 양이다. 고난을 통해 그 백성의 죄를 사하고, 하나님 백성을 죄의 결박에서 풀어주는 희생 제물의 대명사이다.

요한은 이 죽임 당한 어린 양의 이미지에 반전 효과를 가한다. 어린 양이 일곱 뿔과 일곱 눈을 가졌다. 뿔을 가진 어린 양은 정복자의 이미지이다. 뿔은 힘을 대변한다(신 33:17; 왕상 22:11; 시 89:17). 유대 문헌은 유다 지파의 사자가 다니엘 7장의 바벨론 사자를 패배시켰고, 뿔을 가진 요셉의 후손(신 33:17)이 다니엘 7장의 넷째 짐승(로마)을 대적한다고 묘사한다. 그래서 요한은 어린 양을 유다 지파의 사자이며, 다윗의 뿌리라고 소개한다(5:5). 일곱 눈은 스가랴 4장 10절과 역대하 16장 9절을 인유하여, 온 세상에 충만하고 능력을 베푸시는 성령을 상징한다. 일곱 뿔을 가지고 일곱 눈을 가진 죽임을 당한 어린 양은 전능하다. 치명적인 상처를 입었지만, 적을 무찌르고 승리하는 반전(反轉)을 이끌어 낸다(창 3:15). 그래서 어린 양은 일곱 인을 떼기에 합당하고, 예배의 대상이 된다.

요한은 죽임 당한 어린 양을 왜 이렇게 묘사하는가? 이 그림은 다니엘 7장에 묘사된 짐승에 대한 아이러니한 패러디이다.

다니엘 7장에서 짐승이 성도들을 패배시킨 이미지를 요한은 어린 양이 짐승을 패배시키는 이미지로 활용한다. 대적이 하나님 백성을 복속시키려고 시도하는 수단으로 하나님이 그를 대항하실 것이다.

**신적 목적에 이용되는 악의 세력** 첫째 인을 떼자 등장하는 흰말 탄 기수는 적그리스도, 그리스도인을 핍박하는 정부, 전반적으로 사단의 종들을 대변한다. 첫째 기수가 지닌 활과 관 이미지는 서머나와 두아디라를 비롯한 소아시아 지역에 잘 알려진 아폴로 신을 연상시킨다. 아폴로의 이미지는 거짓 선지자와 거짓 메시아의 세력을 대변하도록 첫째 기수의 이미지를 만든다.

첫째 기수는 패러디이다. 첫째, 흰색은 계시록에서 그리스도와 성도의 의, 승리를 상징한다(3:4-5). 흰말 탄 기수는 그리스도를 흉내 내는 악한 세력을 패러디한다. 사탄의 세력은 승리하는 듯하지만 그리스도의 짝퉁에 불과하기에 조롱당하기에 합당하다. 둘째, 악한 세력의 시도는 애초부터 실패할 운명이다. 그의 활동을 지시한 포고령의 주체가 하늘 보좌에 좌정하신 그리스도이다. 악한 세력은 결국 신적 목적에 기여하게 된다. 이들의 활동은 위임 받은 내에서 이뤄지기에 제한적이다. 한글 번역에는 명확하게 나타나 있지 않지만 '그에게 주어진'이라는 표현은 그 위임을 누가 했는지를 나타낸다. 셋째, 7장 2절에서 동쪽에서 오는 천사가 네 기수들이 풀려나는 것을 일시적으로 막아선다. 그 이유는 무엇인가? 동쪽(해 뜨는 곳)은 구약과 유대 문학에서 하나님이나 메시아의 등장과 더불어 복이 발산되는 곳으로 종종 묘사된다(창 2:8; 겔 43:2-4; 마 2:1). 악한 세력들 역시 동쪽 또는 유프라테스에서 온다(계 16:12). 이는 일종의 패러디이다. 성도들을 보호하는 천사가 동일한 지옥 구멍에서 나타나 성도를 위협하는 악의 세력들을 조롱하고 있다. 이 천사는 은혜의 선구자이다. 살아 계신 하나님의 인을 가진 그는 네 천사에게 하나님의 종들이 인치기까지 땅을 해하지 말라고 명령한다.

**하늘 보좌 관점**   계시록 13장 4절에서 용과 짐승을 숭배하는 우상숭배자들이 "누가 이 짐승과 같으냐? 누가 능히 이와 더불어 싸우리요?" 하고 경외심을 보인다. 이는 유대 문헌에서 신적 용사에게 보인 표현에 대한 패러디이다(출 15:11; 시 35:10; 71:19; 89:6; 1QH 7:28; 1QM 10:8-9; 13:13). 이스라엘을 후견하는 천사장 미가엘의 이름도 '하나님과 같은 분이 누군가?'라는 뜻이다. 따라서 미가엘에 대한 패러디이기도 하다. 그리스도인은 로마제국의 지배 권력과 문화 속에 소수자이다. 로마는 막강한 군사력, 경제력, 종교적 영향력으로 부속민을 압도적으로 지배하였다. 소수 집단인 교회가 볼 때에, 로마의 권세는 불가항력적이다. 억압에 저항할 엄두도 못 낸다. 로마에 타협하기를 거부한다는 입장을 표명한다는 것은 무엇을 의미하는가? 도와주고 돌봐줄 이 전혀 없는 희생자로 전락함을 뜻한다.

땅의 관점에서 볼 때에, 짐승이 순교자들을 굴복시켰다. '땅에 거하는 자들'(계시록에서 우상 숭배자를 지칭하는 용어)은 로마권력에 저항할 수 없다. 로마제국은 유대 전쟁 시기에 결정적 위기에 직면하였다. 네로가 자살하고 네 명의 단명 황제가 등장했다가 퇴진하던 때였다. 네로가 다시 살아 돌아온다는 소문이 흉흉하게 돌았다. 그러나 베스파시아누스와 티투스는 이러한 결정적인 위기를 잘 수습하였고, 도미티아누스는 제국을 굳건한 기반 위에 세워 놓았다. 이런 권세에 저항한다는 것 자체가 무모하고, 스스로 희생자로 전락하는 행위이다.

그러나 하늘의 관점은 다르다. 순교자가 진정한 승자이다. 죽기까지 예수의 증언을 감당하여 신실하게 사는 것은 짐승의 도움이 없는 희생자가 되는 것이 아니라, 오히려 짐승과 더불어 성전을 벌이고 승리하는 것이다. 하늘 보좌의 관점에서만 순교자가 승리의 개가를 부르는 모습이 보인다. 죽임 당한 어린 양이 하늘 보좌에서 승리한 개선장군으로 경배를 받는다. 이 장면을 볼 수 있는 눈이 뜨일 때에, 순교자는 승리자임이 명약관화하다. 하늘 보좌에서 주변 환경은 완전히 다르게 평가된다. 현실에 대한 다른 가치 평가는 이웃에게 영향력을 미친다. 계시록의 성전(聖戰) 이미지가 제시하는 메시지는 이것이다. 세상의 정치, 경제적 힘은 원하는 것이면 다 실행할 만큼 압도적인가 아니면 그리스도의 영원한 복음에 신실한 증인의 삶이 결국 승리하는가? 짐승을 숭배하며 살 것인가 죽임 당한 어린 양을 따를 것인가?

**짐승이 쓰는 승리의 언어**   계시록 12장 7-8절에는 사탄 세력의 패배가 기술되어 있다. 이 표현은 히브리 성경의 헬라 번역본인 데오도션 역본의 다니엘 10장 20절과 7장 21절에 정확한 어순으로 병행된다.

"미가엘이 용에 대항하여 전쟁을 벌이니 … 그가 싸우니 … 그 [용]이 이기지 못하여…"(계 12:7-8)

"나는 페르시아의 통치자와 더불어 싸우러 돌아올 것이다"(데오도션 역본, 단 10:20)

"뿔이 성도들과 더불어 전쟁을 일으키니, 그들에게 너무 강했다"(데오도션 역본, 단 7:21)

인자가 전쟁을 벌이고, 미가엘이 이 전투에 동참한다(단 10:20). 여기서 페르시아 통치자는 사탄과 동일하다. 짐승의 권세는 성도가 대적하기에 역부족임을 인정한다(단 7:21). 계시록 11장 7절과 계시록 13장 7절은 다니엘 7장 21절을 인유하여, 짐승이 성도에게 가하는 공격을 기술한다. 그러나 계시록 12장 7절에는 일종의 반전이 나타난다. 여기서 다니엘 7장 21절의 언어가 용의 패배에 적용되고 있다. 다니엘 7장은 전반적으로 짐승 나라의 최후 패배와 인자의 하나님 나라 확립을 전망한다. 계시록 12장 7절은 다니엘의 언어로 패러디를 연출한다. 악마가 성도에게 승리하는 다니엘서의 표현을 악마의 패배를 묘사하는 언어로 요한은 사용한다. 적의 전리품으로 적의 심장을 격파한다. 이보다 더 좋은 기술이 어디 있겠는가!

**짐승의 왕관** 계시록 13장 1절에 짐승이 쓴 열 왕관은 짐승의 권위를 나타낸다. 짐승은 자신이 우주적인 주권과 권위를 가지고 있는 존재임을 왕관을 통해 과시한다. 하지만 이 왕관은 짐승의 거짓 주장을 미화하는 생색내기에 불과하다. 참람하기 짝이 없는 모방이며 로마제국의 황제 숭배가 공공연히 자행하는 바였다. 소아시아 일곱 교회가 위치한 도시들에서도 지방 관료들이 앞장서서 이러한 분위기를 조장하여, 대중에게 공공연히 황제가 신이라고 공포하기 시작했다. 소아시아의 신전들이 로마와 아우구스투스에게 헌정되고, 화폐에는 로마 황제의 신적인 이름이 주조되었다. 더욱이 계시록이 기록될 당시의 로마 황제였던 도미티아누스는 의도적으로 자신을 '우리 주이며 우리 하나님'으로 부르기를 요구하였다(Suetonius, *Domitian* 13).

계시록 19장 12절, 16절을 보면 그리스도도 많은 왕관이 있다. 그리스도는 '만왕의 왕이시며 만주의 주'이시다. 짐승의 열 왕관은 그리스도의 많은 왕관과 비교된다. 계시록에서 숫자 10은 제한된 숫자를 드러낸다. 따라서 짐승의 열 왕관은 그리스도에 대적하는 권위를 가지고 있다고 거짓 주장하는 일종의 패러디이다. 그리스도는 참 신이시고 진정한 통치자이시다. 짐승은 그리스도의 권위에 대적하기 위해 허울 좋게 자신을 치장하고 있을 뿐이다. 짐승의 열 왕관은 로마 황제들의 주장이 얼마나 터무니 없는 신성 모독적인 행위인지를 드러내는 패러디이다.

**짐승의 치명적인 상처** 계시록 13장 3절에서 바다에서 올라온 짐승은 "머리 중에 하나가 죽음에 이르도록 상처를 입었으나, 죽게 된 상처가 나았다". 이를 보고 온 땅이 짐승을 따르게 된다. 사탄은 십자가에서 결정적인 패배를 당했다. 무소불위로 휘두르던 사탄의 권세와 능력이 예수의 십자가와 부활로 인하여 치명적인 상처를 입었다. 죄와 사망의 권세를 더 이상 좌지우지할 수 없게 되었다. 하늘 보좌에서 사탄은 성도들을 더 이상 중상 모략하여 고소할 수 없게 되었다(12:7-12). 십자가 보혈과 예수의 이름 앞에 사탄의 권세와 능력은 현저하게 제한되었다. 그러나 사탄은 대리인을 통해 계속 활동한다. 치명적인 상처가 나은 듯 보인다.

이 표현은 5장 6절에 기술된 어린 양에 대한 의도된 패러디이다. 어린 양과 짐승 모두 다 패배를 경험했다. 그리스도는 부활을 통해 십자가 죽음을 극복했다. 짐승도 치명적인 상처를 입었지만, 회복했다. 여기서 어린 양의 십자가 죽음과 부활을 짐승의 치명상과 회복과 병행하여 패러디하고 있다.

그러나 어린 양의 부활과 짐승의 회복 사이에는 결정적인 차이점이 있다. 어린 양은 부활로 인해 사망의 패배를 실제로 극복했다. 하지만 짐승은 패배를 반전시키지 못한다. 짐승이 계속 권세를 가지는 듯이 보이지만 성도에게는 전혀 권세를 행사할 수 없다. 원래 부여된 권세를 박탈당하고, 하늘에서 쫓겨났다(12:7, 8). 이제 허락된 한도 내에서만 제한적으로 연명할 뿐이다. 그렇지만 용과 짐승은 자신들의 권위가 박탈을 당했음을 속임수를 통해 감추고 있다. 짐승은 자신이 당한 패배를 명백한 승리로 위장한다. 너무나 확신에 찬 모습으로 위풍당당하게 다시 등장하기에, 온 땅이 경이하게 여겨서 따르게 된다. 용은 패배 이후, '잠시 동안은' 분노를 표현할 수 있도록 허락을 받는다(12:10-12). 하지만 상황을 뒤집을 만한 자원은 아무것도 없다.

**666과 144**  666은 짐승 숭배자들이 이마에 새긴 표이자 그 이름의 숫자이다. 666은 짐승의 수이고 사람의 수이다. 666은 12×12=144와 함께 관찰할 때 의미가 뚜렷이 드러난다. 계시록 21장 17절에서 천사가 요한에게 새 예루살렘을 측량하게 하니, 성곽이 144규빗인데 '사람의 측량이고 천사의 측량'이었다.

666이 짐승의 수이고 사람의 수라는 의미는 무엇인가? 숫자 6은 불완전수이고, 사탄의 수이다. 6이 삼중적으로 강조된 666은 불완전함의 완전수이다. 아무리 발악해도 결핍을 드러내는, 불완전함을 상징한다. 그 상징은 바로 사탄의 상징이다. 정치, 경제, 종교는 서로 동맹을 맺고 666의 본질을 드러낸다. 666은 인간을 짐승의 수준으로 저하시키는 시스템이다. 그래서 각 심판 시리즈에서 여섯 번째 인과 여섯 번째 나팔과 여섯 번째 대접은 짐승의 추종자들이 받을 심판을 묘사한다. 반면 각 시리즈에서 일곱 번째는 그리스도의 왕국이 완성됨을 묘사한다.

이에 비해 144는 12의 제곱이다. 12는 완전수이고, 하나님 백성의 수이다. 144는 새 예루살렘의 둘레이다. 새 예루살렘에는 열두 개의 문과 열두 개의 기둥이 있다. 이는 각기 구약의 대표인 열두 지파와 교회의 대표인 열두 사도를 대변한다. '사람의 측량이고 천사의 측량'이라는 표현은 666에 대한 패러디이다. 사람을 천사의 수준으로 격상시키는 곳이 새 예루살렘임을 숫자 144가 상징한다. 이스라엘의 제사장은 24반차로 구분되어 성소 봉사를 했고, 하늘 보좌에서 섬기는 장로도 24명이다. 12와 연결되는 이들 상징 수들은 모두 하나님 백성의 대표들과 관련되어 있다.

숫자 12가 가장 명확하게 드러나는 곳은 14만 4천이다. 14만 4천은 12×12×1,000이다. 각 지파에 따라 열두 천부장의 군대로 나눠진다. 7장에서 14만 4천은 악한 네 기수의 활동에서 보호받는 하나님 백성이자, 어린 양의 성전(聖戰)에 참여하는 하나님의 군대이다. 14장을 보면 14만 4천은 어린 양과 함께 시온산에 서 있다. 왜 서 있는가? 13장에 언급된 바다 짐승과 땅 짐승, 그들의 우두머리인 용과 맞서 싸우기 위해 서 있다. 짐승을 따르는 무리의 이마에 666이 새겨져 있다. 666은 사탄의 가치를 드러내는 정치·종교 체제와 짐승을 추종하고 숭배하는 사람들을 대변한다. 14만 4천은 666을 대적하여 싸우는 어린 양의 군대이다.

따라서 666은 14만 4천에 대한 패러디이다. 불완전함은 아무리 완전하려고 해도, 인간을 짐승의 수준으로 격하시킨다. 666은 완전에 조금 모자람이 아니라, 아무리 노력을 해도 완전에 이를 수 없음을 의미한다. 이에 반하여 14만 4천은 인간을 천사의 수준으로 격상시킨다. 14만 4천은 짐승의 체제를 대항하고 대체할 하나님의 대안이다.

**최후 발악, 최후 파루시아** 계시록 13장에서 사탄은 삼위일체의 모습으로 등장한다. 용, 바다에서 올라온 짐승 그리고 땅에서 올라온 짐승이다. 사탄의 통치를 대변하는 상징이 666이다. 계시록 14장에서 이 사탄의 삼위일체에 대적하여 어린 양이 14만 4천 군대와 더불어 싸워서 승리한다. 사탄의 세력은 결정적인 패배를 당하였다. 계시록 20장에서는 사탄이 천 년 동안 결박을 당한 것으로 이를 묘사한다. 계시록 17장에서는 사탄의 패배를 다른 측면에서 부각시킨다. 사탄은 음녀 바벨론을 통해 짐승에게 능력과 권세를 주어 세상을 통치한다. 그는 한동안 권세를 받아 하나님 백성을 대적하지만 어린 양과 그를 따르는 신실한 자들(14만 4천)이 이긴다. 그런데 음녀 바벨론은 하나님의 심판뿐 아니라 짐승과 열 뿔(짐승의 동맹)의 반란으로 멸망을 당한다. 음녀의 멸망은 내부 결속이 붕괴되면서 반란으로 초래된다. 계시록

17장은 사탄의 최후 활동이 한시적이라고 한다—"전에 있다가 없어진 짐승"(17:11), "한동안 권세를 받으리라"(17:12). 계시록 20장에서는 "그 후에는 반드시 잠깐 놓이리라"(20:3) 한다. 이러한 사탄의 운명을 함축적으로 표현하자면, "전에 있었다가 지금은 없으나 장차 무저갱으로부터 올라와 멸망으로 들어갈 자", "이전에 있었다가 지금은 없으나 장차 나올 짐승"(17:8)이다. 이 표현은 '이기는 자'인 그리스도를 통해 그리스도를 모방하는 '멸망을 당할' 사탄에 대한 패러디이다. 13장은 그리스도의 십자가와 부활을 패러디하고, 17장은 그리스도의 파루시아를 패러디한다.

### 13장의 삼중 패러디

그의 머리 하나가 상하여 죽게 된 것 같더니 그 죽게 되었던 상처가 나으매 온 땅이 놀랍게 여겨 짐승을 따르고(13:3)

그가 먼저 나온 짐승의 모든 권세를 그 앞에서 행하고 땅과 땅에 사는 자들을 처음 짐승에게 경배하게 하니 곧 죽게 되었던 상처가 나은 자니라 (13:12)

짐승 앞에서 받은 바 이적을 행함으로 땅에 거하는 자들을 미혹하며 땅에 거하는 자들에게 이르기를 칼에 상하였다가 살아난 짐승을 위하여 우상을 만들라 하더라(13:14)

**17장의 삼중 패러디**

네가 본 짐승은 전에 있었다가 지금은 없으나 장차 무저갱으로부터 올라와 멸망으로 들어갈 자니(17:8상)

이전에 있었다가 지금은 없으나 장차 나올 짐승(17:8하)

전에 있었다가 지금 없어진 짐승은 여덟째 왕이니 일곱 중에 속한 자라 그가 멸망으로 들어가리라(17:11)

13장에서 패러디의 핵심은 짐승의 상처 회복과 우상숭배자들의 경배이고, 17장에서 패러디의 핵심은 '장차 나올'에 있다. 17장의 패러디는 하나님의 존재 양식에 대한 삼중적 표현과 비교하면 명확하게 드러난다.

이제도 계시고 전에도 계셨고 장차 오실 이(1:4, 8)

전에 있었다가 지금은 없으나 장차 나올 짐승(17:8하, 11)

이러한 패러디가 독자에게 주는 메시지는 무엇일까? 첫째, 짐승은 역사의 마지막 무대에 등장하여 하나님 백성을 미혹하고 하나님 나라를 파괴하려고 발악한다. 하지만 그의 활동 기간은 길지 못하고, 목적을 달성하지 못한 채 멸망한다. 용과 짐승은 특정 시대의 악한 통치자, 악한 제국을 통해 드러난다. 그 권세와 능력이 막강한 듯해도 한계가 분명하다.

둘째, 요한은 짐승을 패러디하여 로마제국의 본질과 정체를 파악하도록 상상력을 북돋운다. 로마제국의 실제 모습, 제의의 성격, 제국의 미래를 폭로한다. 로마제국이 표방하는 정치적·종교적 본성을 심오하게 해석하여 제시하는 예언적 메시지이다. 이들 패러디는 무겁게 보이는 정치적 실재들을 우화적으로 포장하는 것이 아니라 당시 깊은 영향을 미치고 있던 로마 정치 이데올로기의 핵심을 폭로한다. 그 이데올로기는 '권력의 신격화'이다. 로마제국의 성공은 군사적인 위력, 이에 대한 무비판적 수용과 찬사에 근거를 두고 있다. 그래서 인간의 한계를 뛰어넘어 신적 영역이 되어 숭배를 받게 되었다. "짐승과 같은 이가 누구인가? 누가 그를 대적하여 싸울 수 있을까?" 로마를 숭모하는 기준으로 볼 때에 예수와 순교자들은 짓밟히고 실패한 부류에 속한다. 고난 받고 죽기까지 진리를 증언한 어린 양 대신 현실적이고 가시적인 성공을 거둔 짐승이 숭배를 받는다. 그러나 하늘 보좌의 예배에 참여하는 성도는 어떤 선택을 해야 할까? 요한의 묵시적 이미지는 세계를 인지하는 상징적 우주에 변혁을 가한다. 즉 이 상황을 어떻게 인지할 것인지 가늠하는 시각과 능력을 변화시킨다. 그리고 이전과 다르게 행동할 힘을 부여한다.

**비교 불가능성** "누가 이 짐승과 같으냐? 누가 능히 이와 더불어 싸우리요?"(계 13:4) 하며 땅에 있는 사람들이 용과 짐승에게 경배한다. 바다에서 올라온 짐승이 치명적인 상처를 입었다가 다시 회복한 것을 보고 온 땅이 짐승을 경배하며 외치는 찬탄의 소리이다. 요한의 시대에 로마제국은 네로의 자살 이후 위기에 직면했으나, 베스파시아누스 황제로 시작된 플라비안 왕조는 제국을 확고한 기반 위에 올려놓았다. 로마제국의 부속민들은 유대의 대로마 항쟁이 로마의 막강한 힘 앞에 짓밟히고, 이후 로마는 더 강력해지는 모습을 보고 13장 4절처럼 찬탄할 수밖에 없었다. 특히 유대인들이 주류를 이루던 교회는 로마의 압도적인 권세 앞에 무기력에 빠져버렸다. 로마제국의 압도적인 힘에 굴복하고 타협할지 저항할지 선택의 기로에 놓였으나 사회 분위기는 타협만이 살길임을 가리키고 있었다. 이러한 가운데 발람과 이세벨과 니골라로 대변되는 자들은 타협과 동화만이 교회가 생존할 수 있는 길임을 외쳤고, 이는 점점 설득력을 얻고 있었다.

타협과 동화는 땅의 관점에서 볼 때 인정할 수밖에 없는 결론이다. 그러나 하나님 백성은 하늘 관점에서 현실을 보는 시각이 필요하다. 그러면 상황은 전혀 다르게 판단된다. 계시록 14장에서 어린 양이 14만 4천과 더불어 시온 산에 서서 승리의 노래를 부르는 장면을 목도해야 한다. 그들은 모세의 노래, 어린 양의 노래를 부르고 있다(14:1-3). 이 노래는 15장 2-4절에 자세하게 등장한다. 새 출애굽 이미지는 계시록 전체에 흐르는 주도적인 주제 중 하나이다. 이 노래는 13장의 짐승과 싸우고 승리한 14만 4천의 노래이다. 그들은 하늘의 유리 바다(4:6)에 있고 이곳은 심판의 불로 뒤덮여 있다. 이러한 묘사는 출애굽의 이미지를 주도면밀하게 연출한다. 홍해를 건넌 이스라엘이 애굽 군대가 수장된 바닷가에 서서 야훼 하나님이 행하신 구원의 행위를 기념했던 노래를 암시한다. 홍해에서 불렀던 모세의 노래가 이제 '어린 양의 노래'가 되었다(계 15:3). 이들이 쟁취한 승리는 유월절 어린 양의 피로 얻은 새 출애굽이기 때문이다.

  그러면 어린 양의 노래는 무엇이 핵심 메시지일까? 이는 계시록 13장 4절에서 온 땅이 짐승을 향하여 경배하며 불렀던 찬사("짐승과 같은 이가 누구인가? 누가 그를 대적하여 싸울 수 있을까?")가 얼마나 허무하고 무모하며 공허한지를 드러내고자 한다. 치명적인 상처에서 회복한 짐승이 땅의 거주민에게 무적불패의 인상을 심어 놓지만, 짐승의 신성모독적인 주장은 오직 한 분이신 참 하나님의 유일무이한 신성 증명으로 철저히 무너진다. 짐승을 향한 찬사는 모세의 노래에서 파생되어 짐승 숭배자들의 허식을 폭로하는 패러디이다. 어린 양의 승리는 짐승의 신성 주장을 면박하고, 땅에 있는 자들에게 하나님의 비교 불가능한 신성을 증명한 새로운 출애굽 사건이다. 이 노래는 짐승을 숭배하지 않고 어린 양의 전투에 참여한 순교자들만이 부를 수 있는 구원의 노래이고, 새로운 모세의 노래이며, 어린 양의 노래이다.

**폭염의 고통**  네 번째 대접 재앙(계 15:8-9)은 땅에 거하는 사람들을 태양이 불로 태우는 재앙이다. 이 재앙은 땅에 사는 자들(우상 숭배자들)의 안전을 박탈하여 고난을 가한다. 그런데 동일한 이미지가 계시록 7장 16절에 속량을 입은 자들에게 사용된다. 이들은 더 이상 "다시는 주리지 아니하며 목마르지 아니하고 해나 아무 뜨거운 기운에 상하지도 아니한다". 이 표현은 속량을 입은 14만 4천이 땅에서 경험하여 왔던 고난들이다. 그러나 이제 하나님 보좌 앞에서 더 이상 이러한 해를 받지 않는다. 네 번째 대접의 폭염 재앙은 속량을 입은 자들이 세상에 당한 고난의 반전이자 패러디이다.

**음녀 바벨론의 보석**  요한은 17장의 음녀 바벨론과 21장의 신부 새 예루살렘 사이를 어구적으로 연결시키면서 대조를 창출한다. 계시록 21장 21절에서 새 예루살렘의 길은 맑은 유리 같은 정금이지만, 바벨론의 간선 도로는 단지 '성의 거리'(11:8)로 표현되며, 부정적인 함의를 가진다(17:4; 21:21; 21:18, 21). 음녀 바벨론은 귀한 보석과 진주와 금으로 치장을 하며(17:4; 18:16), 신부 새 예루살렘도 순금(21:8)과 진주(21:21)와 보석(21:19)으로 장식한다. 특히 두 도성 간 대조가 명확하게 드러나는 부분은 계시록 21장 18-21절에 묘사된 새 예루살렘을 장식하는 귀금속이다. 계시록 18장 16절의 큰 성의 보석들은 에스겔 28장 13절을 인유하는데, 불경한 두로에 대한 묘사를 연상시킨다. 귀금속 자체만 보면, 음녀 바벨론과 신부 새 예루살렘 사이에 유사성을 지적하는 듯 보인다. 마치 옛 바벨론이 '속량된 바벨론'으로 변혁되어 신부 새 예루살렘이 되었다는 의미 같다. 그러나 타락한 인간이 건설하는 도성은 신적 특성을 반영하는 듯하지만 악마적 성격을 내포함을 반증하기에, 이는 패러디이다. 짐승의 통치 아래 있는 도성은 신적 특성을 나타내려고 치장하여도 악마적 성격이 드러난다.

두 도성의 귀금속 중 하나는 하나님 백성을 대변하고, 다른 하나는 짐승의 통치를 받는 백성을 대변한다. 짐승으로 대변되는 악의 세력은 하나님과 그리스도로 대변되는 선한 세력을 흉내 내어 모방하는 모조품일 뿐임을 드러낸다. 거짓 사도들(2:2),

거짓 회당(2:9; 3:9), 거짓 선지자(16:13; 19:20; 20:10), 어린 양 같은 뿔을 가진 사탄적 존재(13:11), 하나님의 시간적 이름을 패러디한 짐승의 삼중 시간적 이름(17:8, 10-11). 음녀 바벨론은 선하고 매력적으로 등장하려 하지만, 그 본성이 타락하였기에 심판을 받는다.

4장

## 문학적 특징

요한은 계시록의 각 구절마다 구약의 단어와 사상과 이미지를 채택하고 있다. 요한의 구약 사용은 몇 가지 특징이 있다. 첫째, 구약을 직접 인용하지 않는다. 이는 학자들 사이에 거의 합의된 내용이다. 더 이상 의문의 여지가 없다고 보아도 무방하다. 둘째, 직접 인용하지 않지만 구약의 언어와 사상과 이미지가 스며들어 있다. 계시록의 404 구절 중 278 구절이 그러하다(68.8 퍼센트). 계시록이 사용하는 기법은 인유나 반향이다.[7]

문자적 인용(quotation), 표현의 재사용(citation), 인유(allusion)

와 반향(echo)은 다르다. '문자적 인용'은 "기록 된 바" 같은 표현을 사용하여 원 자료와 원 단어를 그대로 사용하는 것이다. '표현의 재사용'은 원 자료의 단어를 풀어서 달리 표현하는 방식이고, '인유'는 단어와 사상과 이미지를 제한적으로 사용하여 원 자료의 문맥에 있는 개념이나 사상을 암시하는 방식이며, '반향'은 원 자료의 사상을 채택하지만 원 자료가 무엇인지 알 수 없도록 재창작하는 방식이다.

계시록은 구약을 직접 인용하거나 재사용하는 경우가 없고, 인유하고 반향할 뿐이다. 이는 당대의 유대 해석 기법을 사용하여 주도면밀한 구약 주해 작업을 하고, 상황에 적합하게 재창작하여 완전히 새로운 이미지와 개념으로 창의적으로 사용함을 뜻한다.

셋째, 계시록에 사용된 구약은 적게는 200구절, 많게는 1,000구절까지이다. 기본 골격은 다니엘서이다. 다음으로 이사야, 에스겔, 예레미야, 스가랴, 요엘, 시편, 출애굽기에서 개념, 단어, 이미지를 빌려와 창조적으로 재표현한다. 하나의 환상에 한 부분만 활용하지 않고, 여러 부분을 함께 인유한다(예. 계 4:1-11; 15:2-4).

따라서 계시록을 읽을 때에, 인유와 반향된 구약 본문의 문맥을 함께 읽으면, 본문에 함축되어 있는 의미를 풍부하게 파악할 수 있고, 본문의 의미를 풍성하게 이해할 수 있다.[8] 구약에 근거한 계시록의 특정한 구절들을 아래에 몇 군데 소개한다.

계 1:6, 5:10(나라와 제사장) / 출 19:6, 사 61:6(참고. 벧전 2:9-10)

계 1:7(인자, 참고. 마 24:30) / 단 7:13, 슥 12:10

계 2:14(발람) / 민 25:1-9; 31:16

계 2:27; 12:5; 19:15(철장) / 시 2:9

계 3:5; 13:8; 17:8; 20:12, 15; 21:27(생명책) / 출 32:32-33; 시 69:28; 단 12:1

계 4장(신현 장면) / 겔 1장; 사 6:1-4

계 6:1-8(네 가지 말) / 슥 1:7-17; 6:1-8

계 6:12-14(지진) / 욜 2:10-11, 31; 사 34:4

계 7:16-17(포로에서 귀환) / 사 49:10

계 9:3-11(메뚜기) / 욜 2:1-11

계 9:16(이만 만 마병) / 시 68:17; 단 7:10

계 10:8-11(두루마리를 먹음) / 겔 2:8-3:3; 렘 15:16

계 11:1-6(성전 측량) / 겔 40:3, 5; 43:13, 18; 슥 4:1-6, 11-14

계 12:7-9(천상의 전투) / 단 10:12-14, 20-21; 12:1

계 13:1-7(짐승) / 단 7:3-8, 21, 25

계 14:8(천사의 바벨론 멸망 선포) / 렘 51:7-8; 사 21:9; 렘 25:15-29

계 14:14-20(낫 가진 천사) / 욜 3:13; 사 63:1-6

계 18장(바벨론의 경제적 비판) / 사 13:1-14:23; 렘 50-51장

계 20:7-10(곡과 마곡) / 겔 38-39장

계 21:1(새 하늘과 새 땅) / 사 65:17; 66:22

계 21:4(사망과 애통) / 사 25:8

계 21:12-14(예루살렘 벽과 문) / 겔 48:30-35

요한은 구약을 사용하여 무엇을 교훈하는가? 언약에 신실했던 구약의 종들에게 일어난 일은 새 언약에 신실한 신약의 종들에게도 일어난다. 당시 교회가 직면한 상황에 구약의 교훈을 재해석하여 적용하는 것이다. 구약의 교훈을 그리스도의 십자가와 부활, 파루시아를 통해 재해석하여, 하나님 백성으로서 출애굽의 소명을 감당하도록 권면하고 있다.

**요약 반복과 변형**

계시록의 문학적 특징은 요약 반복이다. 표현이나 구조를 다르게 반복하되, 최종적으로 종합에 이르게 하는 기법이다. 요한은 중요한 개념이나 환상을 거듭 제시한다. 하지만 그때마다 다른 시각에서 볼 수 있도록, 변형을 가한다.

학자들 간에 결론이 나지 않는 논쟁은 전체 이야기의 요점이 반복되느냐 진전을 이루느냐이다. 이야기가 진전을 이루며 끝을 향하여 발전한다는 입장은 대체로 전천년주의자들의 견해이다. 이들은 계시록이 미래에 일어날 사건을 예견한다고 본다. 이에 비해 같은 표현에 변형을 주어서 요점을 반복한다는 학자들도 있다. 이들은 계시록이 세상 끝날에 대한 예언이라기보다는 1세기 당시 교회가 일차적으로 이해하고 적용할 내용이며, 이후의 성도들도 적용할 내용이라고 본다.

|  | 인 심판 | 나팔 심판 | 대접 심판 |
|---|---|---|---|
| 첫째 | 흰 말 (정복)<br>활, 면류관 | 피/우박/불 | 독한 종기 |
| 둘째 | 붉은 말(전쟁)<br>칼 | 산이 바다에<br>던져짐<br>바다가 피로 변함 | 바다가 피로 변함 |
| 셋째 | 검은 말(기근)<br>저울 | 별이 강에 떨어져<br>강이 쑥이 됨 | 강이 피로 변함 |
| 넷째 | 청황색 말(죽음)<br>칼, 흉년, 사망,<br>짐승 | 해와 달과 별 | 해 |
| 다섯째 | 제단 아래 순교자<br>탄원기도 | 삼중적 화<br>황충 | 흑암 |

| | | | |
|---|---|---|---|
| 여섯째 | 지진, 해, 다, 별<br>불신자들의 두려움 | 동쪽 유브라테스<br>강을 건너오는<br>이만 만 기병대 | 동방왕들이 유브라<br>테스 도하. 아마겟<br>돈 준비 |
| 심판의 연기 | 첫째 삽화(7장) | 두 번째 삽화<br>(10 – 11:13) | 삽화 없음 |
| 일곱째 | 144,000을 인침<br>침묵<br>성도의 기도 응답 | 두루마리 먹음과<br>두 증인<br>역사의 종말을 선포<br>승리의 기념 축하 | 신현<br>큰 성 바벨론을 기억<br>17 – 18장 바벨론<br>멸망 |
| 심판의 영향 | 세계의 1/4 | 세계의 1/3 | 세계 전체 |

　이러한 구조적 패턴은 무엇을 나타내는가? 첫째, 인·나팔 시리즈는 짧은 네 심판이 먼저 기술되고, 나머지 세 심판은 비교적 길게 기술된다. 그리고 여섯째 심판 이후에 삽화가 주어진다. 이들 삽화들은 심판이 제기된 질문에 답하는 부분이다. 심판의 연기는 회개의 기회를 제공한다. 첫째 삽화(7장)는 다섯째 인에서 제단 아래 성도들의 기도에 대한 응답으로, 14만 4천을 인을 쳐서 보호하고, 사탄의 세력(짐승들)과 맞서 싸울 종말론적 군대를 모집하는 장면이다. 둘째 삽화(10-11장)는 여섯 번째 나팔에서 제기된 질문이다. '그토록 심한 재앙을 받아도 우상숭배자들은 왜 회개하지 않는가?'에 답한다. 예언자가 두루마리를 먹고 (10장), 두 증인과 같이 어린 양의 발자취를 따라서 신실한 복음

의 증언을 할 때 돌아올 가능성이 제시된다.

둘째, 나팔과 대접 시리즈는 모두 출애굽 재앙을 모델로 삼고 있고, 내용에서도 비슷한 내용이 많다. 단지 대접 심판 시리즈에 삽화가 없는데 이는 심판의 연기, 즉 회개의 기회가 주어지지 않음을 의미한다.

셋째, 세 가지 심판에서 여섯 번째 심판은 모두 흑암의 세력 심판으로 구성되며, 일곱 번째 심판은 하나님 나라의 도래를 선포한다. 사탄의 세력에 대한 심판이 숫자 '6'의 위치에 배치되어 있고, 하나님 나라의 도래가 숫자 '7'에 배치되어 있음이 의미심장하다. 주도면밀하게 내용을 구성했다는 뜻이다.

요한이 세 가지 심판 시리즈를 구성할 때, 두 가지 구약 메시지를 채택하고 있는데, 하나는 레위기 26장에서 하나님의 규례와 계명을 준수하지 않을 때에 내리는 사중적인 일곱 배의 벌(레 26:18, 21, 24, 28)이고, 다른 하나는 출애굽 모델이다. 레위기 모델을 기본 골격으로 삼고, 레위기와 출애굽 재앙으로 내용을 대부분 채워 넣었다. 원래 일곱 심판 시리즈는 네 가지였지만, 중간에 일곱 우레 심판은 취소되었다(10:3-4). 이는 회개의 기회를 주는 심판이 더 이상 필요하지 않기 때문이다.

이러한 반복 요약 구조가 나타내는 메시지는 두루마리의

내용(12-14장)에 있다. 즉 열방이 주께로 돌아오도록 교회가 신실한 증인으로 살라는 촉구이다. 세 가지 심판 시리즈는 두루마리를 둘러싼 무대장치이다. 교회가 복음을 증언할 때, 어느 지역, 어떤 시대이든 이러한 패턴으로 복음의 문을 열고 마지막 심판을 시행한다는 것을 알려준다. 즉 인 심판 시리즈는 복음의 문을 여는 시기를 언급한다. 인 심판 시리즈는 믿는 자든 믿지 않는 자든 모두가 대상이다. 이 심판의 범위는 세계의 4분의 1에 영향을 미치며 14만 4천은 인침으로 보호받는다. 이들은 하나님의 군대이다. 어린 양을 따라서 사탄과의 전쟁에 참여하는 자들이다. 복음의 문이 열리고, 하나님의 신실한 군대가 한 지역과 한 시대에 형성되면, 나팔 심판이 주어진다.

　　나팔 심판은 출애굽 심판이 모델이다. 이 재앙은 세계의 3분의 1에 영향을 미친다. 출애굽 재앙에서 바로는 하나님의 메시지를 듣지 않고 오히려 마음이 강퍅해져서 장자 심판과 홍해 심판을 받고 만다. 그렇다면 나팔 심판은 복음을 배척하고 우상숭배에 빠진 '땅에 거하는 자들'에 대한 심판이다. 나팔 심판에서 제기된 문제는 이들 불경한 자들이 어떻게 주께로 돌아오는지가 그 초점이다. 두 번째 삽화에서 요한이 두루마리를 소화하여 두 증인과 같이 복음을 전하면 완고하게 마음이 굳은, 땅에 거하는 자들이 주를 경외할 기회가 주어진다.

　　마지막 대접 심판 시리즈는 더 이상 회개의 기회가 주어지지 않는 재앙이다. 이 심판은 계시록 전체에 영향을 미친다. 더 이상 심판의 연기도, 회개의 기회도 없다. 더 이상 회개하지 않는 자들에게는 구원의 기회가 없으며 마지막 심판만이 기다리고 있다. 곧 바벨론의 멸망이다.

　　요한은 세 가지 심판 시리즈를 요점 반복 기법으로 제시한다. 복음의 문이 열리고, 하나님의 군대를 모집하고, 남아 있는 완고한 자들에게 회개의 기회를 준 이후, 더 이상 회개의 기회 없이 마지막 심판을 시행하는 구원과 심판의 시나리오이다. 이는 다른 시각에서 하나님의 구속 드라마를 볼 수 있는 시각을 제시한다. 시간적인 순차에 따라 심판이 이어지는 드라마가 아니라, 재앙의 강도와 범위가 심화되어, 마지막 결말에서 완성되는 드라마이다.

　　학자들 중에는 계시록 19장 11-21절은 이미 일어난 사건이고, 계시록 20장 1-10절은 미래에 있을 사건으로 보는 이들이 있다. 이들의 주장은 이렇다. '사탄의 결박은 미래의 사건으로 그리스도의 재림 시에 일어날 것이다', '천 년은 문자적인 시간으로 그리스도가 하나님 백성과 더불어 예루살렘에서 통치하는 기간이다', '사탄의 놓임은 천년왕국의 절정에 이르게 될 것이고, 이후에 악인의 부활과 백보좌 심판이 있을 것이다', '새 하늘과 새 땅은 천년왕국 이후에 창조될 것이다', 이 해석은 묵시 문헌을 문자적으로 해석하며 사탄은 천년왕국 이후 불 못에 던져지고, 짐승과 거짓 선지자들은 천년왕국 이전에 불 못에 던져진다고 한다. 천년왕국이 이를 위해 존재한다는 것이다.

그러나 계시록 19장 11-21절은 20장 1-10은 요점 반복의 또 다른 사례이다. 그 주장은 다음과 같다. '사탄의 결박은 암흑의 세력에 대한 그리스도의 승리를 표현한다. 이 승리는 십자가에서 성취되었다', '천 년은 비교적 길지만 한정되지 않은 상징적인 기간으로, 그리스도의 십자가 사건과 파루시아 사이의 기간을 말한다. 천년왕국은 바벨론의 멸망으로부터 새 창조에 이르는 길을 예비하는 교회의 시기이다. 신약과 초대 교회 역사는 천년왕국을 가르치지 않는다', '사탄은 역사의 끝자락에 결박에서 풀려나서 잠시 놓임을 받아서, 하나님 백성을 핍박할 것이다', '하늘에서 불이 내려와서 악인들을 태울 것인데, 이는 그리스도의 파루시아에 대한 상징적인 표현이다', '죽은 자의 부활과 악인을 징벌하는 백보좌 심판이 이때에 있을 것이고, 이후에 새 하늘과 새 땅이 하늘의 창조가 있을 것이다'.

두 문단 사이에는 차이점(19:11-21과 20:1-3 사이의 사건들)과 유사점(19:11-21과 20:7-10)이 동시에 존재하기에 요약 반복의 전형적인 특징을 드러낸다. 계시록 20장 1-3절은 계시록 9장 1-11절(다섯째 나팔 심판)과 계시록 12장 7-11절의 요점 반복을 나타낸다. 이들 사건들은 동일한 사건 또는 동시에 일어나는 사건으로서 서로 연결하여 해석이 가능하다.

| 계 9:1-11 | 계 12:7-11 | 계 20:1-3 |
| --- | --- | --- |
| | 천사와 사탄의 전투 (7-8) | |
| 별이 하늘에서 땅으로 떨어짐(1) | 사탄이 땅으로 추방(9) | 사탄이 무저갱에 던져짐(3) |
| 별에 음부의 열쇠 주어짐(2) | | 천사가 음부의 열쇠를 가짐(1) |
| 별이 음부를 열고 악마를 풀어 줌(2-10) | | 사탄이 무저갱에 천년 동안 결박 |
| 악마의 왕 | 큰 용 | 큰 용 |
| 무저갱의 천사 | 옛 뱀 | 옛 뱀 |
| 아바돈/아볼리온(11) | 사탄, 마귀(9) 온 천하를 꾀는 자 | 다시는 만국을 미혹 못함 |
| | 사탄이 큰 분노 표현 (12하) | 잠깐 결박에서 놓임(3) |
| | 그때가 얼마 남지 않음 | |

### 구문의 반복과 변형

이 특징은 눈에 확 드러난다. 두세 번씩 드러나게 반복되기도 하고, 살짝 변형된 형식으로 반복되기도 한다. 왜 이렇게 반복되는가? 이는 요한의 문학적 기교가 돋보이는 부분으로 본문을 상호 참조하도록 의미의 네트워크를 형성하는 장치이다. 즉 이 구절을 저 구절과 연결 지어서, 그 구절을 넘어 의미를 창출하도록 만든다. 이는 1세기 당시 유대 주해 기법 중 하나인 '게세라 사와' 방식으로 계시록을 해석할 수 있도록 도와준다. 이 기법은 당시에 구약을 해석할 때에 즐겨 사용하던 방식이며 보편화되어 있었다. 두 성경 구절 사이에 단어 또는 절(節)이 일치할 경우 서로 연관하여 해석할 수 있다. 요한은 계시록 내에서 상호 참조 할 수 있는 의미의 네트워크를 형성하여 놓았다. 몇 가지 예를 들어 볼 수 있다.

**절의 다양한 변형**

- 무너졌도다 무너졌도다 큰 성 바벨론이여!(14:8; 18:2)
- 많은 물소리 같고 큰 우렛소리와 같은(1:15; 14:2; 19:6)

### '번개와 음성과 우레와 지진'

- 번개와 음성과 우렛소리(4:5, 하늘 보좌이므로 지진은 없음)

- 우레와 음성과 번개와 지진(8:5)

- 번개와 음성과 우레와 지진과 큰 우박(11:19)

- 번개와 음성들과 우렛소리(유사 이래 없었던) 큰 지진(16:18)


### 열방의 사중 정형문: "나라와 민족과 방언과 족속"

- 각 족속과 방언과 백성과 나라(5:9)

- 각 나라와 족속과 백성과 방언(7:9)

- 많은 백성과 나라와 방언과 임금(10:11)

- 백성들과 족속과 방언과 나라(11:9)

- 각 족속과 백성과 방언과 나라(13:7)

- 여러 나라와 족속과 방언과 백성(14:6)

- 백성과 무리와 열국과 방언들(17:15)


### 목록의 변이들

- 8가지 종류의 죄인들(21:8)과 6가지 종류의 죄인들(22:15)

- 인류의 종류(6:15)와 전투에 참여자들의 종류(18:18)

- 영광송에서 하나님의 성품에 관한 진술(4:9, 11; 5:12, 13; 7:12; 19:2)

**거미집과 같이 형성된 상호 참조 효과(14:11)**

- 직접적인 문맥에서 분명한 대조
- 짐승 숭배자들 : 쉼이 없다, 순교자들 : 수고로부터 쉼(14:13) / 짐승의 숭배자 : 밤낮으로 쉼이 없다, 하늘의 하나님 경배자들 : 밤낮으로 쉼이 없다(4:8) / 두 종류의 예배자 사이의 병행 구조가 계속 진행된다(13장)

**잔인한 아이러니**

- 하나님 예배자의 멈추지 않는 기쁨 / 짐승 숭배자의 멈추지 않는 고문(14:11)
- 짐승 숭배자의 운명은 모든 악의 결론적 운명이다 / 악마, 짐승, 거짓 선지자, 큰 바벨론(14:11과 19:3, 14:10-11과 20:10)

## 정교한 상징 수

숫자를 통한 구성은 묵시 문학에서 거의 발견되지 않는 특성으로 계시록을 독특한 묵시 문학으로 만드는 특징이다. 특히 성경에서도 계시록만큼 숫자를 정교하게 사용하여 메시지를 전달하는 책이 드물다. 숫자는 문자적 의미보다 상징적 의미를 함축하고 있고, 당대 유대 문헌에서는 즐겨 사용되었다.

숫자 '2'는 증인의 수이다. 계시록 11장에 두 증인이 하나님 앞에 서 있는 두 감람나무와 두 촛대로 등장한다. 모세 율법에 증인은 두 명 이상 요구된다(민 35:30; 신 17:6; 19:5; 왕상 21:10; 예. 마 18:16; 고후 13:1). 계시록 13장에서는 모세와 엘리야를 가리킨다(예. 눅 16:29-31).

숫자 '3'은 삼위일체의 수이자 완전수이다. 첫째, 삼중적 거룩송(계 4:8)과 삼중적 영광송(4:9; 19:2). 둘째, 하늘과 땅과 바다, 즉 세상의 삼중적 구분(10:6)이다. 계시록 12, 13장에서 사탄이 하늘에서 쫓겨나 땅과 바다에서 짐승으로 등장할 준비를 한다. 여기에 사탄의 삼위일체가 등장하는데, 용(13:4)과 바다짐승(13:1)과 땅의 짐승(13:11)이다. 이들은 거룩한 삼위일체를 대적하는 참람한 삼위일체이다. 셋째, 신적 이름의 변형이다. "전에도 계셨고 이제도 계시고 장차 오실 이." 이 이름은 4장 8절이 기본 형식이고, 1장 4절, 1장 8절, 11장 17절, 16장 8절에 변형되어 등장한다. 이 신적 이름으로 사탄을 삼중 패러디하는 것이 재미있다. "이전에 있었다가 지금은 없으나 장차 나올" 짐승(17:8상; 8하; 11). 넷째, 삼중적 '화'(8:13; 9:12; 11:14-19)이다. 이는 심판의 철저함과 완전함을 나타낸다.

숫자 '4'는 세상(땅)의 수이다. 이는 온 세상에 미치는 영향력을 표현하는 상징적인 숫자이다. 첫째, 땅은 네 모퉁이와 사방에서 불어오는 바람으로 묘사된다(7:1-2; 20:8). 둘째, 피조 세계는 네 개로 구분되는데 5장 13절에 하늘과 땅과 땅 아래와 바다에 있는 피조물들이 보좌에 앉으신 이와 어린 양에게 사중적인 영광송(찬송과 영광과 존귀와 능력)을 올려 드리고, 8장 7-12절, 14장 7절, 16장 2-9절에는 세상을 하늘과 땅과 바다와 물 근원으로 묘사한다. 셋째, 따라서 네 생물(계 4:6, 8; 5:8; 6:1, 8; 14:3; 15:7, 19:4)도 세상 전체를 주관하는 천사로 언급되며, 넷째, 인 심판 시리즈에서 네 명의 말 탄 자(6:1-8)와 땅의 네 모퉁이에서 바람을 막는 네 천사(7:1), 제단의 네 뿔(9:13), 사탄이 최후 전투를 위해 불러 모으는 땅의 사방 백성(21:8)과 유브라데스 강에 결박된 네 천사(9:14)도 이러한 맥락에서 이해할 수 있다. 또한 다니엘의 네 짐승과 나라도 역사상 존재한 네 제국(바벨론, 페르시아, 헬라, 로마)을 문자적으로만 가리키지 않고, 하나님의 주권에 대적하는 세계 곳곳의 통치자와 나라를 상징한다. 이러한 측면에서 볼 때 네 복음도 에스겔 환상(겔 1:10; 10:14)과 계시록 환상(계 4:7)을 참고하여, 네 생물(사자, 송아지, 사람, 독수리)과 연결된다. 이는 복음이 온 땅 구석구석에 전해져야 함을 상징한다. 다섯째로 피조 세계의 네 부분들(땅, 바다, 강, 하늘)은 각기 첫 번째 네 개의 나팔 심판과 대접 심판의 대상이 된다. 피조세계에 대한 하나님의 능력을 증명하고 죄인들이 창조주를 인정하여 회개하도록 한다. 하지만 죄인들은 그 능력을 수긍하지만 창조주를 저주한다(16:9). 전체 세계에 대한 심판은 이에 적합하게 4×7이다. 여섯째, 바벨론(로마)이 땅의 상인들로부터 수입하는 하물의 목록들은 4×7=28이다(18:11-13). 온 세상의 모든 생산품을 대표하는 목록이다. 일곱째, 계시록에 등장하는 신적 호칭의 등장 횟수가 네 번이다. '세세토록 살아계신 이'(4:9, 10; 10:6; 15:7). 이는 숫자 '4'가 영원한 창조주 하나님의 피조세계에 대한 절대주권을 행사함을 나타내기 때문에 적정하다(4:11; 10:6).

숫자 '6'은 인간의 불완전함과 인간의 의지의 수이다. 이는 네 생물의 날개 수이고(계 4:8), 또한 짐승의 수 666(계 13:18)과 관련된다. 인간이 여섯째 날에 창조되었기에 인간의 수로 간주되는 것이다. 짐승의 수에서 6을 세 번 반복하는 것은 사탄의 삼위일체(용, 짐승, 거짓 선지자)를 나타낸다. 이는 사탄이 아무리 발악을 해도 완전에 미치지 못하는 결핍된 존재임을 말한다. 사탄은 인간의 의지를 완벽하게 발동시켜서 자신의 권세를 주장하는 존재이다. 그래서 짐승의 수는 사람의 수이기도 하다. 이에 맞추어서, 세 가지 연속적인 일곱 심판 시리즈에서 사탄의 세력에 대한 심판을 묘사하는 위치가 다 여섯 번째 재앙이다. 이것도 666이다. 숫자 6은 인간이 하나님에게서 독립하여, 자신을 주장하려는 의지를 나타낸다.

　　6은 완전수 7에서 하나가 모자라는 불완전수이다. 인간의 6일 동안의 노동은 안식의 일곱째 날이 없으면 불완전하다. 하나님과 결별한 인간은 노력하고 추구해도 불완전하다. 실패한다. 성경에서 하나님의 대적들은 숫자 6으로 표시된다. 골리앗은 키가 6규빗이고, 여섯 가지로 무장하였으며, 들고 있는 창의 날이 철 육백 세겔이다(삼상 17:4-7). 느부갓네살의 신상은 높이가 60규빗이고, 너비가 6규빗이다(단 3:1). 솔로몬의 영광이 절정에 이르렀을 때 거둬들이는 세입금의 무게가 금으로 666달란트이고(왕상 10:14), 그의 보좌의 높이가 여섯 층계이다(왕상 10:19). 지혜가 충만한 솔로몬이 하나님을 떠났을 때에, 성취한 노력은 666의 특징을 드러낸다. 666은 인간 역사 전체를 통틀어서, 하나님을 반역한 인간이 모든 노력을 기울여 얻은 결과이지만 777에 결정적으로 하나 모자랄 뿐이다.

　　하나님과 그리스도와 성령과 관련된 이름은 모두 숫자 7로 표현되는 반면, 악의 세력들에게는 이러한 패턴이 적용되지 않는다. 용은 13번, 사탄은 8번, 마귀들은 5번, 뱀은 4번 또는 5번, 짐승은 38번(6:8 제외), 바벨론은 6번이다. 종말에 구원에서 제외된 죄인의 목록에도 6 또는 8이 등장한다. 이는 완전수 7을 주도면밀하게 피하고자 하는 의도로 파악되는데 신학적 의미를 작품 구성에 세심하게 부여한 것이다.

숫자 '7'은 완전수이다. 이는 완성의 의미에서 '완전'을 나타내며 계시록의 주도적인 상징이다. 즉 세 가지 연속적인 일곱 심판 시리즈, 일곱 교회와 일곱 사자, 일곱 영(1:4), 일곱 촛대(1:12), 일곱 별(1:16), 일곱 등불(4:4), 일곱 인(5:1), 어린 양의 일곱 뿔과 일곱 눈(5:6), 일곱 나팔을 든 일곱 천사(8:2), 일곱 우레(10:3), 용의 일곱 머리와 일곱 왕관(12:3), 바다 짐승의 일곱 머리와 일곱 왕관(12:13), 일곱 금대접(15:7), 일곱 산(17:9), 일곱 왕(17:10) 등이 그것이다. 첫째, 일곱 지복 선언(계 1:3; 14:13; 16:15; 19:9; 20:6; 22:7, 14)은 계시록의 구조에는 영향을 미치지 않지만 계시록의 메시지를 요약한다. 이들 축복은 완전한 축복을 대변하는 복들이다. '읽고 듣고 지킴'(1:3; 22:7), '주의 오심을 준비'(16:15), '수고로부터의 쉼'(14:13), '어린 양 혼인 잔치에 초대'(19:9), '첫째 부활에 참여'(20:6), '생명나무와 새 예루살렘 입성'(22:14) 등이다. 둘째, 7중 영광송("능력과 부와 지혜와 힘과 존귀와 영광과 찬송", 5:12; 7:12)으로 하늘의 일곱 영광송(4:9-11; 5:8-13; 7:9-12; 11:16-18; 14:2-3; 15:2-4; 19:1-6)이 있다. 셋째, 그리스도의 파루시아, 즉 '속히' 온다는 약속이 일곱 번 등장한다(1:1; 2:16; 3:11; 11:14; 22:7, 12, 20). 넷째, 열방에 대한 사중적인 표현이 일곱 번("족속과 방언과 백성과 나라", 5:9; 7:9; 10:11; 11:9; 13:7; 14:6; 17:15) 등장한다. 세상 민족들이 현재는 바벨론과 짐승들에게 충실하지만, 어린 양이 세상을 이기고 민족들은 하나님 나라로 들어오게 된다. 4×7=28은 세상의 모든 곳에 충만함을 나타낸다. 다섯째, 그리스도의 자기 선언, 즉 '나는 ~이다'이다. '나는 알파요 오메가라 … 전능한 자라'(1:8), '나는 처음이요 마지막이라'(1:17), '나는 살아 있는 자라'(1:18), '나는 사람의 뜻과 마음을 살피는 자라'(2:23), '나는 알파와 오메가요, 처음과 나중이라'(21:6), '나는 알파와 오메가요, 처음과 나중이요, 시작과 마침이라'(22:13), '나는 다윗의 뿌리요 자손, 곧 광명한 새벽 별이다'(22:16) 등이 그것이다. 여섯째, 하나님의 호칭이다. '전능하신 주 하나님'(1:8; 4:8; 11:17; 15:3; 16:7; 19:6; 21:11), '보좌에 앉으신 이'(4:9; 5:1, 7, 13; 6:16; 7:15; 21:5)가 그것이다. 일곱째, 그리스도의 칭호들로서 '그리스도'가 일곱 번 등장하고, '예수'는 7×2=14번 등장한다. 이 중 일곱 번은 증인들과 결합되어서 등장하는데 이는 증인의 수가 둘(11:3-13)이기 때문이며(1:2, 9, 12:17; 17:6; 19:10×2; 20:4) '어린 양'은 7×4=28번 등장한다. 이들 중에 일곱 번은 하나님과 어린 양이 짝을 이루는 구절로 등장한다(5:13; 6:16; 7:10; 14:4; 21:22; 22:1, 3). 이는 하나님의 피조세계 통치가 어린 양을 통하기 때문이다. 7×4=28은 어린 양의 완전한 승리가 전 세계적인 범위에서 이뤄져 하나님의 절대주권을 회복함을 나타낸다. 여덟째, 성령에 대한 표현으로 '일곱 영'이 네 번 등장(1:4; 3:1; 4:5; 5:6)하는데, 이는 온 땅에 보내어진 신적 능력의 충만을 나타낸다. 땅의 백성들을 위한 사중적 표현이 일곱 번 등장하는 것과 같은 맥락이다. 온 세상에 파송된 교회의 예언적 증언의 능력과 동일하게 일곱 영들도 교회와 동반한다. 이는 일곱 교회에 대한 네 번의 언급(1:4, 11, 20×2)과도 일치한다. 일곱 교회는 세상의 모든 교회를 대표한다. '영'(the Spirit)은 열네 번 등장하며, '예언'도 일곱 번 등장한다(1:3; 11:6; 19:10; 22:7, 10, 18, 19). '무저갱'도 일곱 번 등장하고(9:1, 2, 11; 11:7; 17:8; 20:1, 3), '낫'도 일곱 번(14:14-19) 등장한다. 이는 세상 심판의 완결성을 나타내는 신호이다.

숫자 '12'는 완전수이자 하나님 백성을 나타내는 숫자(7:4-8; 12:1; 14:1; 21:12, 14)이다. 숫자 12는 14만 4천과 새 예루살렘 설명에 중요하다. 특히 계시록 21장 9절에서 22장 5절에는 숫자 12가 열두 번 등장한다. 새 예루살렘은 하나님 백성을 대변하기도 하기에, 12는 하나님 백성의 수로 볼 수 있다. 이스라엘의 족장이 열둘이고, 예수의 사도들도 열둘이다. 이는 하나님의 절대 주권으로 택함 받은 자의 수를 상징한다.

# 2부
## 핵심 메시지

1장

## 들을 귀와 이기는 자

일곱 교회는 1세기 당시 교회가 어떤 상황에 처하여 있는지를 보여 준다. 숫자 7은 완전수로 일곱 교회는 상징성이 있다. 단순히 소아시아에 있던 일곱 교회 이상의 의미이다. 소아시아에는 일곱 교회 외에도 많은 교회가 있었는데 사도행전과 바울의 편지를 보면 상당수의 교회들이 이 지역에 개척되어 있었고, 특히 라오디게아 교회 근처인 히에라폴리스와 골로새에 이미 교회들이 있었다(골 4:15, 16). 따라서 일곱 교회는 1세기 당시 교회의 상황을 대변하는 상징이다. 소아시아 지역에서 일곱 교회를 선택한 요한은 주변 교회 상황을 잘 알고 있었고, 이는 로마제국에 흩어져 있는 모든 교회의 상황을 대변한다.

### 일곱 교회의 현실

일곱 교회의 구성을 보면 당시 교회들이 어떤 상황에 처하여 있었는지 알 수 있다. 에베소-서머나-버가모-두아디라-사데-빌라델비아-라오디게아. 이것은 지리적 중요성이나 규모, 영향력 순서가 아니다. 요한은 교차대구법을 사용하여, 일곱 교회의 영적 상황을 나타내고 있다. A-B-C-C-B′-A′.

먼저, 에베소 교회와 라오디게아 교회(A-A′)가 앞뒤에 위치한다. 영적으로 제일 건강하지 못한 교회들이다. 에베소 교회는 칭찬과 격려도 받지만 심각한 진단과 경고에 직면한다. 첫 사랑을 버렸다, 즉 배교의 위험에 직면하였다는 진단이다. 니골라 당의 행위를 미워한다는 것밖에는 칭찬이 없다. 그래서 촛대를 옮기겠다는 경고를 받는다. 심각한 상황에 빠졌다는 것이다. 이에 비해 라오디게아 교회는 칭찬 자체가 없다. 칭찬받을 근거가 없는 교회이다. 입에서 토하여 버릴 정도의 상황이라고 경고한다. 이는 촛대를 옮길 찰나에 있다는 의미이다.

둘째, 서머나 교회와 빌라델비아 교회(B-B′)이다. 가장 건강한 교회이며, 신실한 증언의 능력을 유지한 교회들이다. 이들 교회에는 경고가 없다. 서머나 교회에 닥친 환란과 핍박은 미래의 일이 아니라 현재의 일이며, 짧고도 강렬하게 10일간 환란을 당할 것이다. 이때 필요한 것은 충성이다. 빌라델비아 교회는 책망이 없고 칭찬과 격려만 있는 온전한 교회이다. 이미 인내의 말씀을 지키며, 핍박하던 유대인들이 그들 앞에 와서 엎드려 절하는 신실한 증언의 삶을 사는 교회이다. 계시록 11장의 두 증인 이야기를 당시 세계에 보여 주던 교회일 것이다.

셋째, 버가모, 두아디라, 사데 교회(C-C-C)이다. 이들 교회는 당시 교회의 일반적 상황을 보여 준다. 특히 중심에 있는 두아디라 교회는 전체 교회의 영적 건강 진단의 표본이다. 이들 교회들은 심각한 상태에 빠져들고 있다. 경제적·정치적 권세를 가진 세상과 심각하게 타협한 상태이다. 발람과 니골라와 이세벨로 대변되는 거짓 선지자들이 공공연히 이들 교회에서 활동하고 있다. 이들 거짓 선지자들은 경제적 풍요와 사회적 안전을 추구하기 위해 로마제국의 이데올로기 및 종교에 타협하라고 가르쳤다. 교회의 정체성에 심각한 위기가 왔고, 사데 교회는 이미 식물인간 상태에 빠졌다고 진단을 받는다.

가장 열악한 상태에 빠진 교회를 처음과 나중에 배치하고,

가장 건강한 교회를 그다음에 배치하며, 일반적인 교회를 중간에 배치시켰다. 의도가 무엇일까? 책의 표지는 내용을 상징적·함축적으로 드러낸다. 겉으로 보이는 상태가 좋지 않다는 것은 일곱 교회의 전반적인 상황이 열악하다는 뜻이다. 건강하고 좋은 상태의 교회가 병들고 심각한 상태의 교회에 덮혀 버리는 형국이다. 일반적 수준의 교회들이 중간에서 전체 상황을 대변한다. 이들은 치명적인 상태로 전락할 상황에 놓여 있다. 긴급 처방이 없다면 회생의 기회를 놓칠 수도 있다.

### 일곱 교회의 사명

일곱 교회를 향한 메시지를 계시록 2, 3장에 기술하는 목적은 무엇인가? 계시록이 근본적으로 제시하는 메시지는 하나님 나라가 임하여 사탄의 통치에서 그리스도의 통치로 이 땅이 어떻게 전환되는가이다. 이러한 하나님의 구속 계획에 교회는 수혜자나 방관자가 아니라 역동적 참여자가 되어야 한다. 교회는 이 땅에 하나님 나라가 도래하는 통로이다. 교회는 하나님 나라의 전망으로 역사와 현실을 조망하고, 하나님의 통치가 온전히 이뤄지도록 적극 관여해야 한다. 그런데 당시 교회는 영적 아사 상태에 있었다. 전반적으로 정체성을 상실하고, 세상과 타협하거나 동화되고 있었다. 짐승의 통치를 치열하게 거부하는 저항력을 상실하였고, 복음을 증언할 능력도 상실했다. 교회는 세상적 삶의 방식과 그 가치를 닮아 버렸다.

이러한 상황에 놓인 교회를 향한 핵심 메시지는 무엇인가? '복음의 증인이 되라!'는 사명이다. 이를 위해 사회에 타협하거나 동화되지 말아야 한다. 죽임 당한 어린 양의 발자취를 따라 신실한 증인의 역할을 감당하여야 한다. 그래서 짐승의 통치와 이데올로기를 이겨야 한다. 하나님 보좌에 승귀하신 그리스도와 더불어 통치하려면 이 땅에 하나님 나라가 오도록 역동적으로 참여해야 한다! 교회가 복음의 능력을 바로 알고, 신실한 증인의 사명을 감당하려면 무엇이 필요한가? 하늘 보좌의 시각이 필요하다. 종말론적 전망으로 역동적 저항력과 생명력을 유지할 필요가 있다. 완전히 새로운 차원(묵시적 차원)에서 동기를 부여할 필요가 있다. 계시록에 일곱 교회가 등장하는 이유는 바로 이것이다.

당시 교회가 하나님 나라 확립에 역동적으로 참여하는 방법은 무엇이었을까? 일곱 교회 메시지는 정형화된 패턴이 있다. 공통된 구성 속에 각 교회마다 필요한 내용들이 차이점을 드러낸다. 각 교회에 나타난 그리스도의 모습이 다르다. 각 교회를 향한 책망과 격려와 칭찬이 각기 다르다. 진단과 처방도 다르다. 그러나 일곱 교회 전체에 일관되게 흐르는 두 메시지가 있는데 '들을 귀' 정형문과 '이기는 자' 메시지이다. 특이하고 독특한 메시지에만 집중하면 반복되는 공통 메시지를 소홀히 다루기 쉽다. 이 두 메시지는 일곱 교회의 전반적인 상황에 매우 절박하면서도 의미가 있다.

### '들을 귀' 정형문

"귀 있는 자는 성령이 교회들에게 하시는 말씀을 들을 지어다." '귀가 있는 자는 들어라!'는 성경 전체를 관통하는 교훈이다. 성경 교육의 기본은 듣기이다. 신명기 4장 6절의 쉐마('들어라')는 신앙 교육의 기본 방식을 알려 준다. 이스라엘 백성은 의무적으로 매일 세 번씩 쉐마를 암송하면서 귀에 못이 박이도록 하나님을 유일하신 분으로 고백한다. '들어라!'는 본질적인 신앙 태도를 환기시킨다. 믿음은 들음에서 난다(롬 10:17). 들리지 않으면 심각한 문제가 생긴다. 들을 귀가 없으면 강퍅해진다. 마음이 강퍅하면 생각과 태도가 굳어져서 엉뚱한 반응을 보인다. 영적 건강에 위기가 도래한다.

들음의 본질과 중요성을 간파한 선지자가 이사야이다. 이사야 6장을 보면 웃시야 왕이 죽던 해에 이사야는 성전에 들어가서 예배를 드리는 중 하나님의 영광을 목도하고 선지자로서의 소명을 받는다. 그런데 이사야가 받은 소명은 이상하다. 유다 백성에게 메시지를 전하되 "듣기는 들어도 깨닫지 못할 것이요, 보기는 보아도 알지 못하여" 마음이 둔하고 귀가 막히고 눈이 감기게 하는 사역을 수행하여야 한다. 유다 백성이 메시지를 들으면 들을수록 회개할 여지가 없어지는 예언적 사역이다. 그 이유는 무엇인가? 그루터기, 즉 '남은 자'를 통하여 거룩한 씨를 보전하고, 그루터기에서 나온 가지와 싹을 통해 이스라엘을 갱신하여, 원래 받았던 사명을 감당하려는 것이다. 이것이 이사야가 받은 사명이다. 이제는 선지자의 예언 전략이 바뀌었다. 유다 백성 '모두가 아닌 남은 자'를 위한 예언 선포로 예언의 대상과 내용이 바뀌었다. 모든 사람에게 회개의 복음을 전하는 시간은 지나갔다. 이제 남은 자를 위한 사역이다. 그루터기는 듣고 깨닫는다. 들어도 깨닫지 못하는 자들은 심판에 직면한다. 하나님의 종은 '들을 귀'가 있어야 한다(사 50:4-6).

  이사야 본문을 인용하여 '들을 귀가 있는 자는 들을지어다' 한 대표적인 예가 예수의 비유 메시지이다. 예수는 갈릴리 전체에 하나님 나라 복음을 전하다가, 갑자기 비유로 메시지를 전하신다. 왜 비유로 말씀하시냐고 제자들이 물었다. 예수는 이사야 6장을 인용하며 '들을 귀가 있는 자는 들을지어다' 하신다. 예수의 사역에 전략적 전환이 나타났다. 예수의 사역을 통해 시작된 하나님 나라 밖에 있는 자들과 믿음으로 응답한 자들을 차별화하는 사역이다. 전체 대중이 아니라 들을 귀가 있는 자들에게 집중하는 사역이 시작된다. 이는 복음에 응답하는 제자들을 대상으로 삼는 사역이다. 예수의 비유는 신문에 등장하는 만평(漫評)과 같다. 감춰진 시사적 맥락과 흐름을 아는 자들은 통쾌한 풍자를 발견하고 박장대소하지만 그렇지 않는 독자에게는 한 컷짜리 만화에 불과하다. 하나님 나라에 응답하지 않는 자들은 들어도 듣지 못한다.

이러한 맥락에서 계시록 2, 3장의 '들을 귀' 메시지를 이해할 수 있다. 이 메시지는 일종의 최후통첩이다. 받아들이지 않으면 심판에 직면한다. 출애굽 당시 바로는 모세가 전하는 하나님의 명령을 들어도 듣지 못했고, 이적과 기사를 보고도 보지 못했다. 도리어 마음이 강퍅하여졌다. 재앙이 거듭되면 될수록 더 강퍅하여졌다. 결국 이집트의 모든 장자를 잃는 재앙을 받고, 홍해에서 전력의 대부분을 상실하는 화를 자초하였다.

일곱 교회를 향한 경고로서 '들을 귀' 메시지는 최후통첩이자 최고장(催告狀)이다. 다윗은 밧세바를 범하고 충직한 장군 우리아를 계획적으로 제거하는 죄를 범하였다. 나단 선지자는 직설적으로 죄를 지적하는 대신 우화를 들려주었고 이에 다윗은 죄를 깨닫고 회개하였다. 다윗은 들을 귀가 있었다. 이사야 선지자는 죄에 빠져 무감각한 이스라엘에 "너희 귀는 열렸으나 아무 것도 듣지 못하는도다"(사 42:20)라고 책망한다. 그러나 다윗은 들었다.

일곱 교회도 앞의 예들과 같이 예언 사역에 있어서 전략적 전환점을 맞이하였다. 예언의 메시지에 믿음으로 반응하면 회복하여 '이기는 자'가 될 것이다. 예언의 메시지에 신실하게 반응하지 못하면, 지배 문화에 타협하고 순응하여 짐승을 숭배하게 될 것이다. 결국 짐승이 멸망할 때에 같이 심판을 받을 것이다. 일곱 교회는 지배적인 문화에 도취되어서 신앙의 정체성을 잃어버릴 위기에 직면하였다. 짐승을 숭배하는 일에 동참하고도 진리에 대한 분별력을 상실하고 영적 감각이 마비되어 버렸다. 이들 교회를 깨울 최후통첩 또는 최고장이 필요하다. 이 최후통첩에 어떻게 반응할 것인가? 각 교회가 선택하여야 할 과제이다.

### '이기는 자' 메시지

요한은 '이기는 자'에게 주는 약속들을 다양하게 제시한다.

에베소 : 낙원에 있는 생명나무 열매를 먹음. 서머나 : 둘째 사망의 해를 받지 않음. 버가모 : 감추었던 만나와 새 이름이 새겨진 흰 돌. 두아디라 : 만국을 다스리는 권세와 새벽 별. 사데 : 흰 옷과 생명책에 이름을 기록. 빌라델비아 : 세 가지 이름(하나님, 예루살렘, 그리스도)이 기록된 하나님 성전의 기둥이 됨. 라오디게아 : 보좌에 함께 앉게 하겠다.

일곱 교회는 음녀 바벨론인 로마제국의 통치 이데올로기가 새로운 차원에서 압력을 가하는 사회에 살고 있다. 로마는 막강한 군사력을 바탕으로 지중해 사회를 평정했다. 군사력은 경제적 풍요와 사회적 안정을 보장한다. 이러한 사회에 흔히 일어나는 것은 제국의 지배자를 숭배하는 운동이다. 일본의 천황 숭배가 대표적인 예이다. 황제 숭배가 로마제국 차원에서 본격적으로 추진되지 않았지만, 소아시아 지역에서는 이미 지방 관료들이 앞장서서 황제 숭배를 도입하기 시작하였다. 일곱 교회는 어떻게 대응하고 있었는가? 서머나 교회와 빌라델비아 교회는 이러한 사회적인 압력과 종교적 핍박에 직면하여 씨름하고 있었다. 반면 나머지 다섯 교회는 핍박에 대한 언급이 없다. 이는 지배 이데올로기에 순응 내지 타협, 동화했다는 증거로 볼 수 있다.

이런 상황에 놓인 교회에 '이기는 자'는 어떤 의미일까? 이기는 자는 니골라 당과 밀접한 관련이 있다. 니골라 당이 구체적으로 어떤 교훈을 가르쳤는지 알 수 있는 1세기 당시 자료는 없다. 사도행전 6장에 등장하는 '일곱' 명 중 한 명이 니골라인데, 니골라 당과는 관련 지을 수 있는 근거가 전혀 없다. 니골라의 가르침을 알 수 있는 실마리는 이름의 뜻에 있다. '니골라'의 뜻은 '그가 백성을 이긴다'이다. 니골라와 동등한 뜻을 가진 이름이 발람이다. 발람의 뜻은 '그가 백성을 잡아먹는다, 삼킨다'이다. 어원적인 측면에서 보면, 니골라는 구약 발람 선지자(민 22장)의 가르침을 추구한 집단임을 알 수 있다. 구체적인 가르침까지는 몰라도—발람의 가르침에서 유추해 볼 때—이들은 경제적 풍요와 번영을 위하여 진리를 희생시키는 신학을 펼친 자들이다. 로마제국의 권세와 안정으로 누리는 경제적 번영을 교회가 거절하지 말고, 누릴 것은 누리고 얻을 것은 얻어야 한다는 주장이다. 교회가 경제적으로 풍요해지고 사회적 지위와 신분을 가져야 세상을 압도하고 영향력을 행사한다고 보았다. 그래서 로마제국이 제시하는 제안들, 즉 제국의 안녕에 기여할 수 있는 황제 숭배와 제국 제의에 참여하는 것을 정당화하고 독려하는 신학을 가졌다. 발람의 행위에 대하여 유다서 11절은 "삯을 위하여 어그러진 길로 갔다" 한다.

이들의 가르침은 거짓 여선지자 이세벨의 가르침과 일맥상통한다. 이세벨은 시돈 왕 엣바알의 딸이다(왕상 16:31). 북쪽 이스라엘에 바알 종교를 도입하여 타락을 시킨 장본인이다. 바알 우상이 왜 치명적인가? 바알 숭배는 도덕적인 타락을 조장한다. 바알은 풍요와 번영의 신이다. 바알 숭배자들이 신전에서 제의를 시행하다가 남녀 사제들과 성적으로 결합하여 엑스타시를 경험했고 이를 신과의 합일로 여겼다. 문제는 여기에 그치지 않는다. 바알 숭배자들은 이스라엘의 성경적인 경제관을 파괴한다. 번영과 풍요를 기원한 바알 숭배자들은 이스라엘의 희년법을 파괴시켰다.

대표적인 예가 나봇의 포도원을 강탈한 사건이다(왕상 21장). 나봇의 포도원이 탐난 아합은 좋은 조건을 제시하며, 포도원을 팔라고 요구한다. 나봇은 경제적인 계산을 넘어서 희년법(레 25장)에 근거하여 거절했다. 토지는 하나님의 것이며, 하나님이 모든 사람에게 기업으로 주신 것이다. 따라서 조상에게 물려받아 사용하다가 후손에게 물려주어야 할 유업이다. 유업의 매매는 경제적인 타산을 넘어서 하나님이 금하고 있다. 그런데 이세벨의 생각은 달랐다. 탐심을 위해 수단과 방법을 가리지 않고, 모함하고 술수를 써서 나봇의 포도원을 강탈한다. 신명기 법전에

명시된 왕의 권한 제한을 무시하는 행동이다(신 17:14-20). 바알의 경제법이 하나님의 희년법을 폐지시킨 것이다. 땅은 힘 있는 사람이 무한대로 소유할 수 있고, 그래야 경제적인 번영을 이룰 수 있으며, 경제가 번영해야 국력이 강해지고 백성이 안전하고 풍요로운 삶을 누린다는 논리이다. 이세벨의 가르침은 경제부흥과 국력신장을 위해 천부권(인권, 지권, 자연권)을 무시할 수 있다는 사상이다. 이 시대에 활동한 선지자가 두 증인의 모델이 되는 엘리야이다. "이스르엘 토지에서 개들이 이세벨의 살을 먹을지라"(왕하 9:36).

이세벨의 사상은 북이스라엘을 부국강병의 길로 이끌었지만, 희년법에 기초한 이스라엘 경제를 초토화시켰다. 아합의 오므리 왕가를 멸망시킨 예후 왕가는 정치 개혁을 단행하고 적폐청산을 하였지만, 이세벨의 경제관은 유지시켰다. 예후 왕가의 여로보암 2세 시대에 활동한 아모스와 미가 선지자는 이스라엘 내에 뿌리 깊은 사회적 불의에 항거하여 예언 활동을 하였다. 선지자 미가는 "너희가 오므리의 율례와 아합 집의 모든 예법을 지키고 그 전통을 지킨다"(미 6:16)라고 비판한다.

바알의 경제법이 얼마나 악한 누룩인지 보여 주는 두 가지 사례가 있다. 첫째, 바알의 경제법은 남쪽 유다에도 영향을 미쳤다. 이세벨의 딸 아달랴가 여호람 왕의 왕비가 되었다(왕하 8:25-27). 그는 아합의 악한 길로 행하였던 아들 아하시야가 죽고 나서 모든 왕손을 멸절시키고 자신이 친히 왕이 되었다(왕하 11:1). 여호람부터 아달랴까지 15년간 바알의 경제관은 남쪽 유대의 경제법을 초토화시켰다. 둘째, 시돈이 속한 페니키아는 북부 아프리카와 스페인 남부에 이르기까지 식민지 건설을 통해 경제 제국을 이루었다. 한때 페니키아의 허락을 받지 않고는 지중해를 한 뼘도 항해할 수 없다고 할 정도였다. 페니키아는 카르타고를 점령하고 바알의 경제법을 시행하였다. 그 지역의 전통적인 토지법을 붕괴시켰다. 힘이 있으면 마음대로 토지를 축적할 수 있었다. 카르타고는 로마와 두 번의 포에니 전쟁을 치렀다. 로마가 승리를 했지만, 사실은 페니키아 토지법의 승리였다. 카르타고에 용병으로 참여했던 로마 군인들은 승전지에서 붕괴된 토지법을 기반하여 부를 축적하였다. 부와 권력을 축적한 이들은 다시 로마의 정계에 진출하여 결국 로마의 토지법에 영향을 주었다.

### 이기는 자는 어떤 의미인가?

'이기는 자'는 니골라와 발람의 이름의 뜻을 아이러니하게 풍자하는 언어유희로 이해할 수 있다. 니골라당의 교훈이 가르치는 '이김'이 아닌 십자가에 죽으시고 부활하사 하나님 보좌에 승귀하신 어린 양 예수의 '이김'을 얻도록 교회가 깨어나서 예언의 사명을 감당해야 한다. 세상의 방식으로 이기는 것이 아니라 어린 양의 길을 따라서 이겨야 한다. 이는 세상을 이기는 것이 무엇인지 깊이 생각하게 한다.

'이기는 자'는 역설적이고도 반어적인 개념이다. 죽임 당한 어린 양이 승리하셨다. 초대 교회 예배 가운데 불렀던 찬송시가 빌립보서 2장 5-11절에 수록되어 있다. 이 찬송시는 죽기까지 복종하여 십자가에 죽으신 예수를 하나님이 살리셨고, 모든 입이 예수를 주라고 고백하고, 모든 무릎이 꿇어 경배하며, 모든 이름 위에 뛰어난 이름을 하나님이 주셨다고 찬양한다.

계시록 2, 3장이 모델로 삼는 '이기는 자'는 발람, 니골라, 이세벨이 그러하듯 세상의 힘과 권세로 군림하는 자가 아니다. 오히려 죽임 당한 어린 양과 순교자들이다. 순교자들은 세상이 보기에는 패배당한 자들이다. 하나님의 진리를 예언하고 선포하고 따르는 삶을 살다가, 세상 권력에 수모를 당하고 고난 당하고 죽임을 당한 이들이다. 세상의 눈에는 실패한 자들이나 하나님의 눈에는 승리한 자들이다. 유대 마카비 전쟁의 순교자들은 헬라 제국의 잔인한 통치 앞에 허무하고 속절없이 당한 자들로, 도리어 저항이 무모하다는 느낌을 줄 정도로 비참한 죽음을 맞는다. 하지만 그들의 패배와 죽임은 결국 하나님의 승리를 가져오는 원동력이 되었다(4Macc 1:11; 6:10; 7:9,6, 30; 11:20-21; 16:14; 17:12-18).

  이기는 자를 세 가지로 나누어 볼 수 있다. 첫째, '정복자'는 권세와 능력으로 세상을 지배하거나 영향력을 행사할 수 있는 권력 집단이다. '땅을 정복하고 다스리라'는 명령에 따라서 세상 정치와 경제 및 문화에 압력을 가하거나 영향력을 행사할 수 있는 실력을 배양한다. 그래서 그리스도의 통치를 거스르는 우상숭배자들과 세속적인 정치와 경제계를 교회가 정복한다. 이것을 '승리주의'라고 한다. 가장 선명히 드러난 시기는 콘스탄틴 대제의 밀라노 칙령(주후 413년) 이후 로마제국을 기독교 이념으로 통치한 경우이며 또 하나는 십자군 전쟁을 통해 이교도들을 제압하려고 군사적 행동을 취한 중세이다. 어쩌면 이 두 가지는 기독교 역사상 교회의 가장 추악한 면을 드러내는 본보기가 되기도 한다. 교회가 권력을 소유하면 세상을 다스리는 것이 아니라 세상에 동화되어 버린다. 교회가 세상에 군림하면 세상을 지배하는 것이 아니라 세상 가치와 방식이 교회를 지배하여 버리는 역설에 빠진다. 두아디라 교회는 이기는 자는 만국을 철장으로 다스리는 권세를 주겠다고 약속을 받는다. 이 약속은 이김 이후에 주시는 약속이거니와, 이 이김은 아이러니한 이김이다. 시편 2편에 철장으로 다스리는 권세를 하나님의 아들에게 주셨는데, 그 아들이신 예수 그리스도는 십자가에 죽음으로 만국을 다스리는 권세를 받았다. 이러한 측면에서 이기는 자는 정복자가 아니다. 오늘날 한국 교회를 주도하는 세력이 심각하게 착각하는 오류가 이러한 정복주의이다. 권세와 능력을 가진 사람이 환영받고 인정을 받는 길은 그리스도의 길이 아니다. 예수는 사탄의 시험을 받을 때, 세상 권세를 확보하는 길을 거부하셨다.

둘째, '승리자'이다. 이것은 세상과의 경쟁에서 이기는 것이다. 정치적인 세력에서도 이기고, 경제 면에서도 영향력을 행사할 재정을 확보하고, 문화 영역에서도 세상 문화를 능가하는 인기와 영향력을 행사하는 것이다. 정치계나 교육, 미디어 분야로 교인들이 많이 진출하면 교회가 승리한 것인가? 기독교인 국회의원이 많이 선출되고, 올림픽에서 기독교인이 메달을 따거나 스타가 되면 교회가 승리한 것인가? 명문대에 교회 학생이 몇 명 갔는지에 따라 하나님이 영광을 받으시는가? 교회 건물이 다른 건물보다 좋고, 크고, 더 좋은 위치에 있으면 승리한 것인가? 이 모든 생각은 사탄이 교회를 타락시키는 계략이다. 그리스도의 길이 아닌 세상의 길을 걸어가라는 함정이다. 우월성으로 복음의 본질을 증명한다는 것은 착각이다. 예수는 이러한 길을 선택하지 않으셨고, 제자들에게도 추천하지 않으셨다. 경쟁이 상식이 된 교회는 하나님 나라 가치를 상실했다. 교회는 세상과 경쟁하지 않는다. 그리스도의 진정한 교회는 세상을 패자로 만들고 자신이 승자가 되지 않는다. 오히려 세상을 주의 품으로 인도하기 위해 껴안는다. 교회는 경쟁을 통해 이기는 자가 되지 않는다.

셋째, 그렇다면 이기는 자는 '극복하는 자'이다. 이기는 자는 세상의 이데올로기에 순응하거나 동화되지 않고 저항한다. 황제 숭배 압력에 굴복하지 않고 이긴다. 경제활동 집단의 압력에 순응하지 않고 손해를 보더라도 저항하며 이긴다. 사회적 활동과 신분 상승의 기회가 박탈되고 심지어 핍박을 당하더라도 굴하지 않고 저항하며 이긴다. 교회는 세상을 정복하지 않고 오히려 세상에 정복을 당한다(2:4-5, 14-16, 20-24). 이김은 정복을 당하는 교회에 주어진 당연한 귀결이다.

어떻게 이기는가? 오른뺨을 때리면 왼뺨을 돌려대고, 5리를 가자 하면 10리를 가며 세상을 극복하는 방식이다. 세상이 규정하는 방식으로 규정되지 않고, 십자가와 부활의 패턴과 가치로 세상을 극복한다. 세상에 정복당한 교회는 핍박과 환란에 직면한다. 죄악에 근거한 권세가 교회를 공격한다. 그럼에도 교회는 하나님 나라의 진리와 복음의 가치를 공공연히 천명한다. 교회는 압도적인 세상 권력에 짓밟히고 억압당한다. 세상의 요구에 부응하지 않고 저항하면 당연히 고난을 받는다. 복음을 모르는 세상에 복음을 전하면 당연히 핍박을 받는다. 끝까지 진리를 전하고 진리대로 살면 투옥되거나 사형을 당할 것이다. 세상의 가치와 행동방식이 당연히 인정되는 세상에서 하나님 나라의 가치와 삶의 방식으로 살아가면 어떻게 되는가? 손해 보고, 부당한 대우를 받고, 경쟁에서 배제될 것이다. 그럼에도 복음의 진리를 견지하면 하나님이 일하신다. 교회가 패배를 당하고 수치와 조롱과 순교의 자리까지 나아가는 그 시점에 하나님이 개입하신다. 예수 그리스도의 십자가와 부활은 하나님의 반전 드라마이다. 이 신적인 드라마를 자신의 삶 속에 구체적으로 실현하는 삶이 그리스도인의 신앙생활이다. 진리를 고수하며 세상에 패배를 당함으로써 그리스도인은 십자가와 부활을 현실적으로 체험할 수 있다.

　　이김의 모델은 예수 그리스도이다(3:21). 그리스도의 생애는 아이러니와 패러디로 설명될 수 있다. 예수는 십자가에 죽으심으로 승리하셨다. 세상 권력에 짓밟히고 진리로 세상을 정복하셨다. 시리아어 번역본인 페시타는 계시록 2장 26-28절을 다음과 같이 의역하였다. "나[그리스도]는 나의 아버지께 훈련을 받음으로 박살났다(shattered)." 고난 받는 성도는 이기는 자이다(롬 8:36-37). 세상 문화와 권력에 타협하도록 유혹하여 신앙적으로 패배하도록 만드는 거짓 정복자들에게 저항하고 진리를 고수하고 짐승에게 숭배하기를 거부함으로써 오히려 거짓 정복자를 이기고 진정한 정복자가 된다. 계시록 11장 7절과 13장 7절에서 짐승은 성도들에게 육체적 고난을 부과하여 성도들을 이겼다. 하지만 그리스도와 성도들은 고난을 당하면서도 신실한 증언을 유지함으로서 짐승을 이긴다(5:5-6; 12:11; 15:2; 17:14). 짐승이 성도를 이겼다는 그 단어로 성도가 짐승을 이긴다고 표현한다. 여기에 역설과 아이러니가 있다.

왜 복음의 능력이 이 세상에 드러나지 않는가? 교회가 세상을 세상적인 방식으로 정복하려 들거나, 종교적인 방식으로 경쟁에서 이기려 하기 때문이다. 교회는 이 세상에서 하나님 나라의 가치와 생활 방식으로 살다가 망해야 한다. 복음의 능력이 드러나지 않는 이유는 망하지 않고 흥하려 하기 때문이다. 교회와 성도는 하나님이 살리심과 옳다 인정하심을 기대하고, 충직하고 신실하게 복음의 가치를 드러내는 생활방식을 고수하면 된다. 신실한 복음의 증인으로서 승패와 인정에 관계 없이 살아갈 때 교회는 하나님의 개입으로 세상을 이기고, 도리어 세상을 복음으로 설복할 수 있다.

이기는 것은 단지 순교, 즉 육신적 죽음만을 의미하지 않는다. 진리대로 살다가 고난을 받고 손해 보고 망하는 것도 순교이다. 삶의 전 영역에서 순교적으로 살 수 있다. 진리로 세상의 가치를 거부하고, 정복과 승리라는 짐승의 길을 따르지 않고, 죽임 당한 어린 양을 따라 사는 것은 순교자의 삶이다. '이기는 자'가 되는 길은 곧 진정한 그리스도인임을 증명하는 방식이다. '이기라'는 권면은 타협과 순응을 요구하는 세상에 저항하라는 격려이다. 동시에 이미 타협하는 자들은 짐승 숭배를 그치라는 경고이다. 삶에서 이기지 못하는 자는 그리스도인임을 증명하지 못하는 자이다. 하늘의 일용할 양식을 공급받지 못하고, 자신의 자원만으로 살아가는 자가 되어 결국 짐승의 통치에 굴복하는 자가 된다.

진리를 신실하게 견지하면 그리스도인은 패배함으로 이긴다. 실패를 통해 승리한다. 짓밟힘으로써 정복한다. 세상에 지지만, 세상을 이긴다. 교회를 통해 세상은 하나님을 인정한다. 이것이 그리스도인의 승리이다.

소아시아 일곱 교회는 1세기 후반 로마제국에 흩어진 교회들의 표본이다. 이들 교회는 생존의 기로에 서 있었다. 로마제국의 지배 이데올로기에 순응하고 타협하여 동화될 위기 앞에 있다. 그리스도는 이들 교회에 말씀하신다. 들을 귀를 가지고 성령의 메시지를 청종하라! 들을 귀가 있으면 "성령으로" 계시된 하나님 나라를 볼 수 있고 이해할 수 있다. 이기는 자가 되라는 요청은 정복이나 승리가 아닌 극복이다. 주변 사회의 압력을 극복하여 정체성을 회복하고 교회의 원래 사명을 감당하라는 뜻이다. 이기는 자는 하늘 보좌, 즉 하나님 나라의 전망이 있어다. 요한은 일곱 교회를 통해 현재 상태를 확인한 자들을 4, 5장의 하늘 보좌 예배로 초청한다.

2장

## 하늘 보좌 예배

계시록 4, 5장은 계시록 전체 구조를 통제하는 곳이다. 계시록의 핵심 메시지는 두루마리(12-14장)에 있지만, 전체 흐름을 주도하는 곳은 4, 5장이다. 계시록 4, 5장은 하늘 보좌 장면을 묘사한다. 하늘 보좌는 찬양과 경배를 받는 예배 장소이다. 요한은 예배 장면을 웅장하고도 밀도 있게 묘사하고 있다. 하늘 보좌는 성도들의 기도가 어전회의에서 논의되는 곳이기도 하다. 기도에 대한 응답으로 어전회의에서 포고문이 선포된다. 포고문에 따라 칙령이 내려지고, 천사들이 세 가지 일곱 심판을 연속으로 시행한다. 하늘보좌는 계시와 통치의 근원이다. 종말의 영적 전투가 진두지휘되는 곳이다. 계시록에서 경배와 기도의 가치를 제대로 평가하지 않으면 핵심을 놓친다.

### 하늘 보좌 예배의 배경

요한이 구약을 밑그림 삼아 창의적으로 그린다는 점을 염두에 둘 필요가 있다. 따라서 4, 5장의 배경을 먼저 살펴보는 것이 올바른 이해에 필요하다. 하늘 보좌의 배경은 다니엘 7장이다. 네 짐승 환상이다. 이 환상은 다니엘 2장에 느부갓네살이 꿈에 본 큰 신상에 대한 다른 그림이다. 큰 짐승 넷이 바다에서 나왔다(단 7:3). 성서 문학에서 '바다'는 하나님 백성을 핍박하는 악의 세력의 장소이다. 바다는 '우주적 악'의 원형이다. 구약에서 홍해는 악한 바다 짐승의 거주지이다(참조. 사 51:9-11; 시 74:12-15; 겔 32:2). 네 짐승은 성경 역사에 등장하는 악한 제국들을 상징한다. 바벨론, 페르시아, 헬라, 로마. 악의 제국은 강하고 무섭고 경이롭다. 세상 나라의 권세가 극치에 도달할 때 또 다른 환상으로 장면 전환이 이뤄진다. '인자 같은 이'가 '옛적부터 항상 계신 이' 앞으로 인도되어, 권세와 영광과 나라가 그에게 수여되고, '모든 백성과 나라와 언어'가 그를 섬긴다. 그의 권세는 소멸하지 않고 영원하며 멸망하지 않는다. 넷째 짐승이 무소불위의 권세로 성도들을 이기지만, 옛적부터 계신 이가 성도들의 원한을 풀어 주시고, 하나님 백성이 영원한 나라를 얻게 된다.

어떤 면에서 계시록은 다니엘 7장을 예수 그리스도의 십자가와 부활과 승천의 관점에서 재해석한 주석이라고 볼 수 있다. 이 점에서 계시록 4, 5장은 다니엘 7장의 핵심 장면을 묘사하고 있다. 즉 어떻게 '옛적부터 항상 계신 이'가 '인자와 같은 이'에게 성도들의 나라를 양도하였는가?

계시록 4장은 하늘 보좌에 좌정하신 창조주 하나님이 절대 주권으로 세상을 통치하심을 예배로 묘사한다. 천상의 존재와 모든 피조물이 하나님의 절대 주권을 찬양한다. 계시록 5장은 이 하나님의 주권적인 통치가 어떻게 땅에 이뤄지는지 묘사한다. 땅에 이뤄지는 하나님의 통치를 위해 죽임 당한 어린 양이 하늘 보좌에 좌정하셨다. 어떻게 해서 어린 양이 하늘 보좌에 좌정하셨는가? 어린 양은 십자가에서 온 인류의 속죄를 위해 희생물로 죽으셨다. 신실한 증인으로서 자신에게 주어진 사명을 완수하셨다. 십자가에 죽은 어린 양을 하나님이 다시 살리셔서, 사망의 권세를 가진 사탄에게 결정적인 승리를 하셨다. 어린 양을 하나님 보좌 우편에 앉히시므로, 하나님이 그를 옳다고 인정하셨다.

이제 세상 주권이 사탄에게서 어린 양에게 이양되었다. 십자가와 부활과 보좌에 승귀하심으로 하나님 나라는 시작되었다. 어떻게 이 나라가 완성되는가? 십자가에서 시작된 결정적인 승리(D-day)가 이제부터 궁극적이고 완전한 승리(V-day)의 실현을 향해 나아가야 한다. 하나님 나라의 완성 프로그램이 바로 '두루마리'이다. 두루마리는 어떻게 다니엘서에 예언된 짐승의 제국이 멸망을 당하고, 어린 양이 궁극적 승리를 거두는지를 드러낸다. 어린 양은 사탄에게 결정적인 승리를 거두었고, 이제 어린 양의 추종자들이 신실한 증인으로서 어린 양의 승리에 참여하도록 부름을 받는다. 이들이 바로 14만 4천이다. 이들의 참여를 통해 하나님의 주권적인 통치가 이 땅에 온전히 이뤄진다. 하늘 보좌에서 드려지는 예배가 절정에 이르는 바로 그 시점은 죽임 당한 어린 양이 소개되기에 적합한 때이다. 이와 더불어 어린 양을 따르는 성도들의 기도가 반드시 언급되어야 한다. 성도의 기도는 하나님 나라 도래의 원동력이기 때문이다.

이제 계시록 4장과 5장의 내용을 상세하게 살펴보겠다. 4장과 5장이 하나님 나라의 확립과 내용적으로 어떻게 관련이 있는지를 본문을 통해 파악할 것이다. 4장은 창조주 하나님께 드리는 하늘 보좌의 예배 장면이고, 5장은 두루마리의 인을 떼기에 합당하신 어린 양에 대한 찬양과 감사의 예배로 전체 장면을 채우고 있다. 예배와 더불어 성도의 기도가 간략히 언급된다 (5:8). 비록 한 문장이지만 기도는 두루마리가 개봉되고 선포되는 전체 과정에 중요한 원동력이자 연쇄적인 연결고리를 제공한다.

### 계시록 4장의 예배

**원형적 중심성**  4장에 묘사된 예배는 하늘 보좌를 구심점으로 삼은 동그라미 모양이다. 보좌에 앉으신 이에게 모든 '영광과 존귀와 감사'가 모아지는 예배이다. 어린 양과 일곱 영이 보좌에 앉으신 이와 함께 있다. 그 둘레에는 네 생물(세상 피조물의 대표)이 있고, 그다음엔 24장로(이스라엘의 열두 지파 족장과 새 이스라엘의 열두 사도)가, 그다음에는 수많은 천사가 둘러 서 있다. 하늘 보좌 예배에 참여하는 구성원들이다. 그러나 하늘 구성원들만 참여하는 것은 아니다. 계시록 5장 13절에서 모든 피조물이 이 예배에 참여한다. 계시록 7장 9절에는 14만 4천과 더불어 '아무도 능히 셀 수도 없는 큰 무리'가 참여하도록 초청된다. 보좌에 계신 삼위일체 하나님께 네 생물과 24장로와 모든 천사와 14만 4천과 셀 수 없는 큰 무리와 모든 피조물이 찬송을 올려 드리는 모습이다.

**하늘 보좌의 상징적 표현**　하늘 보좌는 '벽옥과 홍보석과 무지개와 녹보석'으로 묘사된다. 이는 신현을 나타내는 전형적인 요소들로서, 하나님의 위엄과 영광을 드러낸다. 이렇게 상징적으로 하늘 보좌를 묘사하는 이유는 하나님의 초월성 때문이다. 인간이 인지할 수 없고, 흉내 낼 수 없다. 그러나 다른 묵시 문학들이 하늘 보좌의 가시적인 형태에 초점을 맞추는 반면 요한은 보좌를 둘러싸고 일어나는 일들에 초점을 맞추고 있다.

'번개와 음성과 우렛소리'가 보좌에서 나오고, 일곱 등불이 보좌 앞에 있다. '번개와 음성과 우렛소리'는 보좌의 포고문이 시행되는 세 가지 일곱 심판 시리즈의 시작과 절정을 알리는 신호이다(4:5; 8:5; 11:19; 16:18). 일곱 등불은 하나님의 일곱 영이다. 계시록에서 성령을 표현하는 전문 용어이다. 일곱 영은 '온 세상에 두루 다니는 여호와의 눈'(슥 4:10; 계 11:4)이다. 역대하 16장 9절에, "여호와의 눈은 온 땅을 두루 감찰하사 전심으로 자기에게 향하는 자들을 위하여 능력을 베푸신다"고 한다. 번개와 일곱 등불은 하늘 보좌에서 시행되는 활동과 관계가 있으며 보좌로부터 이뤄지는 하나님의 통치를 상징적으로 나타낸다.

하늘 보좌 예배에서 24장로들이 금 면류관을 쓰고 있다가, 보좌에 앉으신 이에게 엎드려 경배하고, 쓰고 있던 면류관을 보좌 앞에 드리는 장면이 주목을 끈다(4, 10절). 장로들은 구속함을 입은 성도들의 대표이다. 구약 이스라엘과 새 이스라엘의 대표이다. 이들이 자기의 영광의 상징인 면류관을 보좌 앞에 드리며 하나님을 찬양한다. 이는 진정한 예배자의 태도이다.

하늘 보좌 예배에서 고백되는 찬양은 창조주 하나님 찬양이다. 이 예배는 두 가지를 전제한다. 하나님의 유일성과 초월성이다. 하나님은 비교가 불가능하고, 누구도 침범할 수 없는 분이다. '주 하나님, 전능하신 이', '전에도 계셨고 이제도 계시고 장차 오실 이'이다. 창조주 하나님에 대한 믿음이 약화되면, 부활과 새 창조에 대한 믿음도 기반을 잃는다. 하늘 보좌는 우주의 중심으로 요한의 우주론을 상징적으로 나타낸다. 우주의 모든 존재들은 하늘 보좌를 중심으로 둘러선 자신의 자리에 있을 때에만 그 존재와 역할이 의미 있다.

새로운 창조 신학은 두 가지 측면의 하나님 경험을 드러낸다. 하나는 하나님의 거룩함을 대면할 때에 느끼는 경외심(4:8; 참조. 사 6:3)이고, 다른 하나는 모든 피조물이 담지한, 하나님에 대한 절대 의존감(4:11)이다. 어떻게 하나님을 알 수 있는가? 하나님을 아는 지식과 예배는 분리될 수 없다. 하늘 보좌에서 드리는 예배는 찬양과 경배 외에 어떤 것도 요구하지 않는다. 하나님을 진정으로 아는 지식은 진정한 예배를 통해 경험되고 표현된다. 하나님을 아는 만큼, 예배자는 하나님께 가까이 나아간다.

### 계시록 5장의 예배

**무대 설정** 보좌에 앉으신 이의 오른손에 일곱 인을 봉한 두루마리가 있다. 두루마리의 구약 배경은 에스겔 2, 3장이며, 봉인의 구약 배경은 다니엘 12장에서 마지막 때까지 간수하고 봉함하여야 할 예언(6, 9절)이다. 천사는 누가 그 두루마리를 펼치며 그 인을 떼기에 합당한지 질문을 던진다. 합당한 자가 아무도 없었기에 요한은 통곡한다. 장로 중의 하나가 "유다 지파의 사자, 다윗의 뿌리가 이겼으니, 그 두루마리와 그 인을 떼시리라"(5절)라고 한다. 요한이 보니 '죽임 당한 어린 양'이 보인다. 그 어린 양이 보좌에 앉으신 이의 오른손에서 두루마리를 취하셨다. 그때부터 네 생물과 24장로가 성도의 기도가 가득한 금 대접을 가지고 어린 양 앞에 엎드려 찬양을 올려 드린다.

앞서 말했듯 두루마리는 하늘에서 이뤄진 하나님 나라가 어떻게 이 땅에 이루어지는지 드러내는 프로그램이다. 다니엘에게는 종말의 때까지 봉인하라고 하였지만, 계시록에서는 죽임 당한 어린 양이 그 두루마리를 펼치시고 인을 떼신다. 그 내용은 10장에서 두루마리를 삼키고 소화한 요한이 선포하는 메시지이다. 계시록 11장의 두 증인 이야기가 함축된 내용이라면 12-14장은 그 확장판이다.

유다 지파의 사자, 다윗의 뿌리가 두루마리의 인을 떼시기에 합당하다고 했는데, 왜 요한은 죽임 당한 어린 양을 보는가? 이는 의도적인 아이러니이다. 구약과 유대교에서 기대하였던 메시아와 요한 당시에 교회가 경배하는 메시아 사이의 대조가 아니라 아이러니를 통한 결합이다.

'유다 지파의 사자'는 창세기 49장 9절에서 야곱이 열두 족장에게 한 축복의 인용이다. 이미 유대교에서는 그를 메시아적인 인물로 해석하여 왔다(Tg.Neof. Tg. Ps.-J 창 49:9-12; Midr. Tanhuma 창 12:12; Midr. Rab. 창 97; 4 Ezra 11:37; 12:31-32 [다윗의 씨와의 결합]; 1QSb 5:21-29.) 그리고 '다윗의 뿌리'는 이사야 11장 1-10절에 대한 인유이다. 이사야의 '거룩한 씨'와 관련된 언어로 '뿌리'(쉐레쉬), '싹'(호테르), '가지'(나사렛), '어린 가지'(체마흐) 등은 호환된다. 이사야 이후의 예언자들은 가지(나사렛) 사상을 빈번하게 말한다(사 4:2; 렘 11:19; 23:5; 33:15; 슥 3:8; 6:12; 학 2:23; 미 5:2.). 연약하고 타락한 다윗의 직통 왕손(다윗-솔로몬)은 심판을 받아서 도끼에 찍히듯이 심판을 받을 것이나 다윗의 후손 중에 다른 계통(다윗-나단)

을 통해서 메시아가 등장하여, 하나님의 통치를 완성시킬 것이라는 예언이다. 쿰란 공동체에서도 이 사상은 의미 있게 숙고되었다(Stra-B I. 94; T. Jud. 24:6; 4QFlor 1:11-12; 4QPBless; 4QpIsa 3:15-26; 4QpIsaa frag. A 4Q161와 4Q285). 이 표현은 복음서에 나타난 그리스도의 자기 칭호와 연결된다.

이 두 가지 메시아 칭호는 심판을 통해 대적을 정복하는 예언과 관련된다. 메시아가 '이겼다'(참조. 단 7:10; 12:4, 9, 칠십인역). 특히 '이겼다'(부정과거 '에니케센')는 종합완성 또는 효력을 발생하는 부정과거로서 행동의 마지막 시점에 완수와 절정에 초점을 맞춘다. 계시록 2, 3장에서 일곱 교회를 향하여 '이기라'는 훈계를 반복하는 근거는 어린 양이 이미 교회를 위협하는 악한 세력들을 이겼기 때문이다.

어떻게 이겼는가? '죽임 당한 어린 양'이 이겼다. 예수의 십자가 죽음은 사탄과 그 흑암의 세력들을 궁극적으로 이겼다. 이는 아이러니이다. 앞의 두 메시아 칭호가 암시하는 바와 같이, 칼과 창으로 이기고 정복하지 않고, 죽음을 통해 이겼다. '죽임 당한 어린 양'에는 유월절 어린 양과 이사야 53장의 고난 받는 종으로서의 어린 양, 이 두 가지 은유가 결합되어 있다(참조. 4 Ezra 15:10; Pseudo-Philo 30:5).

어린 양의 일곱 뿔은 다니엘 7장 7절 이하에 기술된 일곱 뿔을 가진 짐승에 대한 패러디이다(1 Enoch 90:9-13, 16; T.Jos. 19:6-80.) 뿔을 가진 어린 양(1 Enoch 90장; T.Jos. 19)은 정복자 이미지이다. 뿔은 힘을 대변한다(참조. 신 33:17; 왕상 22:11; 시 89:17; 단 7:7-8:24; 1 Enoch 90:6-12, 37). 유대문헌(Midr. Rab.) 창세기 99장 2절에서는 유다 지파의 사자(창 49장)가 다니엘 7장 4절의 바벨론 사자를 패배시켰고, 뿔을 가진 요셉의 후손(신 33:17)은 다니엘 7장 20절의 네 번째 짐승의 뿔로 묘사된 로마를 대적한다. 계시록에서 어린 양은 다니엘 7장 13절의 인자이다. 일곱 뿔은 힘의 충만을, 어린 양의 전능함을 상징한다. 죽임을 당한 어린 양은 치명적인 상처를 입었지만 적을 무찌르고 승리한다. 반전(反轉)이다. 어린 양의 일곱 뿔과 일곱 눈은 온 땅에 보내심을 받은 하나님의 일곱 영을 상징한다(슥 4:10; 대하 16:9).

### 5장에 나타난 예배의 특징

어린 양이 두루마리를 취한 이후에, 하늘에는 장엄한 예배가 펼쳐진다. 이 예배는 어린 양의 구속의 은혜와 하나님 나라 통치에 대한 감사와 영광과 존귀를 찬양한다. 계시록 4장과 5장을 구분하여 살펴보면, 예배의 특징이 더 명확하게 드러난다. 4장의 예배에는 죽임 당한 어린 양이 의도적으로 언급되지 않는다. 그런데 5장은 죽임 당한 어린 양이 예배의 중심이 된다. 예배의 대상이 변하였다는 의미가 아니다. 예배의 초점이 이동되었음을 의미한다. 이 장면은 다니엘 7장의 예언을 따라서, 하나님 나라의 주권과 영광과 권세가 어린 양에게 전이된 귀결이다. 다니엘 7장에서 '옛적부터 계신 이'가 보좌에 좌정하여 계시고, 그 앞에 '인자와 같은 이'가 구름을 타고 와서 인도되고, 그에게 권세와 영광과 나라가 수여된다. 이 장면은 하나님 백성에 대한 주권이 세상 나라(네 짐승)에서 인자에게 양도되었음을 의미한다.

계시록 5장의 예배는 몇 가지 특징이 있다. 첫째, 네 생물과 24장로들이 어린 양 앞에 엎드린다. 성경에 나타난 예배의 특징은 지존하시고 경배를 받으시기에 합당하신 분 앞에 엎드리는 것이다. 빌립보서 2장에 수록된 초대 교회의 찬송시도 '모든 무릎이 예수의 이름 앞에 꿇게 한다'(10절)라고 한다. 비교할 수 없는 존엄과 침범할 수 없는 권위에 압도당할 때에 무릎을 꿇는다. 4장에 보좌에 앉으신 이 앞에서도 장로들은 무릎을 꿇고 면류관을 그 앞에 드렸다. 5장에서도 장로들은 무릎을 꿇는다. 어린 양의 권위와 존엄 앞에 하늘의 예배자도 무릎을 꿇는다.

둘째, 기도와 찬양의 결합이다. 장로들은 거문고와 향이 가득한 금 대접을 가졌다. 이는 찬양과 기도를 상징한다. 어린 양의 승리에 참여하는 예배는 기도와 찬양이 핵심 요소이다. 기도는 이 땅에 하나님 나라가 확립되는 본질적인 요소이다. 성도들의 기도는 이어지는 세 가지 일곱 심판 시리즈를 진행하는 원동력이다. 여기서 성도들은 누구인가? 계시록 6장 9절과 8장 1-5절을 통해 알 수 있는 것은 하나님 나라를 시작하신 그리스도의 통치에 참여하여 신실한 증인으로 죽임을 당하기까지 증언을 한 자들이다. 이들은 14만 4천에 속한 자들이다. 순교하기까지 신실한 증인의 삶을 통해 드려지는 기도는 하늘 보좌에 상달되고, 예배를 통해 하나님 보좌에 전달되며, 그리스도의 통치를 통해 응답된다.

셋째, 5장에서 드려지는 찬양은 구원과 선교(하나님 나라의 완성)를 위한 노래이다. 9, 10절의 찬양은 이러한 특색을 잘 드러낸다.

> 두루마리를 가지시고 그 인봉을 떼기에 합당하시도다 일찍이 죽임을 당하사 각 족속과 방언과 백성과 나라 가운데에서 사람들을 피로 사서 하나님께 드리시고 그들로 우리 하나님 앞에서 나라와 제사장들을 삼으셨으니 그들이 땅에서 왕 노릇 하리로다

어린 양이 두루마리를 취하셨다. 어린 양은 일곱 인을 떼시기에 합당하시다. 왜 합당한가? 일찍 죽임을 당했다. 이는 5절의 '이겼다'는 말의 아이러니한 동의어이다. 십자가에서 승리하심으로, 어린 양은 열방(각 족속과 방언과 백성과 나라) 가운데서, 사람들을 피로 '사셨다'. '사셨다'는 단어는 노예 시장의 용어이다. 노예는 속전(贖錢, ransom)으로 옛 주인의 구속에서 해방된다. 새 주인에게 속하든지 아니면 자유인이 된다. 그리스도는 십자가 보혈로 사람들을 구속하고, 하나님께 드렸다. 하나님께 첫 열매를 드리듯이, 봉헌하여 하나님께 속한 소유가 되게 하셨다. 속량(구속)된 열방은 이제 하나님의 보좌 앞에 섬기는 '나라와 제사장'이 되었다. 이 표현은 출애굽기 19장 6절에서 출애굽한 이스라엘이 열방 가운데서 받은 신분과 사명이다. 옛 이스라엘에게 적용하였던 이 표현을 계시록은 베드로전서 2장 9절에서처럼 새 이스라엘로서 하나님 백성이 된 교회에 적용한다. 새 이스라엘은 그리스도와 함께 땅에서 왕 노릇한다. 열방은 그리스도의 하나님 나라 통치에 참여하도록 소명을 받고, 사명을 감당한다.

첫 번째 찬양은 두루마리의 특징을 잘 드러낸다. 두루마리의 내용과 목적을 암시한다. 어린 양이 두루마리의 인을 떼기에 합당하신 것은 두루마리의 하나님 나라 회복 프로그램을 감당하기에 합당한 자격과 권세를 받았기 때문이다. 두루마리가 개봉됨으로써, 하나님 나라가 이 땅에 확립되기 시작한다. 이 땅에 현재 악과 고난으로 통치하고 있는 사탄과의 영적 전쟁이 불가피하다. 이 어린 양의 종말론적 성전(聖戰)에 참여할 영적 용사들을 불러 모으고, 열방이 그리스도의 승리에 참여하도록 초청하는 것이 두루마리의 본래 목적이다. 하나님 나라의 완성에 열방의 참여는 본질적인 요소이다. 이는 다윗의 뿌리가 되는 나사렛 예수가 이사야 11장에서 그리고 있는 하나님 나라 그림의 완성이다. 이러한 측면에서 첫 번째 찬양은 구원과 선교의 노래이다.

넷째, 선교 지향성이다. 5장의 예배에서 예배가 예배 자체에 그치지 않고, 선교적 완성을 지향한다는 점을 주목하자. 예배 자체의 완성도를 높이기 위해 미학을 추구하면 예술이든 문학이든 철학이든 신학이든 타락의 길을 걷는다. 하늘 보좌의 예배는 예배 자체에 목적을 두지 않는다. 예배는 선교를 지향한다.

계시록 4장의 예배에는 명백하게 표현되지 않았지만, 예배자는 하늘 보좌의 구성원들로 암시적으로 제한되어 있다. 네 생물과 24장로들이 예배의 구성원이다. 그러나 계시록 5장에서는 예배자의 범위가 무한대로 확장된다. 어린 양을 둘러싸고 네 생물과 24장로들의 경배가 시작된다. 이 예배는 열린 예배이다. 찬양 자체가 구원과 선교를 지향한다. 11절에서 그 수가 '만만이요 천천'인 천사들이 찬양하고, 이후에 13절에서 '하늘 위와 땅 위와 땅 아래와 바다 위와 그 가운데 있는 모든 피조물'이 보좌에 앉으신 이와 어린 양을 찬양한다. 이는 예배가 선교를 지향함을 드러낸다.

첫 번째 찬양은 열방의 구속, 나라와 제사장 삼음과 통치에 참여함을 노래한다. 이 노래는 단순한 찬양이 아니라 성도들의 선교적 기도이다. 이 기도에 대한 응답으로 7장에서 14만 4천이 인침을 받고(7:1-8; 14:1-3), 이후에 '아무도 능히 셀 수 없는 무리'가 종려나무를 들고 보좌 앞과 어린 양 앞에 서서 찬양한다(7:9). 14만 4천은 누구인가? 어린 양의 종말론적 성전(聖戰)에 참여한 순교자들이다. 육신적 죽음을 초월하여 신실한 증인으로 죽기까지 어린 양의 전투에 참여한 자들이다. 이들은 옛 이스라엘과 새 이스라엘 가운데 열방에 복음을 전하며 예수를 신실하게 증언하고 순교적인 삶을 산 하나님 백성이다. '무리들'은 누구인가? 이들은 어린 양의 전투로 참되신 하나님께로 돌아온 자들이다. 이들은 큰 환란에서 나온 자들이다(7:14). 어린 양의 전투에 참여한 14만 4천의 신실한 증언의 결과로 주께로 돌아온 자들이다. 두루마리가 시종일관 강조한 '열방의 귀의'의 열매이다.

4장의 예배가 보좌를 중심으로 수렴되는 구심적인 예배라면, 5장의 예배는 열방을 향하여 나아가도록 만드는 원심적인 선교적 예배이다. 이 예배는 하나님 나라가 완성될 때까지 끊임없이 열방이 합류하는 열린 예배이다. 하늘 보좌는 창조주 하나님이 피조물을 통치하는 곳이다. 하나님 임재 앞으로 계속하여 나와서 참여하는 자들에 의해 끊임없이 쉬지 않고 예배가 드려지는 곳이다. 이런 의미에서 5장은 보좌에 앉으신 이와 어린 양께 모든 피조물들이 찬양과 영광과 존귀와 권능을 돌려드리는 예배로 마무리된다.

**보좌에 앉으신 이와 어린 양**

하늘보좌의 예배가 우리에게 우선적으로 가르치는 교훈은 하나님 한 분 외에는 예배를 받기에 합당한 분이 없다는 하나님의 유일성이다. 네 생물도, 24장로도 예배의 대상이 아니다. 천사도 물론 아니다. 요한은 자신에게 계시를 전달하는 천사를 숭배하려고 했으나, 천사는 '오직 하나님께 경배하라'고 한다(19:10; 22:9). 예배의 중심은 보좌에 앉으신 이와 어린 양이다. 인간 중심 예배와는 거리가 멀다. 하늘 예배에서 인간은 주인공도 아니고 주체도 아니다. 돋보이지 않는다. 진정한 예배가 우주적으로 드려질 때에 인간을 포함하여 모든 피조물에게로 확대된다(5:13).

5장에는 어린 양에 대한 경배가 묘사되어 있다. 유대교는 유일신 사상(신 6:4)에 뿌리 내린 신앙을 전수하여 왔다. 그런데 어떻게 예수가 또 다른 예배의 대상이 될 수 있는가? 이 주제는 중요한 주제이지만 계시의 점진적 발전에 따라, 삼위일체 교리가 형성되는 과정에 유일신 사상을 견지하면서도, 예수를 신적 존재로 경배하는 움직임이 있었다고 이해할 수 있다. 초대 그리스도인들이 십자가에 죽으시고 부활하사 하나님 보좌 우편에 좌정하신 예수를 경배한다는 것은, 신적 존재로서 승귀하신 예수를 경배하는 신앙이 이미 뿌리 내렸음을 보여 준다.

계시록 4장 10절에서 장로들은 보좌에 계신 이 앞에 자신의 영광과 존귀의 상징인 면류관을 드리며 무릎을 꿇고 경배한다. 5장 8절에서 장로들은 거문고와 대접을 가지고 엎드려 어린 양을 경배한다. 계시록 19장 4절에서도 장로들이 보좌에 앉으신 이에게 엎드려 경배한다. 이는 하나님 앞에서 그 누구도 자신을 내세울 수 없음을 나타낸다.

하늘보좌에 참여하는 예배자들은 창조주 하나님의 절대적인 주권을 인정하고 경배를 드린다. 계시록 5장 12절에 어린 양을 찬양하며 천군천사들이 '능력과 부와 지혜와 힘과 존귀와 영광과 찬송'을 돌려 드린다. 그 항목이 일곱 가지이다. 숫자 7은 완전수이다. 뺄 수도 없고 더할 수도 없다. 다른 누구에게 양보할 수도 없고, 빼앗길 수도 없다. 오늘날 예배에 만연한 인간에 대한 존경이나 칭찬, 자랑은 전능하신 하나님의 영광을 모독하는 행위이다.

### 하늘 보좌 예배와 성전

하늘 보좌의 성소는 지상 성전의 원형이다. 네 생물은 지상 성전의 지성소에 있는 속죄소 양편 두 천사의 원형이다. 네 생물은 천상의 존재로서 하나님 보좌 앞에서 예배를 드리는 일에 전념한다. 네 생물은 하늘 보좌 예배자의 핵심이다. 네 생물이 드리는 예배에 점점 더 많은 무리가 끊임없이 동참한다. 24장로들과 14만 4천, 셀 수 없는 무리, 모든 피조물(5:13). 하늘 보좌와 단절된 예배는 우상 숭배일 뿐이다. 지상의 신자들은 계시록 4, 5장에 생생하게 묘사된 하늘 성전의 보좌에 앉으신 이와 어린 양께 드리는 경배와 예전을 모델 삼아서 매 주일마다 예배를 드린다. 그 목적들 중에 하나는 자신들이 천상에 참여하는 예배 구성원이며 하늘 보좌에 속한 존재임을 되새기기 위함이다.

지상에 존재하였던 모든 예배 양식과 제도는 가짜 아니면 그림자이다. 하늘 보좌의 예배가 실체이다. 그렇다면 땅에서 드리는 예배는 무의미한가? 아니다. 하늘 보좌의 예배와 연결된 예배는 적은 무리가 초라하고 보잘것없는 공간에 모이더라도 진정한 예배이다. 크고 화려한 공간에 최고의 장식과 비품을 비치하여 예배를 드린다고 하더라도 하늘 보좌 예배와 연결되지 않는다면 가짜이다. 땅에 존재하는 교회가 자신들만의 자기만족적인 예배를 드리려는 시도는 우상숭배이다.

| 하늘 보좌 묘사와 지상 성전의 연결점 | |
|---|---|
| 하늘 성소 | 지상 성전 |
| 보좌 | 지성소(시은소) |
| 네 생물 | 스랍(두 천사) |
| 24장로 | 24반차를 따른 제사장 |
| 일곱 영 | 메노라(일곱 촛대) |
| 유리 바다 | 놋대야 |
| 제단 | 분향 제단 |
| 금 대접 | 진설병 |
| 제단(6:9) | 번제단 |
| 14만 4천 | 이스라엘 |

| 셀 수 없는 무리 | 이방인 |

하늘 보좌의 예배와 성전 사이에는 분명한 연결고리가 있다. 첫째, 계시록 4장 6절에서 '보좌 앞에 수정 같은 유리 바다'가 있다고 했다. 이 표현은 하늘 보좌의 거룩한 구별성과 광채를 상징한다. '유리 바다'는 또한 홍해 사건을 반영하는 상징이기도 하다. 계시록 15장 2-4절에서 어린 양의 성전(聖戰)에서 승리한 자들이 "불이 섞인 유리 바다"에 서서, 모세의 노래, 어린 양의 노래를 부른다. 이 이미지는 출애굽 이미지와 자연스럽게 연결된다. 유대 전승에는 출애굽 이미지와 유리 바다를 이어 주는 중요한 연결고리가 있다. 출애굽기 14장 6절에서 이스라엘 백성이 홍해를 건널 때에 바다 가운데서 '마른 땅'으로 행진하였다. 출애굽기 15장 8절 "큰물이 바다 가운데 엉기나이다"를 원어 그대로 번역하면 '깊은 물이 바다 가운데서 굳어졌도다'이다. 즉 홍해를 건널 때에 바다 바닥이 진흙이 아닌 마른 땅이 되어서 마치 아스팔트를 깔아 놓은 듯이 되었다는 뜻이다. 이에 대하여 유대 전승은 바다가 '유리 그릇'같이 되었다고 한다(Mekilta Rabbi Ishmael[Beshallah 5.13-15]). 레위의 언약서(T. Levi) 2장 7절은 첫째

하늘에 많은 물이 그득 차 있었고, 제2에녹서 3장 3절에는 지상의 바다보다 더 큰 바다가 있다고 한다. 이는 출애굽 당시의 홍해 사건은 하나님 구원의 위대한 사건으로, 하늘 보좌 앞에서 기념됨을 의미한다. 참고로 이러한 측면에서, 솔로몬의 성전에 있는 '놋대야'를 '바다'라고 부른다(대하 4:1-10). 이는 죄와 허물을 씻는다는 의미이다. 고린도전서 10장 2절에서 홍해 사건을 '세례'로 비유한 바울의 표현을 고려하면, 놋대야는 홍해 사건을 상징한다. 이러한 사항을 종합하면 하늘 보좌의 유리 바다는 홍해 사건을 기념하는 상징이고, 이 기념물이 솔로몬 성전에 '놋대야'로 표현된다. 계시록 4장의 하늘 보좌 예배는 지상의 성전과 연결점을 가지고 있다.

둘째, 계시록 5장 8절에서 장로들이 금 대접을 가졌다. 이는 성도의 기도이다. 24장로들은 하늘 보좌의 어전회의를 구성하는 하늘의 대표들이다. 지상의 성막이나 성전에서 분향단이 있는 자리는 성소에서 가장 앞자리이자, 지성소와 가장 가까운 곳에 자리를 잡고 있다. 분향하는 시간은 성소 밖에서 매일 드리는 상번제(타미드)로 해 뜰 때와 해 질 때에 번제를 드리는 시간이다(출 30:7-9; 눅 1:9-10). 그리고 성소 안에서는 금 제단에 분향한다. 이 시간은 성전 뜰에 예배자들이 기도하러 모이는 시간이다

(행 3:1). 분향단에 향을 태우는 것은 성도들의 기도를 상징한다. 구약 시대에는 향연이 성전에서 올라가서 하늘의 하나님 존전에 상달된다고 믿었다. 유대인들은 예루살렘 성전에서 분향을 드리는 타미드의 시간에 성전을 향하여 기도하였다(단 9:21; 유디트 9:1). 시편 141편 2절은 이러한 기도 신앙을 반영한다. "나의 기도가 주의 앞에서 분향함과 같이 되며, 나의 손드는 것이 저녁 제사 같이 되게 하소서." 이러한 맥락에서 계시록에 나타나는 하늘성소의 향연은 사실상 하나님의 존전에 도달한 성도들의 기도를 상징한다. 계시록 5장 8절에서도 하늘 보좌에서 어린 양께 드리는 예배와 지상 성전의 기도 사이에 의미심장한 연결고리가 있다.

셋째, 분향단은 하늘 보좌와 성전을 연결하는 고리이다. 계시록 4장과 5장의 예배 장면에 지상 성전의 상징이 포함되어 있는 이유는 무엇일까? 이는 지상의 예배와 하늘 보좌의 예배가 분리되어 있지 않고, 서로 연결되어 있다는 증거들이다. 땅에서 아론의 반차를 좇는 제사장들이 제사를 드린다. 지상의 성소는 그림자이다. 실체는 하늘에 있다. 하늘에는 이제 멜기세덱의 반차를 좇는 영원한 대제사장이신 그리스도의 지휘 아래 영원한 예배가 드려진다. 지상의 성전 제사에는 하나님의 보좌를 상징하는 지성소를 향해 나아가는 동선(動線)이 있다. 성전의 문들을 통과하고, 번제단에서 희생제사를 드린 후에, 놋대야에서 정결하게 씻음을 받는다. 여기까지는 모든 예배자가 참여한다. 다음에는 제사장이 백성을 대표하여 성소에 들어간다. 성소에는 일곱 촛대와 진설병이 있고, 그 앞에 나아가면 분향단이 있다. 분향단은 이스라엘의 기도를 올려 드리는 곳이다. 이 기도의 자리에서 예배자는 하늘 보좌 예배에 참여하게 된다. 다음에 있는 지성소는 하나님의 임재를 상징한다. 아무나 들어갈 수 없다. 대제사장이 1년에 한 번 속죄일에 들어간다. 지성소는 하나님의 보좌를 상징한다. 하늘 보좌에서는 계시록 4, 5장에 묘사된 하늘 성소의 예배가 끊임없이 감사와 찬양으로 드려진다. 하늘 보좌는 성도들의 기도가 올려지고, 그에 따라 포고령이 내려지는 곳이다. 따라서 예배자는 기도를 통해 하늘 보좌 예배에 참여한다. 이스라엘 백성은 성전이 멸망을 당했을 때에도, 흩어진 자리에서 예배를 드렸다. 어떻게 예배를 드렸는가? 기도와 토라 묵상을 통해 하나님께 나아갔다. 이는 성전 제도가 그림자임을 나타내는 증거이다. 그림자인 성막과 성전의 예배일지라도, 하늘 보좌에 드리는 예배와 연결되어 기도가 드려졌다.

　　이러한 그림을 연상하면 신약 시대에 우리가 어떻게 예배해야 하는지 알 수 있다. 신약 시대에는 더 이상 제사장이 필요 없다. 우리의 대제사장이신 예수 그리스도 안에서 모든 믿는 자는 하나님께 나아가는 제사장이다. 예수 그리스도의 희생제사로 하늘 문이 열리고, 하나님께 나아가는 산 길이 열렸다. 각 지역에 흩어진 교회에서 드리는 예배는 진리와 영으로 하늘 보좌에 드리는 예배에 참여한다.

지상 교회는 하늘 보좌 예배에 성령으로 참여한다. 요한은 하늘 보좌에 성령으로 올라갔다. 우리도 성령의 임재가 있는 예배를 드릴 때에, 하늘 보좌 예배에 참여한다. 예배 인도자가 성령을 염두에 둔다면 예배에 방해되는 인간적인 요소들을 통제하게 된다. 그렇지 않으면 설교자나 찬양 인도자, 성가대와 기도자가 예배의 흐름과 소통을 방해하게 된다. 진정한 예배는 오직 하나님과 어린 양이신 예수만이 찬양과 존귀와 영광과 권세를 받으신다(계 5:13). 그 길을 막는 모든 것은 예배의 장애물이다. 예배를 섬기는 자들은 하나님의 보좌에 모든 예배자가 나아가도록 섬겨야 한다. 자신들이 칭송과 영광을 받으면, 진정한 예배의 방해꾼이 된다. 교회의 예배는 그 자체로 완전하지 않다. 하늘 보좌에 나아갈 때에 예배는 완성된다. 따라서 한 교회가 홀로 하나님을 모시는 장소가 되려고 하는 모든 시도들은 탐욕이다. 보편적이고 우주적인 교회와 지역 교회간의 관계를 통해 교회의 정체성과 사명을 알아가기 때문이다.

예배는 하늘땅과 수직적으로, 하늘 보좌에 연결된 모든 교회와 수평적으로 연결된다. 하나의 서버에 연결되어 네트워크에 참여하면 서로 간에 소통이 가능한 것과 같다. 이와 마찬가지로 하늘 보좌와 연결된 예배를 드리는 지역 교회 사이에 소통이 이뤄진다. 두세 사람이 모여도 하늘 보좌 앞에 나아갈 때에 진리와 영으로 드리는 예배가 된다. 그러나 화려한 예배라 할지라도, 영과 진리로 드리지 않으면 우상의 전당이 된다. 스데반은 예루살렘 성전을 '손으로 지은 집'이라고 했다(행 7:48). 이 단어는 칠십인역에서 우상의 전당을 가리키는 전문 용어이다. 똑같은 단어로 바울은 아테네의 신전들을 '손으로 지은 집'(행 17:24)이라고 했다.

하늘 보좌 예배에 참여하는 지역 교회는 자신들만의 예배로 만족하지 않는다. 성령으로 연결된 모든 지역 교회와 더불어 찬양과 감사의 예배를 드린다. 이러한 네트워크 의식을 가진 교회는 개 교회주의에서 탈피하며, 개 교회만의 성장에 골몰하지 않는다. 한 지역이나 나라와 민족 가운데 있는 교회들과의 관계성 속에서 예배를 드린다. 이러한 의식을 가진 교회는 공교회에 대한 이해가 달라진다. 거룩한 네트워크 속에 정체성과 사명을 발견한 교회는 '우리' 교회라는 말을 '우리끼리만'이라는 뜻으로 사용하지 않고 '우리 함께'라는 뜻으로 사용한다. 자연스럽게 주변 교회를 배려하고 연합하며, 경쟁하지 않는다. 신적 네트워크에서 단절된 교회는 자체만의 영광과 권세를 추구하다가 우상의 전당으로 몰락하게 된다.

### 정치적 예배

예배가 정치적이라 함은 무슨 의미인가? 예배는 창조 세계에 대한 하나님의 구속 목적이자 종말론적 목적이다. 네 생물과 24장로들은 하늘 어전 회의를 구성한다(참조. 사 24:23; 단 7:9; 2Enoch 4:1; T.Lev. 3:8). '장로들의 보좌'와 '면류관'은 정치적 용어이다. 이들은 하나님께 권위를 위임받아서 하늘을 다스리는 통치자들이다. 하늘 보좌의 예배는 하나님의 통치에 참여하는 자들이 드리는 예배이다. 네 생물은 전체 피조물을 다스리는 대표이다. 24장로들은 옛 이스라엘과 새 이스라엘의 대표이다. 14만 4천은 어린 양을 따라서 종말론적 성전(聖戰)에 참여한 어린 양의 군대이다. 14만 4천과 셀 수 없는 무리는 그리스도와 함께 왕 노릇한다(계 5:10; 20;즉 열방 가운데서 구속을 받아서, 나라와 제사장으로 봉헌된 자들이다(계 5:9). 하늘 예배자들 중에는 관객이나 방관자가 없다.

모두 다 하나님의 통치에 참여한 자들이다. 이들은 하나님 통치의 활동과 결과를 가지고 하늘 예배에 참여한다. 이런 측면에서 예배는 정치적이다.

예배가 정치적이라는 점은 묵시 문학에서 그 의미가 뚜렷하게 부각된다. 고대 사회는 정치, 경제, 종교가 결합되어 있다. 로마 정치의 본질은 황제의 신격화와 더불어 제국의 안정을 이상화하는 제국 제의에서 가시적으로 드러난다. 국가 권력을 절대화한다. 황제가 신적 주권을 가졌다고 주장한다. 로마의 정치적 이데올로기는 하늘 보좌를 중심으로 한 신적 통치와 정면충돌한다. 로마는 짐승의 숭배를 강요한다(15:4; 참조. 19:5-6). 짐승은 666 시스템으로 제국을 지배한다. 짐승을 숭배할 것인가, 어린 양을 경배할 것인가? 이는 종교적 기호의 문제가 아니다. 누구를 예배하느냐에 따라 시민 생활과 경제활동의 양상이 달라진다.

예배는 단순히 마음의 평안을 얻고, 복을 구하는 행위가 아니라 생사의 기로에 서는 의미심장한 선택이다. 예배자는 절대 가치가 무엇인가를 알고, 그 가치에 삶의 방향과 가치를 조율한다. 따라서 하나님의 통치를 대적하는 이데올로기, 정치적·경제적 가치, 삶의 방향을 단호히 거부한다. 지배 이데올로기에 편입되어 안정되고도 부유한 삶을 좇을 것인가, 어린 양의 발자취를 따르며 신실한 증인으로서 죽기까지 하나님의 통치를 증언하는 삶을 살 것인가? 타협이나 유보 같은 중간 지대는 없다. 하나님의 통치를 받는 예배자는 하나님의 뜻에 거스르는 길로 나아가는 세상 권력에 단호하게 저항한다. 하늘 보좌에 참여하는 예배는 예배자로 하여금 세상 권력 구조의 핵심과 본질을 꿰뚫어 볼 수 있는 예언적 통찰력을 제공한다. 그 통찰력으로 제단 아래에서 어린 양의 발자취를 따라가다 죽임을 당한 영혼들이 부르짖는 기도에 공감하고, 삶을 통해 하나님 나라가 임하기를 갈망하며 살아간다. "땅에 거하는 자들을 심판하여, 우리 피를 갚아 주지 아니하시기를 어느 때까지 하시려 하나이까"(계 6:10).

민주화되고 다원화된 21세기에도 예배는 정치적이라고 할 수 있는가? 당연히 정치적이다. 이는 좌우 이데올로기의 선택, 어떤 정당이나 어떤 정치인을 지지하느냐의 문제가 아니다. 예배자는 세상의 정치, 경제, 문화의 영향력보다도 하나님의 통치를 갈망한다. '나라이 임하소서!' 기도할 때에, 우리 현실 속에서 하나님의 통치가 이루어지기를 갈망하는 것이다. 그렇다면 하나님의 통치를 거부하는 모든 정책과 삶의 방향에 예배자는 단호하게 저항하게 된다. 진정한 예배자는 세속적인 이데올로기가 지배하는 세상에서 불량 시민으로 산다. 예배는 정치적 저항이 된다. 하나님의 뜻을 거스르는 어떤 정책에도 하나님 나라의 삶의 방식으로 저항하며 살도록 만든다. 불의한 정권에 순응하며 살도록 만드는 예배는 점잖고 순응적인, 정치 체제를 지지하는 시민을 만들어 낼지 모르지만 진정한 예배는 아니다.

### 선교적 예배

선교는 선교지에서 전도하는 것만이 아니다. 선교는 통전적이다. 선교는 하나님 나라가 선교지의 모든 영역(정치, 경제, 문화, 교육, 미디어, 예술, 사회 등)에 임하도록 신실한 증인으로 사는 것이다. 복음이 삶의 방식으로 정착하도록 만드는 모든 행위가 선교이다. 하나님 보좌 앞으로 나아가는 예배자는 세상 속에서 신실한 증인으로 살도록 다시 파송받는다. 계시록 4, 5장은 이를 '나라와 제사장'으로 삼았다고 표현한다. 하나님 보좌 앞에 나아가는 예배자는 하나님의 통치를 받기로 결정한 자들이다. 따라서 이 땅에서 하나님 통치의 통로가 된다.

유대교에서 제사장은 단지 제사만 드리지는 않는다. 제사장은 1년에 24반차를 따라서 15일만 성전에서 섬긴다. 그렇다면 나머지 기간에는 무엇을 하는가? 거주지에서 성전 공동체의 공무원으로 일한다. 즉 중앙 성소의 일을 지역 공동체에서 구현하며 살아간다. 제사장은 율법을 가르치고, 회당을 운영하며 재판하고, 백성들의 삶에 필요한 종교적인 일들을 한다. 하나님 나라의 통치를 받는 왕 같은 제사장인 성도는 하나님 나라의 공무원으로 살아간다. 하나님 나라의 통치가 성도의 삶을 통해 구현되어, 하늘 뜻이 땅에 이루어지도록 살아간다. 예배를 통해서 하나님의 통치에 자신의 삶의 가치와 방향을 조율한 예배자는 삶의 현장에서 하늘 뜻이 땅에 이루어지는 통로가 된다.

계시록 5장의 어린 양 중심 예배는 열린 예배이다. 네 생물을 핵심으로 예배자들은 계속하여 합류한다. 24장로와 14만 4천 성도, 셀 수 없는 무리가 예배에 합류한다. 열린 예배는 예배자가 제한된 예배가 아니다. 복음을 듣지 못하여 주께로 돌아오지 못한 '족속과 나라와 방언과 백성', 즉 열방에 신실한 증인들은 복음을 증언한다. 그들이 주께 돌아올 때에 하늘에서 어떤 광경이 펼쳐질까? 계시록 5장 9-10절은 네 생물과 24장로들의 찬양을 기록한다. "모든 족속과 나라와 방언과 백성 가운데서 사람을 피로 사서 하나님께 드리시고 사람을 우리 하나님 앞에서 나라와 제사장 삼으셨으니 사람들이 땅에서 왕 노릇 하리로다."

이 찬양이 하늘에서 판에 박힌 듯 반복되지는 않을 것이다. 이 땅에 선교의 열매가 맺힐 때마다, 한 족속이나 나라, 언어, 민족이 주께로 돌아올 때마다 그들의 이름을 거명하며 찬양하지 않겠는가? 미전도 종족 중에 한 부족의 언어가 성경으로 번역되고, 그 언어로 복음이 전해져서, 한 사람의 제자가 탄생하고, 지역 사회에 복음을 자기 언어로 전하는 자들이 생길 때에 하늘에서는 그 부족과 그 언어로 찬양하지 않겠는가? 족속과 나라(임금)와 방언과 백성은 구체적인 지역과 사람과 국가와 인종의 이름으로 바꾸어서 부를 수 있다.

모든 족속과 나라와 방언과 백성 가운데 복음이 전해질 때까지 예배는 선교적이어야 한다. 또한 복음이 전해진 지역이라고 해도, 정치, 경제, 문화, 교육, 미디어, 과학 등의 영역이 하나님의 통치에 순복하지 않고 짐승의 통치를 받고 있는 한 예배는 선교적이다. 예배자는 하나님의 아름다움을 사모하는 것에 만족할 수 없다. 하나님의 뜻을 품고 삶을 통해 풀어내는 사명자로서 살아갈 때에, 예배는 완성된다.

### 하늘 보좌로 초대되는 요한

결론적으로 이 질문을 던져 보아야 한다. 왜 성령은 요한을 하늘 보좌 예배로 초대하는가? 골짜기에 있는 사람은 길을 몰라 이리저리 방황하기 쉽다. 능선에 오르면 어디로 가야 하는지 안다. 계시록 2, 3장의 일곱 교회 상황은 골짜기와 같다. 압박과 핍박이 피부에 와 닿을 정도로 느껴지는 현실에 갇힌 교회는 어디로 가야 하는지, 어떤 해결책이 있는지 찾기가 쉽지 않다. 현실의 지평을 초월하여 하늘의 시각으로 현실을 보는 시각이 필요하다. 이것이 바로 독수리의 시야이다. 높은 하늘에 올라 땅 위의 먹이를 조망하는 시각이다. 버텨내기 힘들 정도의 사회적 압박과 타협의 유혹에 생존과 정체성을 위협받는 교회는 하늘의 시각으로 현실을 볼 필요가 있다. 성령은 요한을 하늘 보좌로 인도하여, 전혀 다른 차원에서 역사의 흐름이 어떻게 흘러가는지를 보여 주신다. 어린 양을 따르는 자들과 짐승을 숭배하는 자들의 운명이 어떻게 마무리되는지도 보여 준다.

　계시록은 이미 시작되었으나 아직 완성되지는 않은 종말의 지평에서 현실을 보는 시각을 제공한다. 이 땅의 지배적인 이데올로기에 억압을 당하는 희생자의 시각에서 현실을 본다. 무엇보다도 계시록은 하늘 보좌의 시각에서 현실을 조망한다. 땅의 현실과는 전혀 다른 차원에서 펼쳐지는 하늘 보좌의 예배와 어전회의 장면을 보면 역사를 움직이는 주체가 누구인지 보인다. 현실을 지배하는 강대한 로마제국이 주체인가, 역사 전체를 주관하는 하늘 보좌가 주체인가? 로마제국의 배후에는 사탄이 있다. 교회는 이들의 시각으로 보면 연약하기 짝이 없고, 전망이 없다. 하지만 하늘의 시각에서 볼 때에 로마제국은 하나님의 심판에 직면하여 있고, 짐승은 결정적 패배를 당한 존재일 뿐이다. 기껏해야 삼위일체 하나님을 모방하고 있는 존재이다. 이러한 시각에서 보면 교회는 하나님의 주권적인 통치에 역동적으로 참여하여 하나님 나라를 이 땅에 세우는 소중한 통로가 된다. 어떤 시각에서 보느냐에 따라 교회의 가치와 사명이 달라진다.

3장

## 하나님 나라의 원동력, 기도

계시록에서 기도가 가진 추진력은 전체 이야기의 맥 가운데 하나이다. 어떤 동기로 하늘 보좌에서 일곱 심판 시리즈가 진행되는지를 알려면, 기도의 역할을 관찰할 필요가 있다.

### 하늘 보좌와 관련된 기도

하늘 보좌와 관련된 기도가 계시록에는 세 곳 등장한다. 첫째, 5장 8절. "그 두루마리를 취하시매 네 생물과 24장로들이 그 어린 양 앞에 엎드려 각각 거문고와 향이 가득한 금 대접을 가졌으니 이 향은 성도의 기도들이라."

둘째, 6장 9, 10절. "다섯째 인을 떼실 때에 내가 보니 하나님의 말씀과 그들이 가진 증거로 말미암아 죽임을 당한 영혼들이 제단 아래에 있어, 큰 소리로 불러 이르되 거룩하고 참되신 대주재여 땅에 거하는 자들을 심판하여 우리 피를 갚아 주지 아니하시기를 어느 때까지 하시려 하나이까?"

셋째, 8장 1-5절. "일곱째 인을 떼실 때에 하늘이 반 시간쯤 고요하더니 … 또 다른 천사가 와서 제단 곁에 서서 금 향로를 가지고 많은 향을 받았으니 이는 모든 성도의 기도와 합하여 보좌 앞 금 제단에 드리고자 함이라 향연이 성도의 기도와 함께 천사의 손으로부터 하나님 앞으로 올라가는지라 천사가 향로를 가지고 제단의 불을 담아다가 땅에 쏟으매 우레와 음성과 번개와 지진이 나더라."

이들 기도의 특징과 근거가 무엇인가? 이들 세 본문은 각기 경로를 따라 심판 시리즈들과 연결되고 있어서, 각 본문이 어떻게 발전되는지 상세하게 살펴볼 필요가 있다.

**첫 번째 경로(5:8)** 24장로들이 성도들의 기도로 가득 찬 금 대접을 들고 있다. 지상 성전에서 매일 아침 해 뜰 때와 저녁 해 질 때에 상번제(타미드)를 드린다. 바깥 번제단에서는 동물 제사를 드리고, 성소 내부의 금 제단에서 제사장이 분향을 한다. 향은 진설병 탁자 위의 금 대접에 보관하였다가 분향한다(출 25:29; 레 24:7). 분향은 성도들의 기도를 상징한다(출 30:7-9). 향연이 하늘로 올라가서 하나님 존전에 상달된다고 믿었다(시 141:2). 이 시간에 성전 뜰에는 예배자들이 기도하러 모인다. 성전 기도에 참여하지 못하는 자들은 성전을 향하여 기도한다. 디아스포라 유대인들도 회당에 모여 예루살렘 성전을 향하여 기도한다.

이러한 배경 속에서 본문을 읽을 때, 장로들이 들고 있는 금 대접은 지상 성전에서 드리는 성도들의 기도가 하늘 보좌에 상달되었음을 의미한다. 장로들이 금 대접을 든 모습은 무엇을 의미하는가? 이는 장로들이 하나님께 기도를 봉헌한다는 의미가 아니다. 향은 분향되기 위해 금 대접 위에서 태워져야 한다. 계시록 5장 8절은 장로들이 성도의 기도를 봉헌하기 직전 단계를 언급한다. 장로들은 한 손에는 거문고를, 한 손에는 금 대접을 들고 있다. 이 기도는 계시록 8장 2-5절에서 하나님께 분향할 시간을 기다리고 있다. 그러면 왜 여기 계시록 5장 8절에 기도가 언급되는가?

계시록 5장 9, 10절은 어린 양이 하나님의 통치를 땅에 펼치는 구원과 선교의 노래이다. 이 노래는 하나님 나라의 도래를 위한 찬양이다. 모든 족속과 방언과 백성과 나라 가운데서 사람들을 피로 사서 하나님께 드리는 일이 이제 곧 두루마리를 취한 어린 양에 의해 시작된다. 바로 이 직전인 5장 8절에서 기도를 언급한다. 이는 하나님 나라 도래를 위한 기도이다. 땅에 하나님 나라가 임하는 데 기도가 역동적인 역할을 한다. 기도가 어떻게 하나님 나라 도래에 영향을 미치는지를 준비시키는 언급이다.

계시록 4장은 하나님이 피조 세계를 우주적 주권으로 통치하심을 예배를 통해 묘사한다. 계시록 5장은 하나님의 주권적 통치가 어떻게 이 땅에 이뤄지는가를 어린 양을 부각시켜 조명한다. 어린 양은 죽임을 당했지만, 다시 일으킴을 받으셔서, 하나님 보좌 우편에 좌정하셨다. 사탄에게 결정적인 승리를 거두셨다. 이제 땅에 대한 주권이 사탄(다니엘 7장의 네 짐승)에게서 어린 양에게 이양된다. 십자가에서 거둔 결정적인 승리가 이제 마지막 완전한 승리로 이어져야 한다. 이를 위해 두루마리의 인을 떼고, 그 메시지를 선포하여야 한다. 하나님 나라의 도래를 위해 이때까지 탄원하여 왔던 성도들의 기도가 언급되는 것은 필수적이고 시의적절하다.

계시록 5장 8절의 기도는 하나님 나라의 도래를 위한 준비이다. 이 기도는 위대하고도 전복적인 기도인 주기도문으로 요약될 수 있다. 성도들의 기도는 하나님 나라 도래를 위해 준비된 특정한 길을 미리 상상하도록 한다.

**두 번째 경로(6:9, 10)**  인 심판 시리즈에서 다섯 번째 인은 순교자들(하나님의 말씀과 그들이 가진 증거로 말미암아 죽임을 당한 영혼들)이 제단 아래서 드리는 탄원기도이다. '성도들을 압제한 자들에게 내릴 종말론적 심판이 임할 때까지 얼마나 오래 기다려야 하는가?' 성도의 탄원 기도가 불신자들에게 내리는 일종의 심판이라는 점이 놀랍다. 첫 네 번째 인 심판은 종말론적 재앙이 아닌 인류 역사에 계속 나타나는 악들이다—정복, 전쟁, 기근, 죽음. 이들 심판은 모든 인류를 대상으로 주어지는 재앙이다. 이 시점에 제단 아래서 순교자들의 탄원기도가 들린다.

**우선적인 응답(6:11)**

흰 두루마기를 주심

순교자의 수가 차기까지 쉬라

7장에 14만 4천을 인 침

**후속적인 응답 1(16:4-7)**

세 번째 대접 심판

심판을 이때까지 내리심은 성도들의 피를 흘렸기 때문

성도의 피 흘린 자들에게 도리어 피를 마시도록 함

제단(성도들의 기도)의 반응 : 심판이 참되고 의롭다

### 후속적인 응답 2(18:1-19:4)

일곱 번째 대접(16:17-21) : 바벨론의 심판

바벨론의 멸망(18:1-19:4)

    하나님이 음녀 바벨론을 심판(18:20)

    성도들과 죽임 당한 자들의 피(18:24)

    심판은 참되고 의롭다

    종들의 피를 음녀에게 복수하심(19:2)

    왜 순교자들은 제단 아래에 있는가? 이 제단은 어느 제단인가? 유대 전승에 따르면 의인의 영혼은 하나님 보좌 아래 있다고 한다. 하지만 분향단은 하나님 보좌가 아니다. 따라서 여기 언급된 제단은 순교자들이 보호를 받는 장소가 아니다. 하늘 성소에 제단이 왜 있는가? 이 제단은 자연히 지상 성소의 제단이다. 그런데 지상 성소에는 두 제단이 있다. 하나는 동물의 희생 제물을 불태우는 성소 밖 번제단이고, 다른 하나는 성소 내부의 분향단이다. 계시록에서 하늘 제단에 대한 언급을 하는 경우들(8:3-5; 9:13; 14:18)은 빠짐 없이 분향단을 가리킨다. 그러나 6장 9절과 16장 7절의 제단은 분향단이 아닌 번제단이다. 희생 제물의 피와 제단이 결합될 경우는 번제단이라고 생각하는 것이 상식적이다.

번제단은 도살된 동물의 피를 밑바닥 부분에 쏟아 붓는 곳이다(레 4:18, 30, 34). 피는 생명이다(레 17:1-16; 신 12:23). 희생 제물의 피에는 생명 또는 영혼이 함유되어 있다고 간주한다. 순교자들은 죽임을 당한 자들이다. 그들의 피가 희생 제물로 제단에 쏟아 부어졌다. 피는 그들의 생명이다. 계시록 6장 9절은 순교자들이 죽임을 당했다고 한다. 어린 양이 '죽임을 당했다'고 할 때와 동일한 단어(5:6, 9)이다. 제단 아래에 있는 자들은 어린 양의 피 흘림에 동참한 순교자들이다(7:14; 12:11). 아벨의 피가 땅에서 부르짖었듯(창 4:10) 순교자들의 피가 부르짖는다. 죽임 당한 생명을 신원해 주시도록 하나님께 부르짖는다.

그러면 순교자들의 기도는 어떤 의미가 있는가? 순교자들은 '얼마나 오래?'라고 부르짖는다. 시편의 기도를 반향하고 있다(시 6:3; 13:1-2; 74:9-10; 79:5; 80:4; 89:46; 94:3, 참조. 단 8:13; 12:6; 합 1:2). 고난을 받는 의인들의 부르짖음이다. 개인적인 불평이 아닌 하나님의 옳으심(신정론)에 대한 항변이다. 의로우신 하나님이 그의 신실한 백성을 불의에서 건져내시기까지 얼마나 오래 기다려야 하는가? 이 질문의 이면에 또 다른 질문이 동전의 양면처럼 제기된다. '하나님이 그 백성의 대적들과 압제자들을 심판하시기까지 얼마나 오래 기다려야 하는가?' 하나님의 신실하심과 의가 심각한 위기에 직면하여 있다.

이 순교자의 기도는 세 번째 대접 심판에 이르러서 응답된다. 계시록 6장 9, 10절과 16장 4-7절은 언어적인 연결고리가 밀접하다—심판, 피, 제단, 참되다. 세 번째 대접 심판은 강과 물 근원이 피로 변하는 재앙이다. 물을 관장하는 천사가 하나님의 공의를 세우려고 행동하기 시작한다. 성도와 선지자들의 피를 흘리게 만든 자들이 그 피를 마시도록 만든다. 이는 탈리오 법에 따라 행한 대로 갚는 방식이다. 피흘림과 피를 마심 사이에 상응하는 점이 있다는 것은 정의의 절대적 기준이 엄격하게 작용한다는 강조이다. 천사는 피를 흘리게 한 자들에게 피를 마시게 하는 것이 '합당하다'고 언급하면서, 이 심판은 공의를 세우기 위한 행동임을 부각시킨다. 즉 그들은 이러한 징벌을 받을 만한 이유가 충분하다. 제단은 이러한 심판에 동의하며 하나님의 정의를 찬양한다. "주 하나님 곧 전능하신 이여, 심판하시는 것이 참되시고 의로우시도다." 16장 4-7절에서 일차적으로 응답된 제단 아래 순교자들의 기도는 계시록 18장 1절부터 19장 4절에서 더 상세하게 확대되어 바벨론의 멸망으로 응답된다. 이러한 결과는 일곱 번째 대접 심판에 기술된 바벨론 멸망(16:19)의 확장판이기도 하다. 음녀 바벨론은 "성도들의 피와 예수의 증인들의 피에 취했다"(17:6).

이 심판의 두 측면을 주목할 필요가 있다. 첫째, 여기서 심판을 받는 대상은 우선적으로 바벨론의 종교, 사회, 경제 체제이다. 바벨론이 상징하는 바는 로마제국의 권세와 문화이다. 바벨론의 체제는 하나님의 통치와는 양립이 불가능하다. 이 체제는 성도와 증인들을 죽음으로 모는 체제이다. 바벨론 체제에 심판이 임하는 것은 마땅하다. 이 체제에 결속되어 있거나 참여하는 자들도 더불어 심판을 받는다.

둘째, 바벨론 멸망으로 성도와 선지자들의 피뿐만이 아니라, "땅 위에서 죽임을 당한 모든 자의 피"까지 복수가 이루어진다(18:24). 이 심판은 정치적이고 혁명적이다. 순교자들은 바벨론의 압제와 폭력에 희생을 당한 모든 자들과 연결되어 있다. 이들 사회적 희생자들도 대변한다고 보는 것이 옳다. 바벨론 체제에서 희생을 당한 무고한 약자는 하나님 나라의 통치를 근본적으로 거스르는 체제의 희생자들이다.

이전까지는 잘 보이지 않다가 여기서 명확하게 드러나는 그림이 있다. 6장 9, 10절에서 제단 아래 있는 순교자들이 외친 복수는 어떤 복수인가? 그 복수는 순교자들이 하나님 말씀과 예수의 증언으로 피흘림에 대한 복수이다. 또한 불의한 사회 체제에 희생을 당한 모든 사회적 약자들의 피흘림에 대한 복수이다. 하나님 나라는 세상의 어떤 제국과도 다르다. 그 차이점 중 하나는 단지 성도의 유익만이 아니라 그 나라의 통치 아래 사는 모든 자들의 유익을 위해 임한다는 점이다. 특히 보상과 신원이 요구되는 모든 희생자들을 신원하는 신적 통치이다. 하나님 나라는 이에 저항하기를 고집하는 모든 자들의 심판이 없이는 온전히 도래하지 않을 것이다.

**세 번째 경로(8:1, 3-5)** 하늘이 고요하다. 금향로의 향연이 금 제단에서 드리는 성도의 기도와 더불어 봉헌된다.

**우선적인 응답(8:5)**

제단에서 불이 나와서 땅에 쏟음

**후속적인 응답 1**

첫 다섯 번째 나팔 심판(8:6-9:12)

여섯 번째 나팔(9:13-19)

　　　　금 제단의 뿔에서 나오는 음성(9:13)

　　　　심판의 연기(10:1-11:14)


**후속적인 응답 2**

불을 다스리는 천사가 제단에서 나옴

포도주 틀을 밟는 심판을 땅에 시행(14:17-20)


　계시록 8장 3-5절의 기도는 5장 8절의 기도와 직접 연관된다. 5장의 기도가 8장에서 봉헌되어 응답되기 시작한다. 그것이 나팔 심판이다. 계시록 8장 3절은 일곱 번째 인 심판의 내용이다. 각 일곱 심판 시리즈에서 마지막 심판은 피조 세계 가운데 하나님 나라의 도래가 절정에 이르는 모습을 묘사하는 환상이다. 반면에 각 시리즈에서 여섯 번째 심판은 사탄과 짐승에 대한 심판이다.

　왜 하늘은 '반 시간쯤' 고요한가? 이는 유대 전승을 반영한다. 예루살렘 성전에서 아침과 저녁에 드리는 번제(타미드) 시간에 하늘 보좌는 찬양이 그치고 침묵이 요구된다. 시편 42편 8절("낮에는 여호와께서 그의 인자하심을 베푸시고 밤에는 그의 찬송이 내게 있어 생명의 하나님께 기도하리로다" [b.Hag. 12.b])에 따르면, 낮에는 하나님이 이스라엘에 인자를 베푸시고, 밤에는 천사들의 찬송을 들으신다. 반시간은 백성이 땅에서 드리는 기도를 하나님이 들으시는 시간이다. 계시록은 더 이상 성전이 지상에 존재하지 않는 시기에 기록되었지만 이 전승을 반영한다. 유대 전승에 따르면 지상의 성전에서 타미드를 드릴 때에, 하늘 성소는 반 시간쯤 침묵한다. 스랍을 비롯하여, 천상의 존재도 찬양을 멈추는 시간이다. 성도의 기도는 하늘 보좌의 찬양을 멈출 정도로 귀중하고 의미가 있다. 천사의 찬양보다 이스라엘의 기도가 더 우선권이 있는 것이다.

계시록 5장 8절에서 장로들이 들고 있던 금 대접의 향이 8장 2-5절에 이르러서 하늘 보좌에 봉헌된다. 24장로들은 지상 성전의 24반차의 제사장에 상응하는 존재들이다. 그 시간은 하늘 보좌의 역동적인 움직임이 고요에 휩싸이는 시간이다. 그리고 그 기도가 비로소 응답되어, 일곱 대접 심판 시리즈가 시행된다.

그러면 무엇을 위해 하나님 백성이 그토록 오랫동안 기도하여 왔는가? 그 기도는 하나님 나라의 임재를 구하는 기도이다. 이 땅에 하나님의 궁극적인 통치가 실현될 때에, 그 핵심 원동력은 성도들의 기도이다. 기도는 그만큼 소중하며, 하늘 보좌의 어전회의에서 논의되어 포고령으로 천사들에 의해 시행된다.

성도들의 기도가 어떻게 응답되는지, 요한은 5절에서 도식적인 그림으로 표현하고 있다. 기도가 제단에 봉헌된다. 봉헌된 제단에서 천사가 불을 취하여 땅에 쏟아 붓는다. '우레와 음성과 번개와 지진'이 일어나는데, 이 표현은 계시록에 네 번 등장한다. 첫째는 하나님 보좌에서 심판이 시작될 때에 나왔고(4:5), 그 다음 세 번은 각 심판 시리즈의 절정에 도달했을 때에 나타난다(8:5; 11:19; 16:18). 각 표현은 매번 다르게 나타나고, 다음 차례에 등장할 때마다 다른 내용이 첨가된다. 이는 심판 시리즈를 점점 더 강하게 표현하는 방식이다. 성서 문학에서 신현과 하나님의 심판을 전형적으로 묘사하는 방식이다.

하나님 나라를 위한 기도는 어떻게 드려졌는가? 구약과 유대교는 규칙적으로 이 기도를 드려왔다. 하나님 나라의 임재는 대적들에게 압제당하고 고난당하는 하나님 백성이 구출되는 것이다. 하나님 나라를 위한 기도는 세상의 불의를 목도하고 고난당하는 자들이 드리는 기도이다. 이들은 하나님이 모든 그릇된 것을 바로 돌려놓는 의를 드러내시기를 갈구하는 자들이다. 이 세상에 악이 존재하는 한, 하나님 나라의 임재를 구하는 기도는 하나님의 심판을 구하는 기도이기도 하다.

### 기도 들으시는 하나님

첫째, 우리는 기도로 보좌 앞에 나아간다. 계시록 4장 8절에서 장로들의 손에 들린 금 대접(성도의 기도)은 계시록 8장 2-5절에서 분향되어 하늘보좌에 올려진다. 계시록 8장 1절은 이때에 하늘이 반 시간쯤 고요하다고 한다. 이 시간은 하나님이 성도의 기도를 들으시는 시간이다. 이 시간을 하늘의 관점에서 보면 예루살렘 성전을 중심으로 장엄한 광경이 펼쳐진다. 온 세계에 흩어진 하나님 백성들이 예루살렘을 향하여 해 뜰 때와 해 질 때에 기도를 드린다. 지구가 자전을 계속하는 한, 일몰과 일출의 시간은 지구에서 멈추지 않을 것이다. 해가 뜨는 곳마다 순차적으로 예루살렘을 향하여 기도하고, 해가 지는 곳마다 순차적으로 기도한다. 그 중심에는 예루살렘 성전이 있고, 예루살렘 성전의 성소 내부에 금 제단에서 분향을 하며, 그 연기는 하늘로 올라간다. 이 시간에 하늘에서 드려지는 찬양이 멈추게 된다. 그리고 하나님은 인간의 기도를 들으신다. 비록 계시록이 기록될 때에 예루살렘 성전은 존재하지 않았지만 계시록은 이 그림을 상징적으로 반향하고 있다. 그렇다면 신약 시대 이후를 사는 우리도 성전이 없지만, 우리가 있는 자리에서 하나님 보좌를 향하여 기도할 때에 그 기도는 하나님 앞에 상달된다.

둘째, 우리의 기도는 하나님 나라 완성에 중요한 추진력이다. 우리의 기도는 하늘 보좌에 상달되어 하나님 나라가 이 땅에 임하도록 한다. 계시록에서 기도는 두루마리를 열고, 심판을 시행하는 중요한 역할을 한다.

오늘날에도 한 사람이나 한 지역(나라와 종족 등), 사회 영역에 하나님 나라가 임하도록 기도하는 것은 의미가 있다. 이 기도는 하늘 보좌에 상달되어 논의될 것이다. 그리고 하나님의 인간 세계 경영에 기도는 반드시 반영될 것이다. 비록 우리가 원하는 시간에 응답을 받지 못하더라도 하나님 나라 임재를 구하는 기도는 의미가 있다. 이러한 측면에서, 나라와 열방을 위한 중보 기도자는 하늘 어전회의에 참여하는 자이다. 비록 어전회의를 주도하지 않지만, 한 개인이나 지역이나 민족과 나라의 운명을 하늘에서 다룰 때에, 중보 기도자는 안건의 제안자가 되고, 참고인이 된다. 계시록에서 다루는 기도는 개인적인 필요를 구하는 기도가 아니라, 하나님 나라 임재를 구하는 기도이다.

셋째, '어떻게'보다는 '무엇을' 기도하는가가 더 중요하다. 그렇지 않으면, 우리의 기도는 하늘 보좌에 상달되기 전에 폐기될 수 있다. 왜 그런가? 유대 초기 전승을 보면 천사가 인간의 기도를 하나님 앞에 가지고 올라간다는 신앙이 강력하다(토비트

12:12, 15; 에녹 1서 47:1-2; 99:3(의인의 기도가 천사들의 보조를 받아서 악인에게 종말론적 심판을 가져오도록 만든다); 바룩 3서 11-16; 레위의 유언서 3:7; 4QShirShabb). 천사들은 인간의 기도를 기록한다(Lev. R. 26.7; Lam. R. 3.29; Tanhuma. Vayigash 7.7). 심지어 천사는 개인의 활동 보고서를 보관하고 있다(Pesikta Rabbati 44). 물론 중간 전달 존재로서 천사에게 기도하는 것은 유대교도 우상숭배로 금지한다. 이러한 유대 전승이 합당한 논리에 근거하였는지는 우리의 관심사가 아니다. 유대인의 생각을 반영하는 동시에, 인간의 기도에 천사의 역할이 있다는 분명하고 일치된 확신이 있음을 알 수 있다.

"천사는 아람어로 드리는 기도를 듣지 않는다"(m.Sota. 33.a). 천사가 하나님의 뜻과 계획을 잘 알고 있다면, 우리의 그릇된 기도까지 하늘로 전달하겠는가? 장로들의 금 대접에 우리가 드린 모든 기도가 다 담아져서 분향된다고 생각하는 것은 순진한 생각이다. 회사의 우편함에 전달되는 모든 편지를 사장이 다 읽지는 않을 것이다. 스팸은 개봉되기 이전에 쓰레기통에 들어갈 것이고, 중요하지 않은 내용은 정리되어 보고될 것이다. 그러나 시급하고 중요한 문건은 반드시 결재함에 올라간다. 우리의 기도가 어떻게 하늘 보좌에 상달되는지를 이러한 측면에서 상상해 보면, 어떤 기도를 드리는지가 중요하다. 하나님 나라의 임재를 위한 기도는 반드시 하늘 보좌에 상달될 것이다. 하지만 이방인이 구하는 기도나, 탐욕적인 기도나 이기적인 기도는 스팸으로 처리되지 않을까? 하나님 나라의 코드에 맞지 않는 기도는 그리 소중하게 다뤄지지 않을 것이다. 그런 기도는 아무리 열광적으로 오랫동안 기도해도, 하나님 보좌 앞에 올라가기 전에 이미 천사의 손에서 폐기 처분될 것이다.

넷째, 계시록의 기도는 중보기도의 필요성을 역설한다. 중보 기도자는 자신을 위한 기도가 아닌 다른 대상(개인이나 지역, 교회, 나라, 민족과 사회 영역)을 위해 기도한다. 디모데전서 2장 1절에 "모든 사람을 위하여 간구와 기도와 도고와 감사"하라고 한다. 여기서 '도고'로 번역된 헬라어 단어가 '엔튁시스'이다. 신약 성경에서 이 단어는 명사로 2회(딤전 2:1; 4:5), 동사로 6회(행 25:24; 롬 8:26, 27, 34; 11:2; 히 7:25) 사용되었다. 이 중에서 로마서 8장 26, 27, 34절과 히브리서 7장 25절은 전치사 '휘펠'(함께)과 더불어 사용되었다. 이 단어는 같은 단락인 디모데전서 2장 5절에 언급된 '중보자'(메시테스)가 그리스도 예수라고 분명히 밝히고 있다. 다른 사람을 위한 기도도 중보자이신 예수 그리스도의 이름으로 기도한다.

'도고'로 번역된 기도는 어떤 기도인가? 이 기도는 예수 그리스도가 하나님 보좌 우편에서 하시는 기도이다(롬 8:34; 히 7:25). 또한 성령이 우리를 위하여 탄식하며 드리는 기도이다(롬 8:26, 27). 이 기도를 바울은 우리에게 하라고 권면한다. 문제는 용어가 아니다. 문법이 언어의 뜻을 결정하지 않고, 사용하는 사람들에 의해 결정된다.

  왜 중보기도를 해야 하는가? 중보기도는 하늘 어전회의에서 논의되는 의제를 상정하는 기도이다. 땅의 중보자들이 현실에 대한 정확한 정보에 근거해서 탄원 기도를 하면, 이 기도는 천사들이 장로들의 금 대접에 담을 것이고, 장로들이 분향하여, 하늘 보좌에 상달된다. 그리고 하늘 보좌에서는 예수 그리스도의 이름으로 청원된 의제를 다룰 것이다. 이 의제를 다룰 때에, 의제를 청원한 자들의 입장과 견해가 반영될 것이다. 중요한 의제는 때로 청원자의 이름이 거론됨을 생각할 때에 중보기도는 소중하다. 응답이 연기되는 계시록의 기도는 열방의 구원을 위해서이다. 하나님 나라 도래를 위한 기도는 악의 세력의 죄악에 대한 신원을 위한 기도이지만, 궁극적으로는 열방의 귀의를 위한 기도이다. 이 기도는 하늘보좌에서 반드시, 중요하게 다뤄질 것이다. 중보 기도자는 골방에 있지만, 하늘보좌에 참여한다.

**4장**

## 선교 : 열방의 귀의

앞에서 계시록의 핵심 메시지가 두루마리(12-14장)라는 점을 확인하였다. 두루마리의 내용은 무엇인가? 짐승의 세력과 하나님 백성 간의 대결을 통해 어린 양을 따르는 하나님의 군대가 궁극적으로 승리를 하고 짐승의 정치적인 대리인 역할을 하는 바벨론은 멸망을 당한다. 이 세상에 대한 절대 주권이 용과 짐승이 아니라 하나님과 어린 양에게 있으며 하나님의 나라는 이 땅에 임할 것이다. 어떻게 이 일이 일어날 것인가? 이 질문에 대한 답변이 '두루마리'이다.

계시록 14장 6-12절에서 세 천사가 '땅에 거주하는 자들'을 향해 각기 메시지를 선포하는 장면이 나온다. 첫 번째 천사는 "모든 민족과 종족과 방언과 백성"에게 전할 '영원한 복음'을 가졌다. '하나님을 두려워하며(경외하며) 그에게 영광을 돌리라. … 하늘과 땅과 바다와 물들의 근원을 지으신 이를 경배하라.' 이 내용은 종언(계 22:6-21)의 핵심 내용이기도 하다. 영원한 복음을 선포하는 대상이 '땅에 거주하는 자들, 곧 모든 민족과 종족과 방언과 백성'이다. 한편으로는 심판이 시행되지만, 다른 한편으로는 심판을 통해 열방에게 복음이 선포된다. 이 두 가지 측면이, 14장 14-20절의 두 가지 추수(곡물 추수와 포도 추수)를 통해 그림으로 표현된다. 이 내용들이 나타내는 메시지는 무엇인가?

하나님의 나라가 임할 때에, 오직 '신실한 소수'(a faithful minority)만이 최후 심판을 면할 것이고, 죄악에 빠진 수많은 대다수의 인류는 무자비하게 심판을 당할 것인가 아니면 창조주 하나님을 경배하러 대대적으로 귀의할 것인가? 계시록 메시지의 핵심에는 열방이 한 분이신 하나님을 경배하러 대대적으로 돌아오는 '열방의 귀의'(The Conversion of the Nations) 사상이 있다. 이 사상은 이사야 2장 1-4절, 60장에서 예언되었다. 이는 예수의 파루시아 약속(마 24:14)으로 확증된다. 계시록은 바로 이 사상을 성취하기 위해 교회로 하여금 신실한 증인으로 살 것을 촉구한다. 리처드 보컴은 《예언의 절정》이라는 책에서 열방의 귀의 사상을 상세하게 주해하여 놓았다.[9] 보컴의 논지를 바탕으로 열방이 주께 돌아오는 사상이 계시록의 핵심 중의 하나임을 살펴보고자 한다.

### 하나, 땅에 거하는 자들과 하늘에 거하는 자들

계시록에는 우상 숭배자들을 지칭하는 전문 용어로서 '땅에 거하는 자들'이 자주 등장한다(3:10; 6:10; 8:13; 11:10×2; 13:8, 14×2; 17:8; 변형 17:2; 13:12; 14:6; 참고. 사 24:1, 5-6; 26:9; 단 4:1, 35; 6:25). 순교자의 피에 대한 책임(6:10), 하나님의 심판을 받음(8:13), 두 증인들의 적들(11:10), 둘째 짐승에게 속아서 짐승을 숭배(13:8, 14; 17:8), 바벨론의 포도주를 마심(17:2), 하나님의 백성과 구별되고(3:10), 어린 양의 생명책에 기록되지 못한 자들(13:8; 17:8), 땅의 거주민들은 '온 세상'(3:10; 12:9; 16:14)과 '온 땅'(13:3)과 동등한 언어로서 사탄이 속이고 짐승을 숭배하는 자들이다. 반면에 하나님 백성은 '하늘에 거하는 자'(13:6)이다. 이는 '하나님이 거하는 처소'를 상징한다.

이들 두 단어는 일종의 신학적 의미를 담고 있는 전문 용어이다. 서로 공명을 이루며, 중요한 메시지를 전달한다. '땅에 거하는 자들'은 짐승을 보편적으로 숭배하고, 음녀 바벨론으로 인해서 보편적으로 타락한 자들을 가리킨다. 그러나 14장 6절에서 땅에 거하는 자들은 짐승의 숭배자였지만, 영원한 복음을 청종하고서 회개하고 하나님을 경배하게 된다. 즉 사탄에 속한 자들이 하나님 백성이 된다.

### 둘, 열방을 나타내는 사중 정형문

계시록에서 열방을 가리키는 중요한 정형문이 있는데, '족속과 방언과 나라와 백성'으로 구성된 사중 정형문이다. 이들 정형문은 일곱 번 등장하는데, 매번 달리 표현되면서도 신학적인 특징을 드러낸다.

각 족속과 방언과 백성과 나라(5:9)

각 나라와 족속과 백성과 방언(7:9)

많은 백성과 나라와 방언과 임금(10:11)

백성들과 족속과 방언과 나라(11:9)

각 족속과 백성과 방언과 나라(13:7)

여러 나라와 족속과 방언과 백성(14:6)

백성과 무리와 열국과 방언들(17:15)

**사중 정형문 사상과 구성 원리**  동일한 내용을 여러 형태로 반복하는 의도는 무엇인가? 종말에 열방이 주께로 돌아온다는 예언을 이들 정형문으로 주도면밀하게 구성하고 있다. 숫자 4는 열방의 숫자이고, 숫자 7은 완전수이다. 따라서 사중 정형문의 일곱 번 반복은 세상의 모든 열방을 뜻한다. 이는 요한의 상징 세계에서 열방의 구석구석에 복음이 전해지고, 이 복음에 응답하는 열방이 주께로 돌아온다는 강한 확신을 세심하게 담아낸다. 이를 '보편주의'라고 한다. 유대인이나 특정한 집단의 구원을 말하는 '특수주의'와 대조된다. '보편주의'는 모든 인류의 구원을 말함이 아니라, 족속과 방언과 나라와 민족에 관계없이, 하나님의 절대 주권에 믿음으로 응답하는 자들이 구원을 받게 됨을 의미한다.

열방을 나타내는 정형문은 네 가지 명사를 사용한다. '족속', '방언', '백성' 그리고 '나라'이다. 10장 11절과 17장 15절에서만 족속이 각기 '임금'과 '무리'로 대체되었다. 정형문의 네 명사는 순서가 동일한 것이 없다. 그러나 무작위하게 변형되지 않고, 원리에 따라 변형되는데 '방언'은 네 단어 중에 첫 번째로 등장하지 않는다. '모든'은 '족속'이나 '나라'로 시작되는 네 번의 경우에 사용되고, '백성'으로 시작되는 세 경우에는 사용되지 않는다.

**사중 정형문의 용도**   왜 정형문에 네 단어(나라, 백성, 족속, 방언)가 사용되었는가? 열방의 사중 정형문은 구약에서 열방을 나타내는 표현들을 요한이 주해하여 창의적으로 구성한 것이다. 이들 단어의 출처는 창세기 10장과 다니엘서, 출애굽기 19장 5, 6절이다.

첫째, 출애굽기 19장 5, 6절은 출애굽 여정에서 시내산 언약을 제정할 때에, 하나님의 택한 백성으로서 이스라엘을 말하는 부분이다. 사중 정형문이 첫 번째 등장하는 계시록 5장 9, 10절은 이를 교회에 적용한다. 교회는 새 출애굽 백성이자 하나님의 종말론적인 새 백성이다. 이에 따라서 출애굽기 19장 5절의 '모든 민족으로부터' 대신에 사중 정형문을 사용한다. 종말의 하나님 백성은 열방에서 불러낸 자들로 교회를 구성함을 표현한다. 출애굽기 19장 5절은 계시록 5장 9, 10절에 이르러서 온전한 의미를 가지게 되었다.

둘째, 창세기 10장에는 노아 홍수 이후 노아의 세 아들의 후손들이 열거된다. 그 수는 70이고, 각 후손들의 목록에는 각기 후렴이 있다(10:5, 20, 31)—"각기 족속과 방언과 지방과 나라"(10:31, 칠십인역). 유대교에서 70은 열방의 수를 대변한다. 70의 수적 가치를 잘 이해하는 요한은 출애굽기 19장 5절의 "민족 중에서"를 대체하기 위해 후렴을 변용하여 열방의 사중 정형문으로 사용하고 있다.

셋째, 다니엘서에는 열방을 나타내는 표현으로 삼중적 정형문이 여섯 번 나온다. "모든 민족, 나라와 언어들"(단 3:4, 7, 31 [4:11]; 5:19; 6:25 [26]; 7:14; 참조. 3:29). 그런데 헬라어 구약성경인 칠십인역은 이들 표현을—창세기 10장을 참조하여—사중 표현으로 확대시켜 사용한다. 다니엘 7장 14절에서 이 정형문은 세상 주권이 짐승에게서 '인자와 같은 이'에게로 이양되는 장면을 묘사하기 위해 사용된다. 다니엘 7장 14절은 계시록의 사중 정형문으로 발전되는 핵심 참조 구절이 되어, 언어뿐 아니라 핵심 사상까지 전달하고 있다.

**일곱 가지 사중 정형문의 의도**  먼저, 사중 정형문의 적용 대상이 어떻게 변하는가 관찰하면 요한의 의도가 뚜렷하게 드러난다. 여기서 계시록 10장 11절(두루마리 예언의 선포 명령)의 사중 정형문이 일종의 전환점 역할을 한다. 그 이전인 계시록 5장 9절과 7장 9절에서는 열방으로부터 나온 백성들로 구성된 교회를 지칭하는 데 사용된다. 계시록 10장 11절 이후로는 짐승(13:7)과 바벨론(17:15)의 지배 아래서 통치를 받는 열방 자체를 언급한다.

다니엘 7장에서 사용된 사중 정형문(칠십인역)의 의도와 계시록에서 사용된 의도가 일치한다는 점에 주목할 필요가 있다.

다니엘서에서 열방(모든 백성, 나라, 언어, [족속])이 네 짐승의 통치를 받다가, 다니엘 7장 14절의 '인자와 같은 이'의 등장으로 인해 '옛 적부터 계신 이'와 '인자'의 통치를 받는 나라가 된다. 즉 열방 자체의 통치권이 네 짐승에서 메시아로 이양된다. 마찬가지로 계시록에서, 짐승의 통치를 받던 세상이 그리스도의 통치를 받는 나라가 된다. 다니엘의 '인자와 같은 이'가 이제 계시록에서는 '그리스도'가 된다. 이 내용 변화를 계시록 11장 15절은 이렇게 표현한다. "세상 나라가 우리 주와 그의 메시아의 나라가 되어, 그가 세세토록 왕노릇하시리로다."

**하나님 나라는 언제 도래하는가?** 세상 임금들이 그리스도의 통치에 복종하여 경배할 때 하나님 나라는 도래한다. 통치의 전환점을 표현하는 구절이 바로 계시록 10장 11절이다. "네가 많은 백성과 나라와 방언과 임금에게 다시 예언하여야 하리라." 이 구절은 다니엘 7장 14절을 분명하게 인유한다. '열방에 대한 절대 주권을 누가 가지느냐?' 요한은 이 주제를 부각하려 한다. 그래서 다른 여섯 가지 사례와는 달리, '족속' 대신에 '임금'으로 표현한다. 여기서 임금은 다니엘의 짐승과 그 뿔들이다. 짐승의 통치를 받던 세상 나라의 임금들이 제국의 통치에서 벗어나 '인자와 같은 이'의 통치 아래로 들어서면, 하나님 나라가 임한다. 이를 위해 요한은 복음을 선포하도록 부름을 받았다. 이러한 이유로, 요한은 다른 정형문들과는 달리 독특하게 형용사 '많은'을 삽입하고 있다. 그래서 계시록 10장 11절 이후부터 계시록은 열방을 향하여 교회가 증언하고(11장), 이로 인해 열방에 군림하는 짐승과의 싸움을 통해(12, 13장), 궁극적으로 어린 양이 승리하심으로써, 열방에 대한 통치권 이양이 이루어져서, 하나님 나라가 도래함을 묘사한다.

### 일곱 번의 열방 사중 정형문 사이의 순서 변이

| | | | | | |
|---|---|---|---|---|---|
| 5:9 | 모든 | 족속 | 방언 | 백성 | 나라 |
| 7:9 | 모든 | 나라 | 족속 | 백성 | 방언 |
| 10:11 | | 백성 | 나라 | 방언 | 임금 |
| 11:9 | | 백성 | 족속 | 방언 | 나라 |
| 13:7 | 모든 | 족속 | 백성 | 방언 | 나라 |
| 14:6 | 모든 | 나라 | 족속 | 방언 | 백성 |
| 17:15 | | 백성 | 무리 | 나라 | 방언 |

이 일곱 번 중에 '모든'이 등장하는 경우는 다음과 같이 두

가지 짝으로 구성할 수 있다.

| | | | | |
|---|---|---|---|---|
| 5:9 | 모든 | 족속 | 방언 | 백성 | 나라 |
| 13:7 | 모든 | 족속 | 백성 | 방언 | 나라 |
| 7:9 | 모든 | 나라 | 족속 | 백성 | 방언 |
| 14:6 | 모든 | 나라 | 족속 | 방언 | 백성 |

계시록에 등장하는 일곱 번의 사중 정형문 가운데 5장 9절과 13장 7절을 한 짝으로 보고, 7장 9절과 14장 6절을 한 짝으로 본다면 각 짝의 앞부분(5:9; 7:9)은 모든 민족으로부터 모인 집단이고, 각 짝의 뒷부분(13:7; 14:6)은 모든 민족 자체이다. 먼저 첫번째 짝(5:9; 13:7) 사이의 패러디를 보자. 어린 양의 정복과 짐승의 정복 사이를 풍자하여 묘사하기 위해 주도면밀하게 병행 구조를 통해 패러디를 창출한다. 어린 양은 일찍이 죽임을 당한 것 같은 자(5:6)로, 짐승의 머리 중의 하나는 죽게 된 것 같은 자(13:3)로 각기 등장한다. 어린 양은 이겼고(5:5), 짐승은 성도를 다스리도록 허락되었다(13:7). 어린 양의 정복은 죽음을 통하여 모든 피조물이 하나님과 어린 양을 경배하도록 인도하며(5:13), 짐승의 치명적인 상처로부터 회복은 온 세상이 용과 짐승을 숭배하도록

인도한다(13:3-4, 8). 어린 양은 모든 족속과 방언과 백성과 나라로부터 백성을 속량하고 하나님 나라로 만든다(5:9-10). 짐승은 모든 족속과 백성과 나라와 방언을 통치하도록 허용된다(13:7). 13장 7절에는 패러디가 뚜렷하게 드러난다. 13장 7절에서 짐승이 정복하도록 허락을 받은 성도들(13:7상)은 또한 어린 양이 정복하여 모든 족속과 방언과 백성과 나라로부터 승리를 쟁취한 바로 그들이다(5:9). 짐승은 이들에게 권세를 행사하도록 허락을 받았지만, 권세를 허락한 주체는 어린 양이다(13:7하).

두 번째 짝(7:9와 14:6)은 일종의 아이러니 창출이다. 7장 9절에서 어린 양의 정복으로 각 민족들로부터 쟁취한 자들은 이제 하늘에서 순교자로서 승리를 축하하고 있다. 그 승리는 어린 양의 승리에 참여함으로서 쟁취한 승리이다(7:14). 어린 양의 승리는 그의 백성에 의해 계속 이어진다. 이는 첫째 짝과 둘째 짝 사이에 연결고리를 만들어 주는 동시에, 둘째 짝(7:9와 14:6) 사이의 연결고리를 설명한다. 교회는 죽기까지 신실한 증언을 한다. 교회의 신실한 증언은 열방의 짐승 숭배로부터 참 하나님의 경배로 전환시킨다. 이것은 복음 전도의 방식이다. 각 민족과 족속과 방언과 백성을 향한 천사의 메시지(14:6-7)는 열방에 영향을 미친 순교자들의 승리가 얼마나 효력이 있는지를 드라마로 표현한다. 이 메시지는 열방으로 하여금 짐승의 통치를 배척하고(13:7) 하나님을 경배하도록 요청한다. 13장 7절에서 짐승은 성도들에게 명백한 승리(그들을 죽음에 몰아넣음)를 거두고, 우주적인 통치를 견고하게 만드는 듯이 보인다. 하지만 14장 6-7절에서 반전이 일어난다. 짐승의 우주적인 통치에 도전하고 열방을 하나님 나라로 불러 모으는 수단은 성도들의 고난을 통한 증언이다.

사중 정형문의 나머지 세 경우를 보자.

| | | | | |
|---|---|---|---|---|
| 10:11 | 백성 | 나라 | 방언 | 임금 |
| 11:9 | 백성 | 족속 | 방언 | 나라 |
| 17:5 | 백성 | 무리 | 나라 | 방언 |

이 세 가지 경우는 모두 다 '백성'으로 시작한다. 계시록 10장 11절은 복음을 전하라며 요한에게 위임된 명령이다. 사중 정형문의 전환점을 이루는 중요한 자리를 차지한다. 교회를 구성하는 성도가 된 자들과 짐승의 통치를 받는 자들 사이를 구분한다. 세 번째 짝(11:9와 17:5)에서, 11장 9절은 민족들로부터 불러 모은 집단을, 17장 5절은 민족 자체(17:15)를 구성한다. 세 번째 짝은 예수의 예언적 증인들을 도륙하는 큰 성(바벨론)의 통치를 받

는 자들이다.

사중 정형문은 짐승의 통치로부터 하나님의 통치로 전환이 이뤄지는 곳에 항상 사용된다. 이 의미는 사중 표현의 핵심 참조 구절인 다니엘 7장 14절에도 함축되어 있다. 이러한 맥락에서 사중 정형문의 수가 갖는 상징은 중요하다. 숫자 '28'(4×7)은 세상의 모든 민족들을 상징하는 숫자이다. 사중 정형문이 처음 등장하는 계시록 5장 9절은 어린 양과 밀접하게 관련되어 있다. 세상을 지배하던 사탄을 어린 양이 정복하였다. 단어 '어린 양'이 계시록에서 '그리스도'보다 스물여덟(4×7) 배 더 자주 사용되었다. 이는 결코 우연이 아니다. 어린 양이 짐승을 정복한 궁극적인 목적은 노아의 흩어진 후손들인 열방(창 10장)을 그의 피로 사서 하나님께 드리는 것이다. 어린 양은 일곱 뿔과 일곱 눈이 있다(계 5:6). 이는 온 세상 곳곳에 파송된 하나님의 일곱 영이다. 계시록에 일곱 영은 네 번 등장한다(1:4; 3:1; 4:5; 5:6). 온 세상 곳곳을 언급할 때에, 계시록은 4×7=28을 상징적으로 사용한다. 어린 양과 열방의 사중 정형문과 일곱 영이 4×7=28의 상징을 가지는 것은 온 세상 곳곳, 열방에 구원의 능력이 미치는 것을 상징한다. 하나님의 진정한 백성인 교회가 신실하게 증언하여, 온 열방이 한 분 하나님을 경배하도록 상징적으로 구성되어 있다. 요한은 세상 곳곳에 하나님 나라가 교회의 신실한 증언을 통해 임하게 된다는 예언적 확신을 가지고 있다. 이 확신을 열방의 사중 정형문을 통해 주도면밀하게 구성하여 표현한다. 따라서 어린 양의 희생적인 죽음과 그의 추종자들의 예언적 증언은 짐승의 통치권으로부터 하나님 나라로 세상의 열방을 얻기 위한 하나님의 전략이다.

### 서언과 종언에 나타난 열방의 귀의

열방이 주께로 돌아온다는 소망은 1세기 독자들에게는 친숙하다. 요한은 11장의 두 증인 이야기를 통해 증인들의 순교적·예언적 증언을 통한 열방의 귀의 사상을 전개한다. 이는 구약 선지자들의 예언과 선례를 능가한다. 열방의 귀의가 성경에 근거를 두고 있음을 부각시키기 위해, 요한은 서언과 종언에서 이 주제를 다루고 있다. 1세기 독자들에게 친숙한 구약 예언에 근거하여, 일종의 열고 닫는 측면에서 등장시키고 있다.

**서언(계 1:7)**   계시록 1장 7절은 스가랴 12장 10, 12절과 다니엘 7장 13절의 이문 융합이다. 그리스도의 최후 파루시아에 땅의 모든 족속이 그 광경을 보고 통곡함을 말한다. 이 구절은 마태복음 24장 30절과 비교할 필요가 있다.

- 볼지어다 그가 구름을 타고 오시리라 각 사람의 눈이 그를 보겠고 그를 찌른 자들도 볼것이요 땅에 있는 모든 족속이 그로 말미암아 애곡하리니 그러하리라 아멘(계 1:7)

- 그 때에 인자의 징조가 하늘에서 보이겠고 그 때에 땅의 모든 족속들이 통곡하며 그들이 인자가 구름을 타고 능력과 큰 영광으로 오는 것을 보리라 (마 24:30)

- 내가 다윗의 집과 예루살렘 주민에게 은총과 간구하는 심령을 부어 주리니 그들이 그 찌른 바 그를 바라보고 그를 위하여 애통하기를… 온 땅 각 족속이 따로 애통하되…(슥 12:10, 12)

- 인자 같은 이가 하늘 구름을 타고 와서 옛적부터 항상 계신 이에게 나아가 그 앞으로 인도되매…(단 7:13)

계시록과 마태는 히브리어보다는 헬라어 번역을 인용하는데, 신약 시대 기독교에서 통용되어 왔던 헬라어 번역본을 사용하였음을 보여 준다. 이는 초기 기독교가 구약의 중요한 예언들을 예수의 생애와 말씀을 해석하기 위해 수집하여 독자적인 헬라어 번역본으로 통용하였음을 보여준다. 이 구절에서 가장 흥미로운 곳은 결론부이다—땅에 있는 모든 족속이 그를 인하여 애곡하리라. 스가랴 본문에서는 "땅"은 이스라엘을 말하지만, 마태와 계시록은 '온 땅'을 의미한다. 초기 기독교에서 '애곡하리라'는 단어는 십자가에 달리신 그리스도에 대한 믿음과 진정한 회개를 언급한다. 계시록은 이 단어를 열방의 회개와 구원에 적용한다.

'땅의 모든 족속'이란 표현은 스가랴 12장 12절을 열방의 귀의라는 측면에서 해석한다. 이 표현은 계시록 1장 7절과 같이 다니엘과 스가랴의 융합 인용이다. 초기 기독교의 증언전승에 속한 해석이다. 아브라함의 약속(모든 민족이 그를 통하여 복을 받을 것이다)의 실현에 적용된다. 이스라엘 특정 가문이 본보기와 대표로 언급된다. 그리고 땅의 족속과 가문으로 확대 적용된다. 이 표현은 창세기 12장 3절에서 아브라함에게 한 약속을 인유한다. 같은 단어나 표현을 연결하는 유대 주석 방법을 채택하여 스가랴 본문이 아브라함의 약속이 성취되는 방식으로 해석한다.

이 표현이 여기서 인용된 스가랴 본문과 결합되어 아브라함의 약속을 성취하는 방식으로 표현된 대표적인 본보기는 시편 72편 17절이다. 칠십인역은 메시아적인 해석을 통하여, '땅의 모든 민족'을 창세기 22장 18절, 26장 4절과 결합한다. 그러므로 아브라함의 후손은 히브리 본문의 왕으로, 메시아를 통해 온 열방이 복을 받고, 열방은 그에게로 돌아와서 찬양과 경배를 드리는 열방의 귀의를 나타낸다.

요한이 다니엘과 스가랴의 본문을 융합 인용하는 의도는 무엇인가? 다니엘의 '인자와 같은 이'가 올 때에, 온 세상에 대한 주권이 짐승의 통치에서 하나님의 통치로 이양되어, 하나님 나라가 임한다. 그러나 유대인들이 기대하던 바와 같이 열방의 멸망을 통해서가 아니라, 오히려 열방이 회개하고 하나님의 통치를 인정함으로써 성취된다. 이는 창세기에서 아브라함에게 약속하였던 그 약속이 성취되는 의미를 제시하기 위함이다.

**종언(계 22:16하)** "나는 다윗의 뿌리요 자손이니 곧 광명한 새벽별이라." 예수는 다윗의 후손으로서 나단의 신탁(삼하 7:14)에 따른 메시아이다. 초기 기독교는 이 점을 확고하게 인식하였고, 다윗 메시아 사상을 나타내는 구약 예언들을 수집하여 공유하고 있었다. 이런 점에서 요한은 신약 저자들과 공통된 기반 위에 있다. 하지만 계시록은 독특한 패턴을 드러낸다. 다윗 메시아 예언들을 쌍으로 결합하여 인유한다.

| 계 2:26-28 | 철장의 통치자와 새벽별 | 시 2:9 | 민 24:17 |
| --- | --- | --- | --- |
| 계 5:5 | 유다 지파의 사자와 다윗의 뿌리 | 창 49:9 | 사 11:10 |
| 계 19:15 | 철장의 통치자와 입의 검 | 시 2:9 | 사 11:4 |
| 계 22:16 | 다윗의 뿌리와 새벽별 | 사 11:10 | 민 24:17 |

이들 네 가지 구약 구절들의 문맥은 성전(聖戰)이나 심판으로 열방에 승리를 거두는 메시아를 주제로 다루고 있다. 모두 다 열방을 심판하고 메시아의 통치를 확립하는 내용들이다(창 49:9; 민 24:17하-19; 시 2:9; 사 11:4하). 하지만 계시록 22장 16절은 다른 세 구절들과 그 의도에 있어서 사뭇 다르게 사용된다. 열방을 심판하고 정복하는 다윗 메시아가 아닌, 열방을 하나님의 통치에 포함시키기 위한 의도이다.

먼저 '다윗의 뿌리'는 이사야 11장 1-10절을 인유한 표현 방식이다. 이사야 본문에서 메시아는 '이새의 줄기에서 난 가지요, 뿌리에서 난 싹'(11:1, 10)이다. 이사야 전체 흐름 속에 '싹'과 '가지'와 '뿌리'는 서로 호환되어 같은 의미를 나타낸다. 이사야 6장에서 하나님은 남쪽 유다 왕국을 심판하기로 결정하였다. 그러나 그루터기는 남겨두는데, '거룩한 씨'이다. 이 거룩한 씨는

'들을 귀'가 있는 자들이다. 이사야는 그루터기에서 가지가 나오고, 그 뿌리에서 하나님의 통치를 이루는 메시아의 싹이 난다고 예언한다. 이사야 11장의 뿌리와 가지는 이사야 53장 2절에서 뿌리와 싹으로 등장하여, '고난을 받는 야훼의 종'으로 발전된다. 구약 예언 사상에서 이러한 이사야의 그림을 발전시키는 '가지'(나사렛) 사상이 발전한다[렘 23:5-6(=33.15-16)의 "의로운 가지"(체마흐 체데크); 슥 3:8; 슥 6:12; 학 2:23].

이사야의 나사렛 예언을 이해하기 위해서, 후기 유대 역사를 재조명할 필요가 있다. 예레미야는 유대 왕들에 대한 예언을 하면서, 여고니아를 저주한다(렘 22:28-30). 즉 여고니아에게 왕위를 이어 받을 자식이 없을 것이다. 이 예언은 유다 왕조에 대한 하나님의 최종 판결을 신탁으로 선포한다. 여고니아 이후에 여호야김이나 시드기야가 있었지만 합법적인 왕위 계승자의 권리는 박탈되었다. 이 예언은 다윗을 계승할 왕들이 영원할 것이라는 나단의 신탁(삼하 7:12-16)과 모순을 이룬다. 마태판 예수 족보는 다윗의 왕통을 이어 받는 예수 그리스도를 소개하지만, 누가판 예수 족보는 다윗-솔로몬의 계열이 아닌 다윗-나단 계열에서 예수 그리스도를 소개한다.

구약 선지자들의 '가지 사상'은 예수가 나사렛(가지)이라는 점을 부각시킨다. 이는 이사야 11장의 예언이 나사렛 예수에게서 성취되었음을 뜻한다. 이사야 11장 1-10절은 초기 기독교의 메시아 증언에 중요한 자료이다(롬 15:12; 벧전 4:14; 요 1:33; 살후 2:8; 계 19:15; 5:5). 또한 초기 저자들은 이사야 11장의 가지를 예수로 해석하였고(Justin 1 Apol. 32; Dial 126; Irenaeus, Adv. Haer. 3.9.3), 아람어 번역 구약인 탈굼도 가지를 메시아로 언급한다. 쿰란 문헌에서 다윗의 뿌리는 다윗의 가지이다.

요한은 이사야 11장 1절보다 11장 10절을 염두에 두고 있다. "그 날에 이새의 뿌리에서 한 싹이 나서 만민의 기치로 설 것이요 열방이 그에게로 돌아오리니 〔찾을 것이니, 또는 물을 것이니〕 그 거한 곳이 영화로우리라." 여기서 나사렛 예수는 심판보다는 열방의 구원을 위한 자로 소개된다. 이미 로마서 15장 12절은 계시록 이전에 초기 기독교에서 이러한 열방의 귀의 사상이 확립되었음을 알려주는 중요한 정보를 제공한다—"이새의 뿌리 곧 열방을 다스리기 위하여 일어나는 이가 있으리니 열방이 그에게 소망을 두리라." 요한은 계시록 22장 16절에서 자신의 인유가 이러한 함축된 의미를 전달할 것이라고 보았다. 예수를 '다윗의 뿌리'로 부르는 것은, 예수를 메시아로 지칭하고 그에게 모든 민족이 모여 들고, 다윗적 왕으로서 하나님 나라에 모든 열방을 포함시키는 분으로 표현하는 방식이다.

둘째, '광명한 새벽별'(2:28; 22:16)은 '한 별이 야곱에서 나온다'는 민수기 24장 17절을 인유한 표현 방식이다. 야곱에서 돋아오르는 별은 다윗 같은 메시아를 언급한다. 그러면 광명한 새벽별에도 열방이 주께로 돌아오는 의의를 부여할 수 있는가? 발람의 예언(민 24:17-19)에서 긍정적인 의의를 찾기는 어렵지만 민수기 24장 17절은 한 별의 등장을 예언하는 그 이상의 의미를 가지고 있다.

초기 기독교에서는 발람이 예언한 '별'을 새벽별과 동일시하였다. 베드로후서 1장 19절은 종말론적 시대의 여명과 더불어 예수 그리스도의 파루시아를 언급하고 있다. "또 우리에게는 더 확실한 예언이 있어 어두운 데를 비추는 등불과 같으니 날이 새어 샛별이 너희 마음에 떠오르기까지 너희가 이것을 주의하는 것이 옳으니라." 여기서 '날이 새어'는 아가 2장 17절에 대한 인유이고, '샛별이 떠오르기까지'는 민수기 24장 17절에 대한 인유이다. 여명(黎明)을 동반하여 떠오르는 별은 어둠을 물리치고 종말론적 시대의 빛을 가져오는 별이다. 이 별은 자연스럽게 새벽별과 동일시할 수 있다. 하지만 민수기 24장 17절보다도 이사야 60장 1-3절과의 연관관계를 더 중요하게 고려할 필요가 있다.

> 일어나라 빛을 발하라 이는 네 빛이 이르렀고 여호와의 영광이 네 위에 임하였음이니라 보라 어두움이 땅을 덮을 것이며 캄캄함이 만민을 가리려니와 오직 여호와께서 네 위에 임하실 것이며 그의 영광이 네 위에 나타나리니 나라들은 네 빛으로, 왕들은 비치는 네 광명으로 나아오리라

여명(자라흐)은 보통 태양이 떠오르는 장면을 묘사할 때에 사용된다. 예루살렘에 그의 영광으로 떠오르는 야훼의 이미지는 여명의 이미지이다. 새벽별은 60장 3절에 광명이라는 표현에서 찾을 수 있다. 태양이 떠오를 때의 광명 또는 떠오르는 태양을 동반하는 별의 광명을 언급한다. 아람어 탈굼과 랍비 문헌에서 이 단어는 새벽별을 뜻한다. 계시록 22장 16절은 이사야 60장 3절을 인유하면서 이러한 용법이 이미 신약 시대에 유행하고 있었음을 보여 주고 있다.

예수를 '광명한 새벽별'로 표현할 때에, 요한은 민수기 24장 17절과 더불어 이사야 60장 3절을 인유한다. 요한은 이사야 60장 3절의 마지막 두 단어를 바꿔서 예수를 표현하는데 요한은 이 표현을 아껴 두었다가, 새 예루살렘으로 열방을 끌어 모으는 자

로서 예수를 표현하기 위해 이제야 유효적절하게 사용한다.

그래서 계시록 22장 16절 하반절은 두 가지 예언적 본문(사 11:10과 민 24:17+사 60:3)을 인유하여 예수에게 적용하면서, 예수를 구원을 위하여 열방이 모여 드는 자로서 묘사하고 있다. 이들 메시아적 칭호를 새 예루살렘에 대한 환상 이후에 마지막 부분에 다시 소개하는 것은 열방의 귀의 사상을 탁월하게 부각시키는 전략적인 선택이다. 열방의 구원자로서 예수는 요한에게 계시되었는데, 마지막 날에 교회가 열방을 향한 증언에 참여하도록 요청한다.

### 두루마리와 열방의 귀의

두루마리의 내용은 다음 장에서 자세하게 설명하고, 여기서는 간단하게 정리하겠다. 두루마리(12-14장)가 계시록의 핵심 부분이다. 두루마리의 핵심 내용은 '하나님 나라가 어떻게 이 땅에 임하는가?'이다. 하나님 나라는 사탄의 666 체제를 어린 양과 신실한 증인들의 증언을 통해 극복하고 이 땅에 어린 양의 통치를 이룬다. 어린 양의 통치가 실현될 때에 열방이 주께로 돌아오도록 복음이 선포된다. 사탄의 삼위일체인 용과 바다짐승과 땅의 짐승은 두루마리 내용을 구성하는 등장인물에 불과하다.

사탄이 교회를 핍박하고 세상을 자신의 이데올로기로 압도적으로 지배하지만 궁극적으로 어린 양과 그 추종자들이 승리한다. 어린 양의 승리는 우상을 숭배하던 열방에 영원한 복음을 선포하도록 동기를 부여한다. 음녀 바벨론은 멸망을 당할 것이고, 순교자들은 옳다고 인정함을 받을 것이다. 결국에는 열방의 믿는 자들을 불러 모으고(곡물 추수), 반면에 끝까지 돌아오기를 거부하는 불신자들을 향한 심판(포도 추수)을 받을 것이다. 두루마리 (12-14장)는 두루마리를 섭취하는 예언적 사명 위임(10장)과 두 증인의 이야기(11장), 어린 양의 노래(15장)로 둘러싸여 있다.

일곱 나팔 시리즈에서 제기된 질문은 "왜 우상 숭배자들은 혹독한 심판을 받아도 회개하지 않는가?"이다. 계시록은 이에 대한 답변으로 두 가지를 제시한다. 하나는 우레 심판의 취소이다 (10:4). 심판으로는 더 이상 회개를 이끌어 낼 수 없고, 도리어 더 강퍅해지기 때문이다. 다른 하나는 심판에 대한 대안, 즉 복음 제시이다. 이것이 두루마리이다. 요한은 두루마리를 섭취한 후에, 열방에 다시 예언하도록 명령을 받는다. 왜 '다시'인가? 10장 11절 이전에는 일곱 교회로 대변되는 바벨론과 타협 중에 있는 성도들을 일깨우기 위해 예언하였다면 10장 11절 이후에는 회개하지 않는 열방을 향하여 예언을 하도록 명령을 받는다. 열방이 주께 돌아오도록 예언의 방향전환이 일어난다.

두 증인 이야기(11장)는 '어떻게 열방에 복음을 전할 것인가?'를 다룬다. 신실한 증인은 삶을 통해 복음을 증언한다. 죽임을 당한 어린 양 예수의 발자취를 따라간다. 십자가와 부활을 말이 아닌 삶으로 보여 준다. 불의한 제국의 구조 속에 진리를 고수하다가 죽임을 당하면, 하나님이 증인을 다시 살리고 하나님 보좌로 올리신다. 그러면 세상이 보고 놀라고 두려워하다가 결국 하나님께 영광을 돌린다. 이것이 바로 열방이 주께 돌아오는 방법이다. 심판으로 강퍅해진 우상 숭배자들이 신실한 증인의 삶을 보고 주께 돌아온다.

14장에서 어린 양이 시온산에 14만 4천과 함께 섰다. 이 땅에 하나님 나라가 확립되었음을 표현한다. 어린 양의 승리는 사탄의 666 체제가 결정적인 패배를 하였음을 뜻한다. 그러나 사탄은 자신의 가짜 권세를 음녀 바벨론을 통해 참람하게 과시하고 있다. 여전히 바벨론에 충절을 바치는 자들에게 세 천사가 영원한 복음을 전한다(14:6). 열방이 주께 돌아오도록 한편으로는 하나님을 경외하고 경배하도록 설득하고, 다른 한편으로는 바벨론과 그 추종자들에게 경고의 메시지를 보낸다.

최종적으로 두 가지 추수가 시행된다. 하나는 곡식 추수이고, 다른 하나는 포도 추수이다. 곡식 추수(14:14-16)는 구원의 추수이다. 14만 4천은 첫 열매로 속량된 자들이다. 첫 열매는 이후의 추수를 미리 맛보는 열매이다. 14만 4천으로 인해, 나머지 열방이 주께로 돌아온다. 구원의 추수를 한 폭의 그림으로 묘사하고 있다. 포도 추수(14:17-20)는 심판의 추수이다. 포도 심판은 바벨론이 따라주는 포도주에 중독된 자들(14:8)이 회개하지 않아 결국 하나님의 진노의 포도주를 마시는 심판이다. 회개하지 않으면, 더 이상 긍휼의 기회는 없다.

마지막 모세의 노래, 어린 양의 노래가 울려 퍼진다(15:2-4). 이 노래는 시온산에서 14만 4천이 부르는 노래이다(14:2). 마치 홍해 사건 이후에 이스라엘이 모세의 노래를 부르는 장면이 자연스럽게 떠오른다. 그러나 출애굽기 15장이나 신명기 32장의 모세의 노래보다는 시편에서 열방의 귀의를 가장 강하게 표현하는 노래들(시 96-100편)과 연결시킨다. 어린 양의 승리는 홍해 사건, 아니 그 이상이다.

### 새 예루살렘(계 21:1-22:5)과 열방의 귀의

열방이 주께로 돌아온다는 주제는 계시록 15장 4절 이후에 시야에서 사라지고, 반면에 최후의 심판의 환상들이 전체 흐름을 이어받는다. 열방의 귀의 사상은 새 예루살렘 환상에서 다시 부각된다. 종말의 최후상태에 이르게 되면 이 주제는 합당하고 중요한 가치를 증명한다. 열방의 귀의는 계시록 마지막 부분에 이르러서 절정에 도달한다.

**계시록 21장 3절과 열방의 귀의**  새 예루살렘이 하늘에서 내려온다 (21:3). 그리고 하늘 보좌의 포고령이 선포된다.

> 보라 하나님의 장막이 사람들과 함께 있으매 하나님이 그들과 함께 계시리니
> 그들은 하나님의 백성이 되고 하나님은 친히 그들과 함께 계셔서

하늘 포고령은 구약에 면면히 흐르는 언약의 핵심 선언이다. 하나님이 그 백성과 함께 거하신다는 임마누엘의 약속이다. 요한은 이 언약문을 작성할 때에, 구약에서 보편주의 사상을 가진 구절들(사 19:25; 25:6; 56:7; 암 5:12; 시 47:8-9)을 참고한다. 특히 두 가지 구약 자료를 특정하게 결합시킨다. 이들 두 본문은 구약에서 가장 보편주의적 사상을 나타낸다.

**겔 37:27-28**
내 처소(미쉬칸)가 그들[이스라엘] 가운데에 있을 것이며 나는 그들의

하나님이 되고 그들은 내 백성이 되리라 내 성소가 영원토록 그들 가운데에
있으리니 내가 이스라엘을 거룩하게 하는 여호와인 줄을 알리라 하셨다 하라

슥 2:10-11상

시온의 딸아 노래하고 기뻐하라

이는 내가 와서 네 가운데에 머물(쇠칸) 것임이라

그 날에 많은 나라가 여호와께 속하여

내 백성이 될 것이요 나는 네 가운데에 머물리라

여기서 계시록은 다시 한 번 더 구약의 기대 가운데 가장 보편주의적인 이스라엘 회복 사상을 채택한다. 종말에 하나님과 함께 거주하게 될 백성은 이스라엘만이 아니라 열방에서 온 이방인들도 포함될 것이다. 장소적인 의미로서 예루살렘은 아무런 의미를 가지지 못한다. 열국에 흩어진 이스라엘이 속량을 입고 하나님 백성이 될 것이다. 또한 모든 민족과 나라와 족속과 방언 가운데서 속량을 입어 불러 모은 자들이 하나님 백성이 될 것이다. 하나님은 그들 가운데 거하실 것이다. 이러한 측면에서 계시록은 스가랴보다 한 발 더 나간다. 스가랴는 많은 민족이 이스라엘에 합류하여, '나의 백성'이 될 것이라고 예언한다. 요

한은 계시록 21장 3절에 이르러서 열방이 하나님의 언약 백성이 되어, 새 예루살렘에는 열방이 하나님과 함께 거할 것이라고 선언한다.

계시록 21장 3절은 보편주의적 경향을 강하게 드러낸다. 요한은 계시록 21장 3절을 지침으로 삼아서 새 예루살렘 그림을 완성한다. 언약 백성은 언어로, 열방은 상징으로 묘사하여 새 예루살렘을 그리고 있다. 첫째, 이스라엘과 교회가 역사 속에 추진하여 왔던 비전이 모두 새 예루살렘에서 성취된다. 새 예루살렘 문에는 이스라엘 열두 지파의 이름이 새겨져 있고(21:12; 참조. 겔 48:30-34), 새 예루살렘의 기초에는 교회의 열두 사도의 이름이 기록되어 있다(21:4). 새 예루살렘의 구성과 크기도 하나님 백성을 상징하는 숫자로 구성되어 있다—12(21:12-14, 16, 19-21; 참조. 22:2)와 144(12×12, 21:17; 참조. 7:4; 14:1). 이스라엘과 교회로 구성된 새 예루살렘의 빛을 따라 열방이 걸어 들어간다(21:24). 열방의 왕들이 자신들의 영광을 그 성에 갖고 들어오고(21.24), 열방도 그 영광과 명예를 도성으로 가지고 들어온다(21.26). 이사야가 꿈꾸었던 종말의 환상이 새 예루살렘에서 성취된다(사 2-4; 60:3, 5, 11). 새 예루살렘, 그 거룩한 성은 이제 열국을 통치하는 중심이 된다.

언약 백성과 관련된 특수주의와 열방과 관련된 보편주의는 어떻게 결합되는가? 언약 백성은 새 예루살렘에 거주하게 되고 (22:3하-5), 열방은 성 밖에 거주하면서 예루살렘을 방문한다고 생각할 수 있는데(21:24-26) 이 견해는 종말론적 축복은 열방과 더불어 공유하지만, 언약 백성의 특권은 유지된다고 본다. 하지만 21장 3절은 열방도 이스라엘과 더불어 언약 백성이 된다고 천명한다. 열방과 왕들이 문을 통하여 들어간다면, 언약 백성도 마찬가지이다(21:14).

가장 설득력 있는 이해는 이렇다. 언약 백성(14만 4천)이 새 예루살렘의 핵심 구성원으로 자리를 잡지만, 교회의 증언을 통해 회개하고 참 하나님께로 돌아오는 열방과 왕들도 새 예루살렘의 거주민이 된다. 죽임 당한 어린 양의 성전(聖戰)에 참여한 14만 4천이 새 예루살렘 구성의 핵심적이고 근본적인 역할을 한다. 하지만 그들의 증언을 통해 주께로 돌아오는 열방도 언약의 신분과 지위에 있어서 차별이 없는 새 예루살렘 거주민이다. 계시록에서 새 예루살렘은 지리적 의미보다는 하나님 백성 또는 하나님의 임재를 상징한다. 계시록에 기록된 넓이와 높이 그대로 새 예루살렘을 그려 보면, 사람이 사는 곳이라기보다는 상징적인 구조물임을 알 수 있다. 따라서 새 예루살렘 거주민과 성 밖에 사는 자들을 구별하는 것은 무의미하다. 고대의 도성은 소수의 엘리트들과 필수 요원들만 성 안에 살았고, 나머지는 성 밖에 살면서 문을 통해 통행하였다. 하지만 새 예루살렘은 항상 열려 있다는 점에서 성 안과 성 밖의 구별은 무의미하다. 그러므로 언약 백성으로서 14만 4천과 더불어 열방에서 속량을 입은 자들이 새 예루살렘의 유업을 이어받아서, 새롭게 된 땅과 나라를 통치한다. 반면에 보편주의에 대한 잘못된 이해도 동일하게 경고를 받는다. 계속 바벨론의 통치를 받으며 회개하기를 거부하는 '땅에 거하는 자들'은 최후 심판을 받고, 새 예루살렘에서 원천적으로 배제된다. 모든 인류 전체가 종말에 다 속량되어 새 예루살렘에 거주하는 사상은 계시록에서 찾을 수 없다(21:8, 27; 22:15).

**열방의 종말론적 순례** 첫째, 계시록 21장 24절을 보자. "만국이 그 빛 가운데로 다니고 땅의 왕들이 자기 영광을 가지고 그리로 들어가리라." 계시록 21장 24절은 열방이 종말에 새 예루살렘으로 순례함을 그린다. 이 구절은 새 예루살렘이 가진 보편성과 열방이 주께로 돌아오는 소망을 연결시키는 핵심 구절로서, 이사야 60장 3절("열방은 네 빛으로, 열왕은 비취는 네 광명으로 나아오리라")을 모델로 삼고 있다.

요한은 이사야 본문을 다룰 때에, '열방과 열왕'을 '만국과 땅의 왕들'로 바꾸었다. 이사야는 수많은 나라와 왕들이 시온으로 오는 것을 기대하는 반면에, 계시록은 "땅의 열방과 왕들"이 새 예루살렘으로 들어갈 것이라고 기대한다. 이사야와 계시록의 차이는 어떤 의미가 있는가? 계시록에서 "땅의 열방과 왕들"은 하나님을 대적하고 짐승과 동맹을 맺어 음녀 바벨론의 통치 아래 결집된 자들이다(12:5; 19:15, 21). 계시록 17, 18장에서 바벨론과 이들 두 용어가 밀접하게 결합되어 있다는 점은 의미가 있다(열방—계 17:15; 18:3, 23; 참조. 14:8; 땅의 왕들—계 17:2, 18; 18:3, 9). 이들은 짐승이 통치하는 바벨론과의 동맹관계로 인해 하나님의 통치에 최후까지 저항하다가 그리스도의 최후 파루시아 때에 모두 멸망당한다. 이러한 시나리오에 가장 적합한 구약 본문은 시편 2편이다. 신약에 비교적 많이 인용되는 시편 2편은 대표적인 '메시아 시'이다.

요한은 왜 시편 2편을 인유하지 않고, 이사야 60장을 인유하는가? 계시록의 열방의 귀의 사상과 맥을 같이하는 구약 본문을 의도적으로 선택하기 때문이다. 시편 2편은 메시아의 통치에 순복하고 심판을 피하라고 열방에 강력하게 경고하지만, 열방의 귀의 사상이 결핍되어 있다. 열방이 하나님을 경배하고 메시아의 통치를 인정한다는 계시록의 사상은 시편 2편과는 일맥

상통하지 않는다. 그러나 이사야 본문은 열방의 주권 이양을 분명하게 밝힌다. 열방을 다스리던 바벨론의 통치권도 보편적이었다. 그러나 이 통치권은 이제 하나님께로 이양되었고, 열방은 새 예루살렘에 보편적으로 귀속된다. 계시록에서 새 예루살렘은 신부로서 음녀 바벨론과 극명하게 대조를 이룬다.

계시록 21장 24절은 무엇을 염두에 두고 있는가? 이사야가 꿈꾸던 열방의 시온으로의 종말론적 순례만 염두에 두지는 않는다. 오히려 열방과 열왕이 짐승이 통치하는 음녀 바벨론의 결박에서 벗어나서, 어린 양이 다스리는 신부 새 예루살렘으로 귀속되어 종말에 하나님 백성으로 편입됨을 말하고자 한다. 이런 일을 일으키는 동기는 무엇일까? 열방이 증인들의 신실한 예언적 증언으로 복음을 듣고 하나님께 영광을 돌린다는 계시록 13장 13절과 계시록 14장 7절이 암시적으로 깔려 있다.

둘째, 계시록 21장 23절. "그 성은 해나 달의 비침이 쓸 데 없으니 이는 하나님의 영광이 비치고 어린 양이 그 등불이 되심이라." 계시록 21장 23절은 이사야 60장 3절의 빛과 광명을 이사야 2장 5절과 2장 3절을 연결시켜서 인유한다. 여기서 당시 유행하던 유대 해석 기법(게제라사와, 두 구절에 동일한 단어나 사상이 있으면 서로 해석 가능)을 사용한다. 이사야 2장 5절의 야곱의 집은 이사야

2장 3절의 열방과 병행한다. 이사야 2장 3절은 야곱의 집에 대하여 말을 하고 있지만, 결론은 열방의 시온으로의 종말론적 순례 사상(참조. 계 21:10)을 담고 있다.

- 오라 우리가 여호와의 산에 오르며 야곱의 하나님의 전에 이르자 그가 그의 길을 우리에게 가르치실 것이라 우리가 그 길로 행하리라(사 2:3)

- 야곱 족속아 오라 우리가 여호와의 빛에 행하자(사 2:5)

계시록은 이사야 2장 5절의 야곱을 이사야 2장 3절의 열방에 적용하여 이사야 60장 3절과 연결하여 해석한다. 이러한 연결 과정을 통하여 열방과 새 예루살렘의 관계를 묘사한다. 계시록에서 새 예루살렘의 빛은 하나님의 영광이다(계 21:23; 참조. 사 60:1). 이 빛은 열방을 끌어들이는 횃불이며, 또한 열방이 살아가는 데 필수적인 빛이다. 마지막 날에 모든 열방이 이스라엘과 같이 야훼의 가르침을 받고, 또한 그 뜻에 따라 살 것이다.

이사야 60장은 열방의 왕들이 시온으로 무엇을 가져오는지를 특정하지 않는다. 하지만 계시록은 땅의 왕들이 자신의 영광을 가지고 온다고 특정하게 언급한다. 땅의 왕의 영광은 새 예루살렘의 영광과 연결된다. 새 예루살렘에서 영광은 지배적인 주제이다. 땅의 왕들이 자신들의 영광을 하나님의 영광에 돌려 드린다. 계시록 13장 13절과 계시록 14장 7절의 선포가 구체적으로 실현되는 장면이다. 이들은 이전에는 짐승에게 우상숭배로 충성을 바쳤으나 이제는 하나님께 영광을 돌린다. 열방은 이제 자신들의 독립적인 영광을 추구하거나 주장하지 않는다. 하나님의 영광에 자신들을 복종시킨다. 하나님 나라의 통치를 우상 숭배로 배척하지 않는다. 하나님을 경외하고 경배하며, 모든 영광과 존귀가 하나님께 속해 있음을 인정한다.

**생명나무와 열방의 귀의** "(생명수) 강 좌우에 생명나무가 있어 열두 가지 열매를 맺되 달마다 그 열매를 맺고 그 나무 잎사귀들은 만국을 치료하기 위하여 있더라 다시 저주가 없으며 하나님과 그 어린 양의 보좌가 그 가운데에 있으리니…"(계 22:2, 3). "강 좌우 가에는 각종 먹을 과실나무가 자라서 그 잎이 시들지 아니하며 열매가 끊이지 아니하고 달마다 새 열매를 맺으리니 그 물이 성소를 통하여 나옴이라 그 열매는 먹을 만하고 그 잎사귀는 약 재료가 되리라"(겔 47:12). 계시록 22장 2절은 에스겔 47장 12절을 인유한다. 에스겔 본문에는 열방이 전혀 언급되지 않는다. 이 구절은 요한이 보편주의적 취향을 가지고 구약 예언을 해석하여, 열방을 하나님 나라에 포함시키는 대표적인 예이다. 에스겔 본문에서 나무는 매달 열매를 맺고 나무 잎사귀는 치료를 위해 있다. 계시록은 생명나무가 열두 종류의 열매를 맺고, 나무 잎사귀는 열방의 치유를 위해 있다고 특별하게 언급한다.

계시록 22장 3절은 그 귀결로 "더 이상 저주가 없을 것이다"라고 선언한다. 이 구절은 세심한 해석을 통한 번역이 요구된다. '카타테마'는 저주 자체이다. 대부분의 번역자들은 이를 '저주를 받을 일(금지 사항을 두는 것)'로 해석하여, "멸망을 시키기 위한 금지조항도 없을 것이다"로 의역하기도 한다. 하지만 히브리어 단어 '하렘'은 야훼의 통치가 시행될 때에, 대적들에게 내린 신성한 금지 조항을 의미한다. 그래서 전적 멸망이 되어야 야훼를 만족시킬 수 있다. 레위기 27장 28절에서 하렘은 야훼에게 봉헌된 물건으로서, 다른 용도로 사용이 금지된다. 봉헌된 물건은 야훼의 통치에 적대적인 물건으로 파괴시키든지, 금속 용기에 보관하여 성별한다.

하렘의 의미를 잘 이해할 수 있는 대표적인 사례는 아간 사건(수 7장)에서 볼 수 있다. 가나안 정복 과정에서 여리고는 첫 성이다. 그래서 여리고와 그 거주민과 그곳의 물건들은 다 하렘이다(온전히 바친 물건, 하렘: 수 6:17, 18; 7:1, 15). 아간이 하렘을 취하여 자신의 진영에 숨겨 둠으로서, 오히려 이스라엘이 하렘이 되게 만들었고, 자신도 하렘이 되었다(수 7:12). 하렘을 신실하게 다루지 못하면 심각한 범죄행위가 된다. 하렘은 멸망시켜야 한다. 이스라엘 가운데 하렘을 제거해야만 하나님이 그들 가운데 거하실 수 있다. 그래서 아간과 그 가족과 모든 물건을 다 불로 소멸시켰다. 아간을 멸망시킨 곳이 아골 골짜기가 되었다. 하지만 호세아 2장 15절은 하나님이 이스라엘을 회복하시는 날에 아골 골짜기를 소망의 문으로 만들어 주실 것이라고 약속한다.

사울 왕이 아각 왕을 살려 둔 것은 하렘을 범한 것이다(왕상 15:21). 가나안 신의 유물을 자신의 집에 두는 개인은 유물과 같이 하렘이 된다(신 7:26). 엄격한 조건하에 성소에 봉헌된 물건(레 27:28)도 팔거나 속량되지 못하는 하렘이다. 하렘은 반드시 파괴되어야 할 때도 있다(왕상 20:42, 벤하닷; 사 34:5의 에돔; 참조. 사 43:28; 슥 14:11;. 말 3:24). 이러한 의미를 더 살펴보기 위해 스가랴 14장 11절을 참고할 필요가 있다.

> 사람이 그[예루살렘] 가운데 살며 다시는 저주가 있지 아니하리니 예루살렘이 평안히 서리로다(슥 14:11).

스가랴 14장 11절의 요지는 무엇인가? 예루살렘에 대항하는 열방들에 대한 최후 도륙이 곧 시행될 것이다. 거주 구역에서 부정한 것을 정화시키기 위함이다(슥 14:2 이하). 최후 공격 이후에, 미래의 시간이 올 것이다. 정화된 예루살렘은 그들의 죄로 인하여 멸망의 위협을 받는 일이 결코 없을 것이다. 스가랴 본문은 '하렘'을 신적 만족을 위한 파괴의 의미로 사용한다. 즉 종말에 예루살렘에는 '다시는 결코 파괴가 금지되지 않을 것이다'라는 뜻이다. 요한은 스가랴 본문을 다음과 같은 의미로 사용한다. '열방이 새 예루살렘에 거주한다. 새 예루살렘에서 열방은 생명나무 잎으로 우상숭배와 다른 죄들이 치유될 것이다. 따라서 새 예루살렘에 거주하는 열방은 다시는 야훼의 통치를 반대하는 열방들에게 내린 포고령의 대상이 되어 멸망을 당하지 않을 것이다.' 계시록 22장 3절을 이렇게 해석하면, 그 이후에 뒤따르는 내용으로 흐름을 쉽게 연결시킬 수 있다. 새 예루살렘에서 열방은 더 이상 하나님의 통치에 저항하거나 배척하지 않을 것이다. 열방은 구약에서 그들에게 선포되었던 저주가 완전히 제거되는 은혜를 경험하게 될 것이다. 따라서 더 이상 멸망시키라는 금지 조치가 포고되지 않을 것이다. 오히려 하나님과 어린 양의 보좌가 새 예루살렘 가운데 있을 것이며, 열방은 그 존전에서 봉사하며 경배하고 하나님의 통치에 동참할 것이다. 여기서 이사야 34장 1, 2절을 더 참조할 필요가 있다.

> 열국이여 너희는 나아와 들을지어다 민족들이여 귀를 기울일지어다
>
> 땅과 땅에 충만한 것, 세계와 세계에서 나는 모든 것이여 들을지어다
>
> 대저 여호와께서 열방을 향하여 진노하시며 그들의 만군을 향하여 분내사
>
> 그들을 진멸하시며 살륙 당하게 하셨은즉

이사야 본문은 모든 열방에 부과된 금지령과 관련이 있다. 이 금지령의 첫 번째 사례가 에돔이다(사 34:8-17). 계시록에서 이사야의 에돔에 대한 신탁은 바벨론을 향한 심판을 포고할 때에 자주 인용하는 자료이다(계 18:2하=사 34:11, 13하-14; 계 19:3하=사 34:9-10상; 계 14:10하-11상=사 34:9-10상). 계시록은 예레미야 50, 51장과 더불어 모든 열방에 임할 최후의 심판을 묘사할 때에 인유하는 핵심 예언이다. 에돔(=바벨론=로마)이 하나님 나라를 대적함으로써 하렘이 되었고, 철저하게 파괴해야 할 대상이 된다.

계시록 22장 2, 3절은 더 이상 열방에 대한 심판은 없음을 선포한다. 이미 짐승을 숭배하고 하나님의 통치를 대적한 열방은 철저하게 심판받았다. 따라서 하나님과 어린 양의 통치를 인

정하고 경배하러 돌아온 열방은 더 이상 심판의 두려움을 가질 필요가 없고, 자신들을 향한 하나님의 저주가 완전히 제거되는 은혜를 경험하게 된다. 새 예루살렘 환상은 심판에 대한 환상을 초월하여, 두루마리에서 선포된 열방의 귀의가 온전히 성취되는 장면을 묘사한다. 계시록 11장에서 처음 등장한 '열방의 귀의'의 주제가 새 예루살렘에서 그 절정에 이르게 된다.

바벨론의 통치 아래 있던 우상숭배자들이 어린 양 그리스도의 승리로 말미암아 전파된 하나님 나라 복음을 듣고 홀로 한 분이신 하나님께로 돌아온다. 요한은 이 사상을 전개하기 위해 구약 성서에서 열방의 귀의를 품고 있는 구절들을 주해하여 적용한다. 열방의 귀의는 계시록이 선교 문헌임을 명확하게 드러낸다. 이스라엘이 받은 언약이 이제 복음에 응답하는 이방인들에게 대대적으로 확대 적용된다.

5장

## 두루마리와 하나님 나라

두루마리의 내용은 '하늘에서 이뤄진 하나님 나라가 이 땅에 어떻게 이루어지는가?'가 초점이다. 그러면 이 땅에 살고 있는 하나님의 백성은 어떻게 해야 하는가? 수동적으로 하나님 나라가 임하기만을 기다리고 있어야 하는가? 아니다! 적극적이고 역동적으로 참여해야 한다. 예수 그리스도는 십자가와 부활을 통해 사탄의 권세에 결정적인 승리를 거두셨다. 하나님 백성은 어린 양의 승리에 참여하여 이 땅에 하나님 나라를 이루어 갈 사명이 있다. 따라서 두루마리의 초점은 666도 아니고, 예수 그리스도도 아니다. 교회이다. 두루마리는 나팔 심판에서 제기된 문제, 즉 '우상 숭배자들은 심판을 받고서 고통을 당하는데도 왜 회개하지 않는가?'에 대한 답변이다. 열방(모든 족속과 방언과 나라와 백성)이 주께로 돌아오려면 교회의 역할이 중요하다. 두루마리는 '교회가 어떻게 선교적 사명을 감당하여, 하나님 나라가 이 땅에 이뤄지도록 기여할 수 있는가?'에 초점을 맞추고 있다.

사탄은 열방을 통치하는 권세를 영원히 발휘하는 듯하다. 사탄의 삼위일체는 강력한 힘을 발휘하여 666체제를 구축한다(13장). 하나님 백성은 죽임을 당하고 아무런 대응을 못하는 듯하다. 하지만 이야기는 여기서 끝나지 않는다. 죽임을 당한 어린 양이 14만 4천과 함께 시온산에 서서 승리의 노래를 부른다. 두루마리는 14만 4천의 역할을 강조한다(14:4-5). 어린 양과 14만 4천의 승리로 말미암아 심판과 구원이 시행된다. 세 천사가 열방에게 전할 영원한 복음을 선포하고, 마지막 추수(곡식 추수와 포도 추수)가 시행된다(14장). 666을 이기고 승리한 14만 4천이 모세의 노래, 어린 양의 노래를 부른다(15:2-4). 최종적으로 세 번째 심판 시리즈인 대접 심판이 시행되어 회개하지 않는 우상 숭배자들은 심판을 받는다(16장).

### 두루마리 복음의 선포(10장)

5장 이후 두루마리는 10장에서 다시 등장한다. 일곱 우레 심판이 취소되고, 요한은 두루마리를 섭취하여 선포하라고 예언적 위임명령을 받는다.

**10장에서 선포되는 이유** 나팔 심판 시리즈가 마무리되고 비로소 두루마리의 내용이 드러난다. 두루마리의 내용은 무엇인가? 보좌에 좌정하사 오른손에 잡고 계신 분이 땅에 그의 나라를 세우기 위한 신적 목적의 비밀이다. 두루마리는 하나님 나라가 어떻게 임할 것인지를 드러낸다. 하나님 나라는 어린 양의 승리의 결과가 구체적으로 실현되는 하나님의 통치이다. 요한은 하나님의 통치 자체를 계시하는 데 목적을 두지 않고, 이를 통해 열방이 주께로 돌아오도록 초청하려는 목적을 두고 있다. 이것이 복음이다. 복음은 하나님 나라, 즉 하나님의 통치이다. 이 복음은 이사야가 예언한 복음(사 40:9; 52:7; 61:1)과 다니엘이 말한 하나님의 비밀이다(단 8:26; 12:4, 계 10:7). 보좌에 앉으신 이의 오른손에 들린 두루마리(5:1)와 천사의 손에 펼쳐진 작은 두루마리(10:2)는 동일하다. 이 두루마리를 요한이 먹고 소화하여 자신의 언어로 예언하도록 파송 위임 명령을 받았다. 두루마리는 예언자가 삼켜 먹기 전에는 그 내용이 드러나지 않는다.

계시록 5장 1절을 보면 보좌에 앉으신 하나님의 손에 들려 있던 일곱 인을 봉한 두루마리가 있다. 봉인된 두루마리를 열기에 합당한 분은 죽임 당한 어린 양밖에 없다. 십자가에 죽으시고 부활하신 죽임당한 어린 양이 일곱 인을 봉인 해제한다. 일곱 인 시리즈(6장)는 일곱 인이 봉인 해제되는 드라마이다. 일곱 인이 봉인해제될 때에 다섯 번째 심판에서 중요한 질문이 제기된다. "우상 숭배자들을 심판하실 때가 어느 때까지이니까?" 이 질문에 대한 대답이 7장이다. 14만 4천의 수가 다 찰 때까지 기다리라는 것이다. 14만 4천은 신실한 증인으로 순교적인 삶을 사는 종말론적 군대이다. 14만 4천은 그리스도와 함께 사탄의 666체제를 붕괴시키는 성전(聖戰)에 참여할 자들이다. 왜 이들이 준비되어야 하는가? 이들의 신실한 증언을 통해 사탄의 통치에 저항하며 아울러 이들이 첫 열매로 들려지고, 나머지 추수가 실행되기 때문이다. 따라서 일곱 인 심판 시리즈는 두루마리의 내용이 아니다. 일곱 인을 개봉하는 퍼포먼스이다.

일곱 인과 연동교합 장치로 연결되어 있는 일곱 나팔 심판 시리즈도 두루마리의 내용이 아니다. 8장 1-5절에 기록된 성도들의 기도의 응답이다. 나팔 심판은 불경한 자들에게 부어지는 심판이다. 나팔 심판을 통해서도 질문이 제기된다. 왜 우상 숭배자들은 이렇게 극심한 심판을 받아도 회개하지 않는가? 이 질문에 대한 대답이 계시록 10, 11장이다. 일종의 삽화이다. 어떤 메시지를 담고 있는가? 심판만으로는 우상 숭배자들은 회개하지 않는다는 것이다. 왜 회개하지 않는가? 인과 나팔 심판 시리즈는 각기 세상의 4분의 1과 3분의 1에 영향을 미치는, 그 범위가 제한된 심판이다. 두 심판 시리즈는 회개의 기회를 부여하는 심판이다. 심판 자체만으로는 열방이 회개하고 하나님께 돌아오지 않는다. 나팔 심판에 이르면 오히려 세상 사람들은 회개하기는커녕 더 완악해진다. 그렇다면 다른 대안은 무엇인가? 신실한 증인들의 복음 증언이 필요한 때이다. 그래서 일곱 우레 심판이 취소된다(10:4). 왜? 더 이상의 심판은 의미가 없기 때문이다. 두루마리는 더 효과적인 복음 전도 전략을 제시한다. 두루마리가 개봉되어 선포되어야 불경한 자들이 회개하고 주께 돌아온다.

**취소된 우레 심판 시리즈** 마치 사자가 포효하듯 일곱 우레 소리가 났다. 구약에서 사자의 포효는 주의 음성과 동일시된다(호 11:10; 암 1:2; 욜 13:16). 아모스 3장 8절이 더 강력하게 반향된다—"사자가 부르짖은즉 누가 두려워하지 아니하겠느냐. 주 여호와께서 말씀하신즉 누가 예언하지 아니하겠느냐." 일곱 우레는 시편 29편을 모델로 삼고 있다. 시편 29편에 야훼의 소리가 하나님 보좌로부터 일곱 번 발하면서, 땅에 하나님의 통치(나라)가 영원히 확립되는 장면을 담고 있다.

요한이 우레의 메시지를 기록하려 하자 기록하지 말라고 한다. 이는 취소를 의미한다. 왜 우레 심판 시리즈는 취소되었는가? 요한은 심판 시리즈를 구상할 때에, 레위기 26장을 염두에 두고 있었다. 레위기 26장은 언약에 신실하지 못한 자들에 대한 일곱 배의 심판이 네 번 반복되어 있다. 레위기 26장을 근저에 두고, 네 가지(인, 나팔, 우레, 대접) 심판 시리즈를 기획했다가 우레 심판을 취소한 것이다. 인 심판은 세상의 4분의 1에, 나팔 심판은 세상의 3분의 1에 영향을 미쳤고, 마지막 대접 심판은 전체에 영향을 미친다. 이 순서대로 생각하면, 일곱 우레는 전체 세상의 2분의 1에 영향을 주는 혹독한 심판으로 예정되어 있었다. 우레 심판도 인과 나팔 심판처럼 제한적인 성격으로, 회개를 유도하는 심판일 가능성이 확실하다. 하지만 인과 나팔 심판이 땅에 거하는 자들의 회개를 염두에 두고 시행되었지만, 성공하지 못했다. 이는 심판으로는 더 이상 회개를 이끌어 낼 수 없을 정도로 강퍅한 상태에 빠져 있기 때문이다. 마치 애굽의 바로가 출애굽 열 재앙을 당하면 당할수록 강퍅한 상태에 빠진 것과 같은 양상이다. 바벨론의 지배 이데올로기에 미혹되어서, 마치 독주에 취한 듯이 거기서 헤쳐 나오지 못하기 때문이다.

효과적인 방법은 무엇일까? 이 땅에 민족과 나라와 종족과 백성 가운데서 불러내어 나라와 제사장 삼은 교회를 통한 복음의 증언이 가장 잠재력이 있는 대안이 된다. 그래서 우레는 취소되고 두루마리가 등장한다. 두루마리의 예언을 증거받고도 회개하지 않으면, 그다음에 임하는 최후의 심판 시리즈는 일곱 대접 심판 시리즈(15:1, 5-16:21)이다. 이 심판은 영향력에 제한이 없고 즉각 최후의 멸망까지 이어진다.

우레를 하나의 삽화로 넣은 주요 요지는 무엇인가? 이는 우레 심판과 두루마리 사이에 뚜렷한 대조를 부각시킨다. 우레는 하늘 보좌의 포고령으로 실행되는 시행령으로서, 의사소통이 필요한 예언의 계시가 아니다. 일방적인 포고령은 더 이상 필요가 없다. 필요한 것은 의사소통이다. 그래서 기록하지 말고 봉함하라고 한다. 봉함은 비밀로 보존하게 만든다. 반면에 두루마리는 의사소통이 필요한 예언의 계시이다. 두루마리는 어린 양에 의해 봉인 해제되었다. 예언적 증언을 통한 의사소통이 필요한 계시의 내용이다. 우레 심판의 역할은 더 이상 경고 심판에 있지 않고, 대신에 두루마리의 가치를 명확하게 만든다.

**갖다 먹으라**   두루마리를 먹으라는 명령은 에스겔의 선지자

위임명령을 명백하게 인유한다(겔 2:8-3:6). 에스겔은 선지자로서 위임명령을 받았다. 우상숭배와 불신앙을 회개하지 않으면 임하게 될 암울한 운명을 경고하기 위함이다(3:17-21; 5-14장). 이스라엘은 그들 중에 한 선지자가 있었던 것을 알게 될 것이다. 선지자가 두루마리를 삼킨다. 이는 메시지와 자신을 동일시하는 상징이다. 선지자는 경고를 전달할 뿐 아니라 하나님이 이미 결정하신 심판을 특별히 선포하는 사역자로서 하나님의 위임 명령을 받았다.

말씀이 달다는 것은 하나님의 예언을 대언하는 기쁨과 생동력을 말한다. 말씀이 쓰다는 것은 이스라엘의 임박한 운명에 대한 근심 또는 회개를 거부함에 대한 분노의 반응이다. 9절과 10절에 쓴맛과 단맛의 순서가 뒤바뀐다. 요한은 먼저 단맛을 보고 다음에 쓴맛을 본다. 좀더 지속적인 감각은 쓴맛으로, 심판 메시지를 관상(觀想)한 이후 드러나는 의미 있는 반응을 나타낸다. 쓴맛이 처음과 나중에 배치된 것은 일종의 포괄구조 형식으로 쓴맛을 강조한다. 요한이 두루마리를 삼키는 행위는 에스겔과 동일하게 선지자의 상징적 행동이다. 하나님의 뜻을 자신과 일치시킬 때에, 선지자는 직무를 신실하게 수행할 수 있다. 예언의 도구로서 선지자는 하나님 말씀을 철저히 소화하여 선포한다.

**요한이 받은 예언의 사명** 두루마리를 섭취한 요한은 '많은 백성과 나라와 방언과 임금'에게 예언하라는 사명을 위임받는다. 열방에 대한 사중 정형문이 계시록에서 일곱 번 등장하는데, 이 중 계시록 10장 11절은 독특하다. 첫째, 10장 11절은 일곱 번의 등장 가운데 유일하게 '많은'이 첨가된 변이(變異)이다. '많은'이 '모두'의 반대 개념은 아니지만, '작은'과 대조된다. 요한의 보편주의가 가진 특성을 드러낸다. 땅에 거하며 우상 숭배하는 모든 열방이 아니라, 복음을 듣고 참 하나님께로 돌아오는 '많은' 열방을 염두에 두고 있다. 둘째, 10장 11절은 '민족'이 들어가야 할 자리에 '임금들'을 대체한 유일한 변이 구절이다. 왜 이렇게 독특하게 변형된 표현을 하는가? 두루마리의 주요 주제를 다니엘 7장에 비추어서 부각시키기 위한 의도로 볼 수 있다. 다니엘 7장의 주제는 짐승으로 대변되는 세상 제국들로부터 '인자와 같은 이', '가장 높으신 이'에게로 '모든 백성과 민족과 방언'에 대한 절대주권이 이양(移讓)됨이다. 두루마리는 어떻게 짐승의 통치에서 주 하나님에게로 열방에 대한 주권이 이양되는지 설명한다. 그래서 '민족' 대신에 '임금들'을 대체하였다. 셋째, 10장 11절은 열방의 사중 정형문 사용에 전환점을 이룬다. 10장 11절 이전에는 모든 열방에서 불러 모은 교회를 언급하는 용어인 반면에,

10장 11절 이후에는 열방 자체를 언급하는 용도로 사용된다. 두루마리가 등장함으로써 이제 교회가 열방에게 두루마리의 예언을 증언하여, 하나님 나라의 도래에 참여하도록 부름을 받았음을 나타낸다.

요한이 두루마리를 먹고 증언하는 예언적 사명은 단지 요한 자신만의 사명이 아니라, 보편적인 교회 모두에게 주어진 사명이다. 그래서 계시록 11장에 '두 증인의 이야기'가 하나의 삽화로 등장한다. 교회가 열방을 향해 죽임 당한 어린 양과 같이 고난을 감내하며 신실한 증인의 역할을 감당하도록 촉구한다. 요한의 예언적 사명은 열방을 향해 교회가 감당해야 할 예언적 사명의 패러다임이다.

이러한 측면에서 10장 11절에 등장한 '다시'를 이해할 수 있다. 10장 이전까지 요한이 받은 예언적 사명은 일곱 교회를 향해 대언하는 역할이다. 짐승이 통치하는 세상의 지배적인 이데올로기에 짓눌려 정체성을 잃어버릴 위기에 처한 교회를 일깨우는 역할이다. 그러나 10장 이후의 사명은 교회로 하여금 신실한 복음의 증인이라는 본연의 역할, 즉 열방에 영원한 복음을 증언하여 하나님 나라가 도래하는 여정에 참여하도록 하기 위함이다.

### 두 증인 이야기(11장)

계시록 11장 1-13절은 구조와 내용, 형식에 있어서 중요하다. 첫째는 구조의 측면이다. 계시록 11장 1-13절은 일곱 나팔 시리즈의 삽화이기도 하고, 또한 두루마리(12-14장)를 도입하는 내용이기도 하다. 둘째, 내용적인 측면으로, 계시록 11장 1-13절은 두루마리의 축소판이다. 이 내용은 두루마리(12-14장)에서 확대되어 표현된다. 두루마리의 핵심적이고 본질적인 메시지가 이 단락에서 뚜렷하고 분명하게 제시된다. 11장 1-13절은 나팔 심판에서 제기된 질문에 대한 답이기도 하다. 즉 여섯째 나팔 심판까지 우상 숭배자들에게 가혹한 심판이 가해졌지만 회개하지 않는다. 심판은 회개를 유도하기에 실패하였다. 그렇다면 강퍅해진 우상 숭배자들이 참 한 분 하나님께로 돌아와서 경배할 수 있는 방법은 무엇인가? 11장 1-13절의 방법은 교회가 죽기까지 복음을 증언하는 신실한 증인의 길을 걷는 것이다. 셋째는 형식적인 측면이다. 계시록 11장 1-13절은 계시록에서 독특한 구성을 하고 있다. 계시록 11장 1, 2절은 계시록에서 유일하게 선지자의 상징적 행동으로 성소 측량 행위를 묘사하고, 이어지는 계시록 11장 3-13절은 환상이나 환상 설명이 아닌 두 증인의 이야기를 이야기식 예언의 형식으로 표현한다.

**성소의 측량(11:1, 2)** "또 내게 지팡이 같은 갈대를 주며 말하기를 일어나서 하나님의 성전과 제단과 그 안에서 경배하는 자들을 측량하되 성전 바깥 마당은 측량하지 말고 그냥 두라 이것은 이방인에게 주었은즉 그들이 거룩한 성을 마흔두 달 동안 짓밟으리라." 계시록 11장 1, 2절에서 요한은 갈대로 성소를 측량한다. 이는 요한이 두루마리를 자신의 생각으로 소화하여, 예언의 사명을 수행하기 시작하였음을 알리는 신호이다. 요한이 모델로 삼고 있는 에스겔도 예언적 사명(3장) 이후에 곧바로 상징적 행동(4장)을 수행한다.

여기서 측량을 무엇을 의미하는가? 여기서 측량은 7장의 인침과 같이 보호를 의미한다. 계시록 21장 15-17절에도 천사가 갈대로 성과 성의 문과 벽을 측량한다. 측량은 도성의 거민들을 해함과 기만적인 사람들로부터 안전하게 보호함을 나타낸다. 성소 측량의 의도는 무엇인가? 이 상징적 행위를 통해 요한은 다니엘이 예언한 '한 때, 두 때, 반 때'(단 12:7), 즉 삼 년 반 기간이 지닌 의미를 계시한다. 삼 년 반의 기간은 1,150일로서 성도의 권세가 다 깨어지는 말세이다(8:13-14). 8장 13절 하반절에서 모호하게 표현한다—"환상에 나타난 바 매일 드리는 제사와 망하게 하는 죄악에 대한 일과 성소와 백성이 내준 바 되며 짓밟힐 일이 어느 때까지 이를꼬?" 요한은 다니엘 12장 7절과 8장 13, 14절에 나타난 성도의 고난의 시기를 상징적 행위로 표현하고 있다.

성전의 내부와 바깥뜰은 구분된다. 성전 내부는 측량을 하였으나 성전 뜰은 이방인에게 내어 주었으므로 측량할 필요가 없다. 이는 거룩한 성(예루살렘)을 이방인이 마흔두 달 동안 짓밟을 때에 성전 뜰도 포함되기 때문이다. 성전 뜰은 이방인의 뜰이 아니다. 원래 솔로몬 성전에는 이방인의 뜰이 없다. 이방인의 뜰은 헤롯이 성전을 증개축하면서 포함시킨 공간이다. 성전 바깥뜰은 번제 제사를 드리고 분향하는 제사장의 뜰이다. 따라서 계시록 11장 1절에서 언급하는 제단은 성소 내부의 분향단이다. 그 안에서 경배하는 자들은 제사장들만이 분향단에 분향할 자격이 있다. 계시록 다른 곳에서 제단은 관사가 있든 없든 간에 관계가 없이 하늘 성소의 제단이다(6:9; 8:3, 5; 9:13; 14:18; 16:7). 성소 내부의 분향단은 이스라엘의 기도가 드려지는 곳이다. 하늘 성소의 제단과 상징적으로 연결된다. 이 제단에서 성도의 기도가 드려진다. 지성소와 성소는 이방인에게 짓밟히지 않도록 보호를 받는다. 하지만 번제를 드리는 제사장의 뜰과 이스라엘의 뜰은 이방인에게 내어준다. 그리스도인은 하늘 성소의 구성원으로서 땅에 거주하고 있지만, 보호를 받는다.

바깥뜰은 이방인에게 내어 주었다는 표현은 무엇을 나타내는가? 이 표현은 다니엘서에서 이방인들이 번제 제단을 제거하고(8:11; 11:31; 12:11) 멸망의 가증한 것을 세워서(8:13; 11:31; 12:11), 더럽힌다는 예언을 인유하고 있다. 또한 스가랴 12장 3절(칠십인역)의 인유도 포함하고 있다—"내가 예루살렘을 모든 민족에게 밟히는 돌이 되게 하리니, 이를 짓밟는 자는 모두 다 크게 비웃으리라"(히브리 본문—그날에는 내가 예루살렘을 모든 민족에게 무거운 돌이 되게 하리니 그것을 드는 모든 자는 크게 상할 것이라 천하만국이 그것을 치려고 모이리라).

성전이 이방인에게 짓밟히는 장면은 유대 문헌에 기록되어 있다(1Macc 3:43, 51; 4:60; 솔로몬의 시편 2:2, 19; 17:22; 시 79:1; 사 63:18). 그러나 계시록 11장 1, 2절은 예루살렘의 멸망(주전 586년과 주후 70년)을 문자적으로 묘사하지 않는다. 요한은 이들 역사적 사건에 조금도 관심을 보이지 않는다. 요한에게 거룩한 성과 성전은 하나님 백성을 상징한다. 따라서 계시록 11장 1, 2절은 유대인이 아닌 성도들이 당하는 큰 환란의 기간을 묘사한다. 여기까지는 정확하게 다니엘이 암시하는 내용이다. 하지만 요한은 다니엘의 예언을 넘어서서 열방의 구원을 위한 교회의 역할을 예언자적 상징 행동을 통해 제시한다.

왜 성전 내부와 외부를 구분하는가? 성소 내부와 예배하는 자들은 보호를 받는다. 반면에 성소 바깥뜰은 이방인에게 내어 준다. 하나님 존전에서 예배하는 나라와 제사장으로서 교회(5:10)는 보호를 받는다. 하지만 열방을 향해 복음 증거를 하는 교회는 핍박을 받는다. 어린 양에 의해 속량을 입은 교회의 내적 실재와 외적인 경험이 구별되어 표현되고 있다. 교회의 영적 실재는 하늘 보좌 앞에서 옳다고 인정함을 받을 것이기 때문에, 안전하게 보호를 받는다. 이미 7장에 14만 4천이 인침을 받아 보호됨과 동일하다. 하지만 육적으로 교회는 복음을 증거하기 위해 이방인과 대면하면서 고난을 당하고 핍박과 순교를 당할 것이다. 다니엘의 예언에서 '한 때 두 때 반 때' 동안 성도의 권세는 산산이 다 부숴진다(단 12:7). 그 이유는 무엇인가? 단지 신앙 때문에 미움을 받아 환란을 당하는 것 이상이다. 열방에게 복음을 증언하기 위해 교회는 불신 세계의 짓밟힘에 직면해야 한다. 여기서 복음을 전할 가능성이 열리고, 열방이 주께로 돌아올 여지가 생긴다. 교회의 고난은 열방을 구속하기 위한 목적을 가지고 있다. 그래서 요한의 예언자적인 상징적 행동은 이어지는 두 증인 이야기를 통한 이야기식 예언에서 구체적으로 그 의미가 드러난다.

세대주의 종말론자들은 이 단락을 문자적으로 해석한다. 예루살렘에 유대인의 성전이 재건되고, 그곳에서 예배하는 유대인들은 보호를 받지만, 예루살렘은 이방인의 공격을 받아서 환란을 당한다. 이때에 그리스도가 유대인들을 구원하기 위해 재림한다고 주장한다. 이러한 해석은 요한의 의도와는 전혀 다르다. 또한 성전의 바깥뜰을 배교한 교회와 일치시키는 것도 계시록이 인유하는 구약 해석을 전혀 고려하지 않은 결과로서, 짜맞추기식 해석이다. 바깥뜰은 영적 이스라엘을 나타내는 상징적 표현이고, 이들은 핍박을 받고 육신적 박해를 받을 수 있다.

교회는 하나님의 종말론적 현존을 나타내는 곳이다. 예수 그리스도를 통해 진정한 예배는 시작되었다(4, 5장). 예수를 믿는 자들의 모임인 교회의 등장으로 진정한 예배는 시작되었다. 더 이상 문자적인 성전은 필요가 없다. 모든 성도가 성령이 거하시는 성소이다. 그리스도의 십자가 죽음은 이미 구약의 모든 제사를 폐하고 대체하였다. 하나님은 믿는 성도를 보호하신다. 성령으로 인을 치셨다. 성전 내부가 거룩하듯이, 성전 바깥뜰도 거룩하다. 바깥뜰이 짓밟히는 것은 그리스도의 십자가 보혈을 통한 속량하심을 증언하는 교회의 핍박과 순교를 상징한다. 계시록 11장 1, 2절에서 교회는 진정한 성전 되신 그리스도의 십자가 패턴을 따르고 있다. 그리스도와 같이 교회도 수난을 당하게 되며 패배를 당한다. 그럼에도 하나님이 진정한 교회를 보호하시고 궁극적 승리를 보장하신다. 계시록 기록 당시의 성도들과 마찬가지로 이후에 역사의 끝에 사는 그리스도인도 육신적으로 고난을 받지만 그 영혼은 보호를 받는다. 진정한 교회는 예배 공동체이고, 복음을 증언하는 선교 공동체이고, 중보기도 공동체이다. 제단은 이를 포괄하는 상징이다.

**두 증인 이야기(11:3-13)**  성소 측량(11:1, 2)에 이어 등장하는 두 증인 이야기는 앞 단락에 대한 설명이다. 즉 요한이 성소를 측량하는 우선적인 목적을 비유 형식으로 이야기한다. 성소를 측량하는 이유는 무엇인가? 성도들을 보호하기 위함이다. 그런데 왜 바깥뜰은 측량하지 말라고 하는가? 이는 이방인이 거룩한 성을 마흔두 달(1,260일) 동안 짓밟도록 내어 주기 때문이다. 이 상징적 예언 행위의 의미는 두 증인 이야기에서 다시 설명된다. 교회는 말세의 환란 가운데 하나님의 보호를 받지만, 보호 자체가 목적이 아니다. 거룩한 성이 짓밟히는 동안에 교회가 신실하게 예언적 증언을 하기 위함이다. 성도의 증언은 일시적으로 성공을 거두는 듯하지만, 증언이 마무리되는 즈음에 무저갱에서 올라온 짐승이 성도와 더불어 전쟁을 일으켜 도리어 짐승이 이기고, 증언하는 교회는 죽임을 당하여 수치스러운 취급을 받는다. 하지만 여기서 또 반전이 일어난다. 하나님이 죽임 당한 증인들을 살리셔서 하늘로 올리신다. 이 광경을 보고, 심판에서 남은 자들이 하나님을 두려워하고 영광을 돌린다. 두 증인 이야기는 하나의 비유이다. 열방(백성과 족속과 방언과 나라)이 어떻게 주께로 돌아오는지를 설명하며, 또한 증인들이 두루마리의 예언을 어떻게 증언하여야 하는지를 이야기한다.

두 증인은 '이 땅의 주 앞에 서 있는 두 감람나무와 두 촛대'(계 11:4)로 이 표현은 스가랴 4장을 반영한다. 바벨론 포로에서 돌아온 유다 백성이 주변 사회의 저항에도 불구하고 스룹바벨을 중심으로 성전을 건축하게 될 것인데, 이는 '힘으로 되지 아니하고 능력으로 되지 아니하고' 오직 하나님의 영으로 가능하다(슥 4:6). 촛대는 성전을 상징한다. 감람나무는 촛대에 기름을 제공하는 역할을 하므로, 하나님의 기름 부음을 받은 자들을 상징한다. 하나님의 영이 성전을 건축하는 자들과 기름 부음 받은 자들에게 임하여 성전 건축을 가능하게 하신다. 여기서 하나님의 영은 일곱 촛대로, '온 세상에 두루 다니는 여호와의 눈'이다(10절). 계시록에서 성령은 일곱 영이고, 일곱 촛대로 상징된다.

역대하 16장 9절은 이 표현의 의미를 참조할 수 있는 구약 구절이다. 아사 왕은 하나님을 의지하지 않고 아람 왕을 의지하여 북이스라엘의 침략을 물리쳤다. 선견자 하나니는 아사 왕을 책망한다—"여호와의 눈은 온 땅을 두루 감찰하사 전심으로 자기에게 향하는 자들을 위하여 능력을 베푸신다." 두 증인은 '이 땅의 주 앞에 서 있는 자'이다. 이들은 하나님의 보이지 않는 성전인 교회를 열방에 세우려고 두루마리의 예언을 선포하러 보냄을 받은 자이다. 성전은 하나님의 임재가 본질이다. 이 땅에 하나님의 임재를 나타내는 하나님 나라를 세우기 위해 파송된 자들이 두 증인이다. 두 증인은 개별적인 인물이 아니라 공동체적 상징이다. 하나님의 영이 거하시는 성전인 교회를 상징한다. 종말의 시기에 하나님의 나라를 세우기 위해 두루마리의 예언을 선포하러 보냄을 받은 자들이다. 하나님의 백성은 이미 계시록 5장 10절에 '나라와 제사장'으로 죽임 당하신 어린 양에 의해 세우심을 받았다. 스가랴 시대에 스룹바벨과 제사장 여호수아가 하던 역할을 종말에 교회가 하도록, 즉 보이지 않는 성전을 이 땅에 세우도록 부르심을 받았다.

두 증인의 모델은 누구인가? 계시록 11장 5, 6절에 묘사된 증인의 활동의 내력은 모세와 엘리야를 연상시킨다. 요한은 두 증인의 그림을 그릴 때에, 단순히 구약을 되풀이하지 않는다.

두 증인이 모세와 엘리야의 이미지를 차용하지만, 이 둘로 동일시하지 않는다. 특히 율법과 선지자의 대표로서 모세를 등장시키지도 않는다. 모세와 엘리야는 변화산에서 예수의 출구전략 (누가복음 9장 31절의 '별세'는 헬라어 '엑소도스'로 통상 '출애굽'이라고 부른다) 을 논하였다. 예수의 십자가와 관련하여 중요한 모세와 엘리야를 왜 두 증인의 모델로 삼고 있는가? 모세와 엘리야는 하나님 백성을 억압하는 악한 왕이 다스리는 시대에 거짓 선지자들과 싸웠던 선지자들이다.

    모세는 애굽의 거짓 술사들이 지배 이데올로기를 뒷받침하고 백성을 현혹하던 시대에 대항하여 하나님의 진정한 능력을 증언하였다. 발람과 같은 거짓 선지자와 더불어 싸워서, 이스라엘 가운데 역사하는 하나님의 통치를 확립하였다. 엘리야도 악한 왕 아합과 이세벨의 통치를 강력하게 뒷받침하던 바알과 아세라 선지자들과 맞서 싸우며, 하나님의 통치를 선포하였다. 모세와 엘리야는 단순히 선지자들의 대표가 아니라, 악한 시대에 하나님의 통치를 선포하기 위하여 권세와 능력을 행하였으며, 또한 고난을 몸소 겪었던 선지자들이다. 즉 모세와 엘리야를 모델로 삼은 것은 짐승의 통치에 맞서서 하나님의 복음을 선포하고 하나님의 통치를 선포해야 할 소명이 두 증인에게 있기 때문이다. 두루마리 예언 선포는 모세와 엘리야에게 주어진 사명이다.

그러나 요한은 모델을 채택할 때에 모세와 엘리야를 능가하는 또 다른 모델을 염두에 두고 있다. 바로 죽임 당한 어린 양이다. 두 증인은 어린 양이 짊어진 소명과 사명을 성취하도록 부름을 받고 세상에 파송된 자들이다. 어린 양에게서 분명하게 드러나는 모습은 죽음과 부활이다. 증인들은 '주께서 십자가에 못 박히신 곳'에서 죽임을 당하고, 그 시체는 사흘 반 동안 장사되지 못하였다. 두 증인들의 죽음에 '땅에 사는 자들'은 서로 선물을 교환하고 즐거워한다. 그러나 사흘 반 이후에 여호와의 생기가 임하여 이들을 죽음에서 일으키고 하늘로 데려간다. 이러한 모습은 예수의 십자가 죽음과 부활을 연상시킨다. 따라서 두 증인은 죽임 당한 어린 양의 발자취를 따르는 자들이고, 그들의 궁극적인 모델은 나사렛 예수이다.

두 증인은 개별적인 인물이 아니다. 요한은 구약을 인유할 때에 상식에 저항하면서 창의적인 그림을 그린다. 요한이 스가랴를 인유하여 두 촛대를 등장시키는 이유를 간파할 필요가 있다. 촛대의 이미지를 흔히 생각하는 대로 묘사하지 않는다. 스가랴의 일곱 촛대는 두 촛대로 축소되었다. 계시록에서 일곱 촛대는 일곱 교회를 대변한다. 그런데 왜 두 촛대로 등장하는가? 전체 교회가 신실한 증인의 역할을 감당할 수 없는 상태에 있다. 오직 서머나와 빌라델비아 두 교회만이 신실한 예언적 증언을 하는 교회이다. 두 증인은 두 교회를 염두에 두고 있다. 두 증인은 세상을 지배하는 짐승의 이데올로기에 사로잡히지 않으며 신실한 증인으로서 교회를 대변한다. 두 증인은 '백성과 족속과 방언과 나라' 중에 복음을 증언하며, 고난을 감당하고 심지어 순교까지 당한다. 하지만 결국 열방이 하나님을 예배하고 영광을 돌리게 된다. 교회는 '이 땅의 주 앞에 서 있는' 증인이다. 하나님의 법정에 참여하는 자들이다. 마지막 심판이 있을 때에, 복음을 증거한 자들에게 하늘 법정의 증인으로 서 있을 것이다. 증인의 법적 충족수가 두 명이기도 하다.

두 증인의 증언 기간은 11장 2절에서 마흔두 달이고, 11장 3절에서는 1,260일이다. 이 기간은 12장 6절과 12장 14절에서 여자(교회)가 광야에서 양육을 받는 시기로 각기 1,260일과 "한 때, 두 때, 반 때"로 표현된다. 이 기간은 다니엘 7장, 9장, 12장에 예견된 대환란 기간으로 '삼 년 반'을 인유한 표현이다. 그러면 이 기간은 어떤 시기를 말하는가? 그리스도의 십자가 죽음과 부활에서 시작하여 다시 오실 때까지 계속되는 기간이다(계 14:14-20).

계시록 11장 8절에 언급된 "주께서 십자가에 못 박히신 곳"이란 표현은 이 기간이 시작되는 시점이다. 이 기간은 성도가 땅에서 박해를 받지만, 영적 성소로서 보호를 받는 기간(성전 측량의 비유)인 동시에, 영원한 복음을 이 땅에 증거하여 열방(모든 족속과 민족과 방언과 백성들) 중에서 주께로 돌아오도록 신실한 증인으로 예언적 증언을 하는 기간이다.

'삼 년 반'은 성도의 운명에 대한 두 가지 시각을 드러낸다. 한편으로 성도들은 환란을 겪지만(11:2; 12:4; 13:5-6), 다른 한편으로는 궁극적인 영적 손상으로부터 보호된다. 이 두 가지는 동전의 양면과 같다. 성도들이 파루시아까지 이 땅에 영적 해를 받지 않고 존재한다는 보증인 동시에, 신실한 증인으로서 심지어 죽기까지라도 고난을 통해서 공동체적으로 주어진 소명을 성공적으로 성취할 수 있음을 나타낸다(11:3; 12:4, 14).

**두 증인 이야기의 교훈** 두 증인 이야기는 열방을 향하여 교회가 예언적 증언을 할 때 감당하는 소명의 성격과 결과를 드라마로 표현하고 있다. 잘못된 종말론에 경도되어 문자적으로 해석하거나, 알레고리로 해석하여 교회사의 사건들과 일대일로 상응시켜서 미래를 예측하려는 것은 오류이다. 두 증인 이야기는 종말의 시기에 교회를 향해 주어진 하나님의 원래의 의도와 역할을 신실하게, 심지어 죽기까지 수행하라는 요청이다.

두 증인 이야기가 포함된 계시록 10, 11장은 일곱 나팔 시리즈에서 제기된 질문에 대답하는 일종의 삽화이다. 나팔 심판은 불신자들을 대상으로 한 심판이다. 가혹한 재앙 이후에도 남은 자들은 회개하지 않는다(계 9:20-21). 왜 이들은 고통을 받고 심판을 받아도 회개하지 않고 오히려 완악하여지는가? 완악한 자들이 주께로 돌아오는 방법은 무엇인가? 계시록 10장 3, 4절에서 일곱 우레 심판은 취소되었다. 그러면 다른 대안은 무엇인가? 그 대안을 제시하는 것이 계시록 10, 11장이다. 즉 두루마리를 받아서 먹고 소화하여 선포한다. 요한은 예언적 증언을 신실하게 감당하는 교회를 상징한다. 어떻게 복음을 증언하는가? 모세와 엘리야와 같이 암흑이 짙은 시대에 참 하나님의 살아 계심을 증거하는 것이다. 또한 죽임을 당한 어린 양처럼 심지어 순교하기까지 십자가를 지고 복음을 증언하는 것이다.

두 증인 이야기는 구약 선지자들의 전통과 연속선상에서 등장한다. 하지만 구약 예언자들이 예언한 바, 열방이 주께로 귀의하는 방법에 있어서 구약 예언 전통을 뛰어넘는 영원한 복음의 능력을 표현한다. 따라서 두 증인 이야기는 '두루마리'(12-14장)의 축소판이다. 두루마리 예언은 두 증인 이야기를 확대한다.

두 증인은 우주적인 차원에서 하나님의 백성인 교회가 악한 세력과의 투쟁에서 궁극적으로 승리함을 보여 주는 그림이다. 따라서 두 증인 이야기는 작은 삽화이고, 두루마리는 작은 삽화를 우주적인 배경 속에 볼 수 있도록 제시하는 큰 삽화이다.

두 증인 이야기가 제시하는 교훈은 무엇인가? 첫째, 심판이 실패한 곳에 순교적 증언이 복음의 문을 여는 효력을 발휘한다. 심판만으로는 회개를 가져오지 못한다. 증인의 순교적 삶을 통해 열방이 주께로 돌아온다. 증인의 굵은 베옷은 회개를 촉구하는 상징이다.

회개는 어떻게 일어나는가? 증인이 신실한 증인의 사명을 순교하기까지 감당할 때에 일어난다. 증인들은 짐승에게 죽임을 당한다. 사흘 반 동안 장례도 치르지 못하고, 거리에 방치되어 있다. 대적은 기뻐하며 예물을 돌린다. 짐승의 승리로 증인의 증언은 실패한 듯이 보인다. 그러나 하나님이 증인들을 죽음에서 다시 일으키시고, 하늘로 올리신다. 이는 무엇을 의미하는가? 십자가 죽음과 부활과 승천은 예수의 마지막 여정이다. 십자가 죽음은 하나님께 저주 받은 자의 상징이다. 그러나 부활은 하나님이 사탄에게 결정적인 패배를 안기시는 승리의 상징이다. 승천은 하나님이 옳다고 인정하심의 상징이다.

하나님을 대적하고 증인들을 핍박하는 자들이 어떻게 주께로 돌아올 수 있는가? 전도나 선교 현장에서 직면하는 문제이다. 많은 복음 전도자들이 착각하는 문제가 여기에 있다. 교회가 강력한 힘을 가지고 세상보다 더 큰 권세와 능력을 가지면 세상이 주께로 돌아올 것이라는 착각이다. 세상을 압도할 만한 위력이 곧 바로 하나님의 능력이라고 착각한다. 그리스도인들이 잘 살고 출세하면 세상이 부러워하여 주께로 돌아와서 하나님을 경배할 것이라고 착각한다. 이러한 방식의 전도나 선교로 큰 건물을 짓고, 엄청난 재원을 사용하면서 정치, 경제적 영향력을 발휘하면 복음 전도의 효력이 있다고 착각한다. 세상에서 출세하고 영향력 있고 인기 있는 사람의 증언이 효력이 있다고 착각한다. 이것은 기독교 정복주의의 함정이다.

복음의 문이 막힌 곳에 진짜 무엇이 필요한가? 능력과 권세를 행함으로 복음 전도가 성취된다고 착각해서는 안 된다. 증인의 삶을 통해 복음이 진리임을 보여 주며, 하나님이 이를 옳다고 인정하심을 깨달을 때에야 비로소 복음의 문이 열리기 시작한다. 그때에 깨달은 자들이 회개하고 주께로 돌아와 하나님께 영광을 돌린다. 교회가 능력과 권세를 가지고 승리에 도취되면, 복음의 문은 열리지 않는다. 교회는 이 땅에서 선지자들의 운명과 죽임 당한 어린 양의 길을 가시적이고 실제적으로 드러내야 한다. 복음은 교회의 선포와 삶을 통해 풀어내야 한다. 진리대로 살면 패배와 고립과 적대적 태도에 직면하고, 심지어 죽음까지 맞이한다. 그러나 어린 양의 발자취를 따라 걸은 증인은 하나님이 다시 살리시고 옳다고 인정하신다.

둘째, 하늘의 하나님께 영광 돌림은 무슨 뜻인가? 11장 13절에서 두 증인 이야기는 다음과 같이 마무리된다―지진으로 큰 성의 3분의 1이 무너지고 7,000명이 죽었지만, "그 남은 자들이 두려워하여 영광을 하늘의 하나님께 돌리더라". 계시록에서 '두려움'은 하나님을 경외하는 긍정적인 태도(11:18; 14:7; 15:4; 19:5)와 단지 공포에 질린 부정적인 반응(1:17; 2:10; 18:10, 15)을 나타낸다. '하나님께 영광 돌림'은 하나님께 마땅히 돌려드려야 할 예배를 드림으로, 계시록에서는 항상 긍정적 의미를 표현한다(4:9; 14:7; 16:9; 19:7). 구약에서도 이러한 의미이다. 회개와도 관련되고(수 7:10; 렘 13:16; 삼상 6:5; 단 4:34, 칠십인역), 하나님께 온 피조물이 우주적으로 예배드림을 전망하는 문맥에서 사용된다(시 96:7-8; 사 24:15-16; 42:12). "하늘의 하나님"이란 표현은 계시록에서 오직 11장 13절과 16장 11절에서만 사용된다. 구약에서는 이방인과 관련될 때만 사용된다(창 24:7과 시 136:26 예외). 이 표현은 유대인이 이방인에게 말할 때, 이방 법정에서 이방인들 가운데 있을 때, 이방인이 이스라엘의 하나님을 우주적 하나님으로 인정할 때에 사용된다(대하 36:23; 에스라 1:2; 5:11-12; 6:9-10; 7:12, 21, 23; 느 1:4-5; 단 2:18-19, 37, 44; 욘 1:9; 후기 유대 문학: 유디트 5:8; 6:19; 11:17; 희년서 12:4; 시빌 신탁 3.174, 286; 4.135). 따라서 계시록에서 이 표현은 이방인들이 한 분 참되신 창조주 하나님을 인정함과 관련되어 사용된다고 보는 것이 적합하다.

여기서 해석의 핵심은 큰 성(바벨론)에 남은 자들이 보인 반응(11:13)을 어떻게 이해하는가이다. 진정으로 하나님께로 돌아온 태도인가 하나님의 절대 주권의 실재를 인정할 수밖에 없는 불신자의 반응인가(수 7:19; 삼상 6:5; 참조. 벧전 2:12; 요 9:24; 잠 1:24-32; 행 12:23). 다니엘 4장에서 느부갓네살은 하나님께 감사하고 경배하는 고백을 한다. 바벨론 왕의 이러한 고백을 이스라엘의 유일신 하나님 신앙고백으로 볼 것인가 아니면 이스라엘의 야훼 하나님을 여러 신 중에 자신들의 경배 대상으로 한 분 더 모신 것으로 볼 것인가? 다니엘 4장은 위대한 하나님을 찬양하는 고백으로 느부갓네살의 행적으로 마무리한다. 다신교 신앙을 나타내지 않을 뿐더러, 전체 내용은 이스라엘 하나님을 참 신으로 인정하고 경배하며 감사와 찬양을 돌리고 있다. 엘리야 시대에 나아만의 개종을 부정적으로 평가할 수는 없다(왕하 5:17, 18).

셋째, 구약 예언자의 패턴이 실패한 곳에서 어린 양의 패턴이 열방의 귀의를 이끈다. 두 증인의 예언적 증언 사역이 구약 예언자들의 패턴을 초월하는 힘을 가진 근본 원인은 무엇인가? 두 증인이 죽임 당한 어린 양의 발자취를 따라 죽기까지 순교함으로써, 어린 양이 거둔 승리에 함께 참여한다는 점이다. 신실한 증인으로 십자가에 죽기까지 복음을 증언하고 부활과 승천으로 하나님께 옳다 인정함을 받은 예수처럼, 두 증인도 하나님께 옳다 인정함을 받았다. 가시적인 능력과 권세가 아닌 죽음을 통한 신적 인정이 열방을 주께로 귀의시키는 효력을 발생시켰다. 신실한 복음의 증인은 예수의 승리에 참여하게 된다. 계시록에서 '삼 년 반'은 짐승의 통치 기간이다. 이 기간에 신실한 증인은 순교를 당하지만 이로써 옳다고 인정함을 받고, 열방이 주께로 돌아오는 길을 만든다.

넷째, 어린 양의 패턴은 구약 패턴을 능가할 뿐 아니라 구약 선례의 반전(反轉)을 일으킨다. 증인의 죽음 이후에 "이 두 선지자가 땅에 사는 자들을 괴롭게 한 고로 땅에 사는 자들이 그들의 죽음을 즐거워하고 기뻐하여 서로 예물을 보내리라"(11:10) 한다. 이는 에스더 9장 19절을 회상하게 만든다—"시골의 유다인

곧 성이 없는 고을고을에 사는 자들이 아달월 십사일을 명절로 삼아 잔치를 베풀고 즐기며 서로 예물을 주더라." 부림절을 지킨 유대 그리스도인들은 익숙한 내용이다. 그러나 적용에 놀라운 반전이 있다. 에스더서에서 유대인은 제국의 인종말살 정책으로 절체절명의 위협에 빠졌다가 도리어 자신들을 죽이려고 했던 자들을 모두 죽인다. 이 승리를 즐거워하며 선물을 돌리며 기뻐하였다. 계시록 11장에서 두 증인은 짐승에게 살육을 당하고, 열방은 즐거워하며 선물을 교환한다. 어떤 반전이 있는가? 에스더서에서 유대인의 승리는 대적을 도륙하도록 만든다. 하지만 계시록에서 하나님 백성의 도륙은 열방의 대적들이 주께 돌아오도록 만든다.

더 중요한 반전이 11장 13절의 상징적 계산법에 나타난다. 큰 성의 지진에 죽은 사람이 7,000명이다. 7,000을 1세기 당시 예루살렘 인구라고 여기는 것은 오류이다. 7,000은 심판에서 살아남은 자를 표현하는 구약의 이미지를 인유한 상징이다. 구약 예언에서 회개하지 않은 다수에게 심판이 임하고, 소수의 신실한 남은 자는 심판을 면한다. 특히 엘리야 시대 신실한 이스라엘 백성 7,000을 연상시킨다. 엘리야에게 주어진 예언의 사명은 바알에게 무릎을 꿇지 않은 신실한 이스라엘 7,000명을 제외하고 모두에게 재앙을 내리는 것이다(왕상 9:19-14-18; 참조. 롬 11:2-5).

계시록은 생존하여 주께로 귀의한 자들의 숫자보다는 지진으로 죽은 자들의 수로 7,000을 제시한다. 구약의 전례로 보아서 조금은 특이하다. 왜 그런가? 바로 여기서 요한은 이러한 계산법을 반전시킨다. 오직 10분의 1에 해당하는 7,000명만이 심판을 당한다. 남은 자들은 심판을 면한 자들이고 10분의 9이다. 신실한 소수가 아닌 신실한 다수가 심판을 면하고, 그들은 회개와 믿음으로 나아간다. 두 증인의 증언은 심판을 위한 증언이 아니라 구원으로의 초대를 위한 증언이다.

두 증인 이야기는 두루마리 예언의 핵심을 제시한다. 다니엘이 "한 때, 두 때, 반 때"로 예언한 것들, 즉 '성도의 권세가 산산이 부숴짐'(12:7)과 성소가 짓밟힘(8:13; 참조. 계 11:2), 성도가 짐승에 패배 당함(단 7:21; 참조. 계 11:7), 이것들은 열방이 참 한 분 하나님을 경배하도록 귀의하도록 인도한다. 계시록의 두 증인 이야기는 구약 예언을 이러한 패턴으로 이해하도록 초청한다. 즉 왜 하나님은 신실한 백성이 대적에 의해 짓밟히고 도륙을 당할 때에 그들을 구출하지 않는가? 오히려 도륙을 당하도록 허용하시는가? 그리스도인이 복음 때문에 겪는 고난에는 뜻이 있다. 그 뜻은 열방의 귀의에 있다. 바로 이러한 짓밟힘과 도륙을 통해 민족들이 회개하고 하나님을 경배한다. 종말에 하나님 백성은 짐승의 지배에서 벗어나서 하나님 나라로 그 주권이 이양된다. 바로 그 방식을 두 증인 이야기는 비유로 설명한다. 교회가 신실한 증언과 고난과 심지어 순교를 통해 열방이 귀의하도록 회개의 기회를 제공한다는 계시가 바로 두루마리 예언의 내용이다. 이 내용을 열기에 합당하신 분은 오직 죽임을 당한 어린 양뿐이다.

교회의 역할은 무엇인가? 계시록 10, 11장은 인 심판의 삽화인 계시록 7장에 연결된 또 다른 삽화로서, 교회의 역할에 초점을 맞추고 있다. 교회가 열방으로부터 구분된 목적은 단지 구원을 받기 위함만은 아니다. 오히려 신실한 증언을 통해 열방이 주께로 돌아오도록 길을 예비하는 것이 교회의 존재 목적이다. 우주적 차원에서 가해진 심판으로 열방은 회개하지 않았다. 고난과 심지어 순교를 감수하는 증언을 통해 열방이 주께 돌아오는 목적이 성취될 것이다. 열방의 귀의를 전망하였던 구약 선지자들의 환상이 이렇게 실현될 것이다.

두 증인 이야기는 교회가 복음을 어떻게 전해야 하는가를 보여 준다. 권능으로 전하는 복음 전도는 실패이다. 신실한 증인으로 죽기까지 진리의 복음을 증언해야 한다. 증인은 환호나 인정을 받지 않고, 도리어 죽임을 당한다. 하지만 하늘의 눈으로는 복음 전도의 문이 열리는 순간이다. 증인이 죽으면 하나님이 살린다. 이는 예수 그리스도의 십자가와 부활의 패턴이다.

진짜 복음은 전인적이고 통전적인 복음이다. 예수 그리스도의 복음은 영혼뿐 아니라 우리 삶과 피조물 전체의 구원과 연결되어 있다. 이 복음을 이분화하든지, 초월적이고 내세적으로 만들거나, 풍요와 건강과 웰빙의 복음으로 만드는 어떤 시도도 진정한 복음과는 거리가 멀다. 진정한 복음은 현실 속에서 십자가와 부활의 패턴을 보여 주는 복음이다. 짐승이 통치하는 세상에서 타협하지 않고 복음에 합당한 삶을 살고 그 복음을 증거하다가 증인이 죽는 삶이다. 그러면 하나님이 우리를 살린다. 그 모습을 보고 회개하지 않던 사람들이 주께 돌아온다.

### 여자와 용의 전투(12장)

12장은 세 장면으로 나눌 수 있다. 제1막은 사탄과의 지상 전투 장면(1-6절)이고, 제2막은 지상 전투에 상응하는 천상의 전투(7-12절)이며, 제3막은 사탄과의 최후 결전을 위한 준비(13-17절)이다.

**교회와 사탄의 지상 전쟁(1-6절)** 두루마리 이야기는 창세기 3장 15절의 원시 복음에서 시작한다. 에덴의 타락 이후에, 하나님은 아담에게 '원시 복음'을 제시하셨다―"내가 너로 여자와 원수가 되게 하고, 네 후손도 여자의 후손과 원수가 되게 하리니, 여자의 후손은 네 머리를 상하게 할 것이요, 너는 그의 발꿈치를 상하게 할 것이니라."

여자는 누구인가? 여자는 메시아의 산고를 겪는 언약 공동체이다. 여자의 이미지에 해와 달과 열두 별이 있다. 요셉에게 절을 한 야곱의 가족을 상징한다(창 37:9). 열두 별은 이스라엘의 열두 지파를, 별은 왕의 통치권을, 옷은 대제사장의 복장을 각기 상징한다. 온 열방을 위하여 '나라와 제사장'(왕 같은 제사장)으로 부름을 받은 이스라엘의 소명을 표현한다. 따라서 여자는 특정한 개인이 아니라, 메시아를 잉태하고 해산하는 언약 공동체이다.

여자는 해산의 고통을 한다. 해산의 고통은 복음으로 고난 받는 공동체의 고통을 은유적으로 표현한다. 이사야는 하나님 백성의 고통은 메시아를 탄생시키고, 메시아를 통해 새로운 이스라엘이 출현한다고 예언한다(사 7:1, 14; 26:20; 60:14). 여인의 산고는 독자들에게 무엇을 제시하는가? 당시 교회는 로마제국의 이데올로기적 압력과 핍박에 맞서 싸우며 생존의 기로에 서 있었다. 교회의 고난은 여자와 뱀의 싸움과 그 이후에 이어지는 이스라엘의 고난의 연장선상에 있다. 그래서 절망적이지 않다. 교회는 역사의 근원부터 시작된 뱀과의 싸움에 참여하고 있으며, 메시아 해산의 고통을 겪고 있다. 메시아는 공동체를 통하여 등장한다. 메시아적인 인물, 즉 기름 부음을 받은 자는 갑자기 등장하지 않고, 하나님의 뜻과 계획을 품고 씨름하는 신앙 공동체를 통하여 배출된다.

아이는 누구인가? 메시아이다. 5절은 그리스도의 탄생부터 하나님 보좌 우편에 좌정하심까지 일종의 스냅 사진으로 보여 준다. 이 사진에는 그리스도의 사역과 죽음에 대한 묘사가 전혀 없다. 그리스도의 부활과 승천으로 이뤄진 하나님의 승리를 최고조로 부각시킨다.

아이는 하나님 보좌 앞으로 올라간다. 하나님 보좌 앞으로 올라간다는 표현은 새로운 출애굽 사건의 이미지이다. 누가는 변화산 광경을 묘사하면서, 예수의 죽음을 '엑소도스'로 표현한다(눅 9:31). 예수의 죽음과 부활은 신적 출애굽 사건이다. 죽임을 당하였으나, 다시 살아나서 하나님 보좌 우편에서 통치하심을 상징한다. 출애굽 사건은 세례의 모델이다(고전 10:2). 그리스도인은 세례를 통해 죽고 살아남으로 인하여 그리스도와 연합하여 함께 다스리는 자가 된다. 예수의 세례 때에 하늘에서 들린 음성이 시편 2편 7절이다. "오늘날 내가 너를 낳았도다." 요한은 예수

사역 초기를 예언하는 시편 2편 7절 대신에, 예수의 십자가와 부활 이후에 합당한 예언으로 시편 2편 9절을 인용한다—"네가 철장으로 저희를 깨뜨림이여 질그릇 같이 부수리라." 하나님의 아들은 하나님과 메시아를 대적하여 음모를 꾸미는 모든 악의 세력들(이방 나라와 민족들과 세상의 군왕과 그 관원들, 시 2:2)을 물리치고, 열방의 통치자로 등극한다. 그리스도는 하나님 보좌 우편에 좌정하여 만국을 철장으로 다스린다. 성도는 그리스도의 죽음과 부활에 참여하듯이, 그리스도와 함께 영원히 왕 노릇한다.

반면에 여자는 광야에서 1,260일 동안 양육을 받는다. 메시아 공동체는 '광야' 생활을 한다. 광야는 이스라엘의 40년간 광야 생활을 의미한다. 이스라엘은 광야 생활을 통해 '왕 같은 제사장'으로서 훈련을 받았다. 광야 훈련을 통해 이스라엘은 열방을 향한 메시아 공동체로서의 소명과 사명을 위임받았다. 1,260일은 증인 이야기의 3년 반, 마흔두 달과 일치한다. 육신적으로는 죽임을 당하기까지 핍박을 받지만, 영적으로 보호를 받는다. 보호를 받는 이유는 사탄과의 종말론적 성전(聖戰)에 참여하는 용사들로 훈련을 받기 위함이다. 14만 4천은 어린 양의 승리에 참여하여 승전하고 모세의 노래, 어린 양의 노래를 부르기 위해 훈련을 받아야 한다(14:1-5; 15:2-4). 마치 군인이 전투 역량을 함양하기 위해 훈련소에서 훈련을 받는 것과 같은 모습이다. 출애굽한 이스라엘은 광야 40년 동안 하나님의 보호와 양육과 공급을 받았다.

붉고 큰 용이 무대에 등장한다. 붉은 용은 사탄이다. 사탄의 이미지는 일종의 모자이크이다. 하나님의 백성을 대대로 핍박하였던 제국들의 이미지를 모아 놓았다. 다니엘 7장의 네 악한 짐승들과 애굽왕 바로의 이미지가 있다. 특히 바벨론의 최고신 마르둑(Marduk)의 상징이 뚜렷하게 드러난다. 사탄은 온 천하를 꾀는 자이고 마귀이고 옛 뱀이다(12:9). '일곱 왕관'은 어린 양의 일곱 뿔 패러디이다. 사탄의 참람한 거짓주장을 대변한다. 일곱은 완전수로서 제국의 권세가 완전하고, 세상 전체에 대한 영향력을 행사함을 나타낸다.

12장은 사탄의 행동을 두 가지로 묘사한다. 첫째, 이스라엘을 포로 생활하게 만든다. "그 꼬리가 하늘의 별 삼분의 일을 끌어다가 땅에 던진지라"라는 표현은 다니엘 8장 10절의 인유이다. 다니엘서에서 별은 하나님 보좌 앞에서 지상의 하나님 백성을 대변하는 존재로서, 천사를 상징한다(단 10:20-21; 12:1). 다니엘서에서 이 표현은 이스라엘의 포로 생활에 대한 해석이다. 종종 계시록 12장 4절의 별을 사탄과 함께 하나님을 배역한 타락한 천사 집단으로 이해한다. 하지만 여기서는 성도들을 대변하는 천사들이다. 성도들이 핍박 받을 때에 천사가 공격을 받는 것으로 성경은 간주하기도 한다(단 12:3; 마 13:43).

둘째, 언약 공동체의 기름 부음을 받은 자들을 공격한다. 용이 해산하는 여인(언약 공동체)의 아이를 삼키고자 한다(4절 하). 사탄은 예수의 탄생부터 마지막 십자가까지 예수를 넘어뜨리려고 갖은 시도를 다하였다. 예수 이전에도 하나님의 백성을 대표하는 '기름 부은 자'들을 공격하여 상처를 입혔고, 예수 이후에도 어린 양의 추종자들을 공격한다. 사탄은 기름 부음 받은 자를 공격한다. 하나님 나라가 이 땅 어느 곳에서든지, 어떤 영역이든지 세워지지 못하도록 방해한다. 그래서 자신의 땅에 대한 통치를 지속하려는 영구집권 음모를 꾸민다. 역사 속에 존재하였던 모든 독재자들의 속성은 사탄에게서 비롯되었다. 사탄의 음모를 학습하여, 평화와 정의의 목소리를 제거하고 자신의 통치를 영구화하려는 술책이다. 하지만 사탄의 예수 제거 작전이 실패하였듯이, 모든 독재적인 정치, 경제, 종교 지도자들의 시도도 사탄과 같은 운명을 맞이하게 된다.

**미가엘과 사탄의 천상 전투(7-12절)**  땅에서 벌어지는 교회와 사탄과의 전투에 상응하여, 하늘에서도 천사장 미가엘과 사탄과의 결정적인 전투가 벌어진다. 용은 결정적으로 패배를 당하고, 하늘에서 축출을 당한다. 그리고 승리의 노래가 하늘에 울려 퍼진다. 여기서 사탄의 정체가 발가벗겨진다. 창세기 3장에서 인류 역사에 최초로 등장한 바로 그 악한 존재이다. 창세기 3장에서 사탄은 하나님을 중상모략하고, 인간을 진리가 아닌 거짓 메시지로 미혹하였다. 하나님은 선하지 않으며, 인간을 속이고 있으므로, 지혜롭게 되어 하나님의 통제에서 벗어나야 진정한 인간의 모습을 회복할 수 있다는 것이다. 인간의 타락 이후에, 사탄의 기만전술은 에덴동산에서 전 피조세계로 확대되었다.

큰 용 = 옛 뱀

마귀 : 중상모략하는 자, 참소자

사탄 : 반대하는 자, 속이는 자

왜 사탄을 뱀의 이미지로 표현하는가? 요한의 일차적인 독자들은 1세기 당시 소아시아 지역 그리스도인들이다. 이들에게 뱀은 마음에 강력하게 각인되어 있다. 아폴로의 아들이자 의술(醫術)의 신인 아스클레피오스, 주신인 디오니시우스와 제우스는 소아시아 지역에서 시행되던 주요 이방 제의이다. 시빌 신탁

(Sib. Or. 5.29)은 네로를 '불길한 뱀'으로 묘사하고, 랍비문헌(b. Sota 9b와 b. Sanhedrin 29a)은 사탄을 각기 '원형적인 뱀'과 '옛 뱀'으로 묘사한다.

하늘에서 미가엘과 용(사탄, 마귀) 사이에 전쟁이 발발하여, 사탄이 하늘에서 쫓겨난다(12:7-9). 하늘에 승리의 노래가 울려 퍼진다(12:7-12). 땅과 하늘에서 영적 전투가 상응하여 일어나는 장면은 묵시 문학에서 전형적이다(단 10:13, 21; 12:1; 1 Enoch. 4 Ezra, 2 Baruch, 1 QM; 참조. 2 Macc. 5:1-14; Josephus, War 6.297-99). 요한의 독자들이 묵시문학에 친숙하기에, 굳이 자세히 설명할 필요가 없다.

지상에서 예수 그리스도의 십자가와 부활 사건이 있을 때에, 하늘에서는 천사장 미가엘과 사탄의 전쟁이 일어나 사탄이 패배하였다. 하늘에 있을 곳을 얻지 못하고, 악한 천사들과 함께 내쫓겼다. 사탄이 하늘에서 쫓겨났다는 것은 구체적으로 무엇을 의미하는가? 사탄과의 전투는 무력을 동원한 전쟁이 아니라 하늘 법정에서 두 법률가 사이의 논쟁의 결과이다. 여기서 사탄이 패배하였다. 요한은 "우리 형제들을 참소하던 자 곧 우리 하나님 앞에서 밤낮 참소하던 자가 쫓겨났다"라며 승리의 노래를 부른다. 사탄은 성도들을 참소하던 근거를 상실하였다. 더 이상 부당한 근거와 논지를 채택하여 하늘 법정에서 활동을 못하도록 변론 금지를 당했다.

사탄과 미가엘의 법적인 역할은 유대 문헌에 잘 반영되어 있다. 사탄은 하늘 법정에서 참소하는 자로 활동했다(욥 1:6-11; 2:1-6; 슥 3:1-5; 단 10:21; 12:1; 유 8-9). 유대 문헌에 사탄은 고소인 역할(Jub. 1:20; 17:15-16; 18:9-12; 48:15-18; 1 Enoch 40:7; T. Levi 5:6; T. Dan 6:2)을, 미가엘은 이스라엘의 변호사 역할(1QM 13:10-12; 1QS 3:18-25; T. Dan 6:1-6; T. Levi 5:6; T. Dan 6:1-6; Asc. Isa. 7:9-12)을 담당한다.

그러면 사탄은 그리스도의 구속적 사역으로 하늘에서 완전히 축출되어 전면적으로 출입이 금지되었는가 아니면 제한적으로 허용되었는가? 이 질문에 답하기 위하여 사탄의 이력을 살펴볼 필요가 있다.

첫째, 사탄은 첫 번째 창조가 시작될 때에 하늘에서 떨어졌다(사 14:11-16; 겔 28:12-19; 벧후 2:4; 유 6; 에녹 1서 9-10장, 86장). 예수님은 "사탄이 하늘로부터 번개같이 떨어지는 것을 보았다"(눅 10:18) 하셨다. 루시퍼(사 14:12)라는 말 자체가 사탄을 뜻하지는 않는다. 루시퍼는 새벽별, 즉 여명을 가져오는 샛별이다. 루시퍼는 사탄뿐 아니라 다른 대상, 특히 예수에게도 적용되기도 한다(계 22:16). 이사야 14장 12절에서는 예루살렘을 함락시킨 바벨론 왕 느부갓네살을 지칭한다. 유대 전승에 따르면, 루시퍼는 타락 이

전에 천사들 중에서 가장 높은 권세를 가지고 있었다가 하나님의 보좌를 탐하여 하늘에서 추방을 당하였다. 루시퍼는 자신을 따르는 천사들을 이끌고 반역하여, 하나님을 대적하여 대등한 위치에 오르고자 시도한다. 이들을 타락한 천사라고 한다.

둘째, 사탄은 여전히 하늘 보좌에서 참소하는 자의 역할을 수행하여 왔다. 그러나 예수 그리스도의 십자가와 부활을 기점으로 새 창조가 시작될 때에 하늘에서 결정적으로 축출된다(계 1:5; 3:14; 참조. 고후 5:14-17; 갈 6:15). 사탄은 하늘에서 축출되었으나 열방 가운데 기만적인 사역을 계속 진행한다. 그 권세는 대폭 축소되었다. 하나님은 마귀에게 여전히 하나님 백성을 참소하는 역할을 하도록 허용하였다. 이는 신실하지 못한 자들, 즉 하나님의 구원의 은혜를 받을 자격이 없는 자들에 대한 참소권은 여전히 유효하기 때문이다(슥 3:1-5, 9). 창조의 첫 시간에 하늘로부터 축출되었음에도, 마귀는 하늘에 계속 거주하고 있다(엡 2:2; 3:10; 6:10-17).

마귀의 기소권의 근거는 이것이다. 죄를 지은 영혼은 죽음을 면치 못한다. 죄의 삯은 사망이다. 따라서 죄는 죽음으로 심판받아야 하며 구원의 상급으로 귀결되어서는 안 된다는 것이다. 이러한 사탄의 논지는 예수 그리스도의 죽음 이전까지는 근거가 있었다. 구약 성도들의 구원은 마귀에게 불평과 중상모략의 근거가 되었다.

그러나 그리스도의 죽음과 부활은 사탄에게 부여되었던 참소권을 박탈시키고 그 영향력을 무효화시켰다. 하나님은 '아들'에게 인류의 모든 죄를 지우시고 대가를 충분하고 완전히 지불하도록 하셨기 때문이다. 하나님 자신이 가혹하리만큼 징계를 받으셨다. 그리스도가 그를 믿는 자를 위한 신적 진노를 다 받았기 때문에, 사탄은 더 이상 성도에게는 기소권과 참소권이 없다. 하나님은 구약 성도들이 마땅히 받아야 할 징벌을 예수의 죽음에서 실행될 때까지 연기하셨다. 따라서 그리스도 예수 안에 있는 자들에게는 더 이상 정죄가 없다(롬 8:1). 죽임 당한 어린 양이 피로 대속하시고 우리를 나라와 제사장으로 삼으셨다(계 5:6-9).

그러면 성도가 어떻게 사탄을 이기는가? 계시록 12장 10-12절의 찬양은 환상에 대한 해석이다. 11절에 "또 우리 형제들이 어린 양의 피와 자기들이 증언하는 말씀으로써 그를 이겼으니 그들은 죽기까지 자기들의 생명을 아끼지 아니하였도다"라고 성도들을 칭송한다. 땅에서 거둔 그리스도의 승리(5, 10절)는 한편으로 하늘에서 미가엘이 거둔 승전(7-9절)의 근거이다. 또한 역사 전반에 걸쳐서 땅에서 고난을 받는 그리스도인들이 사탄을 이기는 승리의 근거이다. 사탄은 결정적인 패배를 당하여 쫓겨났다. 여전히 죄와 사망의 권세를 가진 것처럼 가장하고 미혹과 참소를 서슴지 않는다. 성도는 고난을 당하여도, 영혼을 보호받고, 궁극적으로 사탄을 이긴다. 이것이 12장의 주요 주제이고 두루마리 전체가 제시하는 교훈의 핵심이다. 즉 그리스도의 십자가 죽음과 부활은 사탄에 대한 결정적인 승리일 뿐 아니라, 또한 성도가 사탄을 이기는 근거이다.

성도는 이긴다. 성도가 이기는 근거는 무엇인가? 으뜸 근거는 어린 양의 보혈이고, 버금 근거는 자신들의 신실한 증언이다. 이긴다는 것은 정복한다는 뜻이 아니라 극복한다는 의미이다. 성도는 그리스도의 보혈에 근거하여 복음을 증언한다. 또한 그리스도의 보혈에 근거하여 사탄의 권세를 이긴다. 이는 단순히 구원을 받는다는 의미 이상이다. 그리스도의 십자가와 부활로 확립된 하나님 나라의 삶의 방식과 가치로 사탄의 삶의 방식과 가치를 극복한다. 이 세상을 지배하는 사탄의 통치를 거부하는 삶에는 당연히 고난이 뒤따른다. 이는 당연한 귀결이다. 그럼에도 하나님 나라 복음의 가치와 삶의 방식을 굳게 견지하고 삶을 통해 증언한다. 성도는 자신이 굳게 붙드는 진리를 삶으로 검증하고, 이를 통해 사탄의 통치를 이긴다.

12장이 보여 주는 바는 이것이다. 비록 마귀가 교회를 대적하여 고삐 풀린 채로 활동하지만, 영적으로 소멸시키지 못한다. 사탄은 결코 죽기까지 증언하는 성도를 이기지 못한다.

**최후 결전 준비(13-17절)** 용(사탄)은 하늘에서 쫓겨난 이후에 교회(여자)를 핍박한다. 여자의 뒤에서 홍수 같은 물을 토하지만, 땅이 여자를 도와서 물을 삼켜 버린다. 그러자 용이 더욱 분노한다. 여자의 남은 자손과 더불어 최후 전쟁을 일으키려고 바다모래 위에 서 있다. 이 모래바다에서 바다에서 올라온 짐승과 땅이 출현하여 사탄의 삼위일체를 형성하고, 666체제를 완성시킨다.

사탄은 13, 14절에서 핍박 전술을 편다. 사탄이 교회를 더욱 강도를 높여서 공격하지만, 하나님은 교회를 보호하신다. 상실감은 쉽게 분노로 변한다. 이는 사탄의 기질이다. 이 기질을 가장 닮은 이가 애굽의 바로이다. 구약과 유대교에서는 바로를 용으로 간주한다(겔 29:3; 32:2-3; Midr. Rab. Exod. 15:15). '핍박하다'를 뜻하는 헬라어 동사 '디오코'는 '뒤쫓다'로 번역될 수 있다. 용이 교회를 뒤쫓아 가는 모습은 마치 바로가 출애굽한 이스라엘을 뒤쫓아 가는 장면을 연상시킨다. 그러나 하나님은 성도의 공동체를 보호하신다. 14절은 6절을 서로 보완하여 설명한다.

그 여자가 광야로 도망하매 거기서 천이백육십 일 동안 그를 양육하기 위하여 하나님께서 예비하신 곳이 있더라(6절)

그 여자가 큰 독수리의 두 날개를 받아 광야 자기 곳으로 날아가 거기서 그 뱀의 낯을 피하여 한 때와 두 때와 반 때를 양육 받으매(14절)

'큰 독수리의 두 날개'는 출애굽기와 신명기의 이미지를 인유하여 두 가지 그림을 떠올리게 만든다. 첫째, 광야에서 이스라엘을 보호하는 독수리로서 하나님의 이미지를 반영한다(출 19:4; 신 1:31-33; 32:10-12). 둘째, 시편의 이미지이다. 다윗은 출애굽 이미지를 인유하여, 하나님의 날개로 핍박하는 자와 중상 모략하는 자에게서 보호해 주시기를 기도한다(시 17:8-15; 36:7-8; 55:6-8; 57:1; 61:4; 63:1-2, 7; 91:4, 11-13). 탈굼 전승은 독수리 은유를 우상숭배로부터 이스라엘을 보호하심에 적용한다. 하나님은 이스라엘에 토라와 성막을 제공하셔서, 하나님을 경배하며 더 가까이 가도록 이끄신다(Tg. Onk. Pal. & Neof. 출 19:4과 신 32:10-12). 우상숭배의 위협에 교회의 생존 문제가 달려 있던 일곱 교회의 상황을 고려할 때에 더욱 공감을 불러일으킨다. 하나님 임재(성막)와 말씀(토라)은 광야 여정을 보내는 하나님 백성의 생존 본능과 보호 본능을 자극하도록 만든다. 하나님 임재를 경험하고 양육하시는 말씀을 공급받는 광야의 생활은 복음의 증인으로 신실하게 살아가도록 만든다.

15, 16절에서 사탄은 속임수 전술을 쓴다. 사탄은 더 강도를 높여서 홍수로 교회를 삼키려 한다. 이렇게 맹렬하게 공격하는 목적은 교회를 소멸시키기 위함이다. 홍수의 은유는 하나님 백성이 생존의 문제가 달린 핍박을 받지만, 하나님이 구출하신다는 구약 이미지들의 집단적 인유이다(삼하 22:5; 시 18:4, 16; 32:6; 46:3; 66:12; 69:1-2, 14-15; 124:4-5; 144:7-8, 11; 사 43:2). **쿰란 공동체와 유대교에서 홍수는 속임수를 동반한 핍박의 상징이다**(1 QH 3:8-12; CD 1:14-15; Cant 8:7; 참조. 사 8:7; 17:13; Midr. Rab. Num 2:16; Midr. Rab. Exod. 49:1; Midr.. Ps.15:4; Tg. Cant 8:7).

뱀의 입에서 흘러나오는 홍수 이미지는 속임수와 거짓 가르침으로 교회를 파괴하려는 시도이다. 사탄은 거짓 메시지로 교회를 삼키려 한다. 일곱 교회에 활동하던 발람과 이세벨과 니골라와 같은 거짓 선지자들을 통해 교회를 내부로부터 붕괴시키려고 한다. 이미 신약 시대에도 사탄은 교회에 침투하여 거짓 메시지로 미혹하고 파멸의 길로 인도하였다(계 2:14-16, 20-22; 3:15-17; 롬 16:17-20; 딤전 4:1; 5:15; 딤후 2:23-26). 사탄은 신앙 공동체가 하나님 나라를 세우기를 원치 않는다. 동원할 수 있는 온갖 방법으로 신앙 공동체를 흔들고, 무너뜨리려고 시도한다. 외부적인 핍박보다 더 위험한 위협은 거짓 메시지와 속임수이다. 계시록 17장에서 음녀 바벨론은 '많은 물' 위에 앉아 있다. 이는 짐승과 음녀를 추종하며 속임을 당하고 우상숭배하고, 또한 하나님 백성을 핍박하는 세상의 지배적인 세력들이다.

그러나 땅이 물을 삼켜 버렸고, 용의 계획은 좌절된다. 이 이미지는 출애굽 사건을 반영하여 인유한다. 애굽인들이 홍해를 가로질러 이스라엘을 추격할 때에, 땅이 그들을 삼켰다(출 15:12). 구약은 이스라엘의 홍해 구출 사건을 용 자체를 산산조각 내어 버린 것으로 묘사한다(사 51:9-10; 시 73:13-15). 고라의 반란 사건에서 땅이 반역의 무리들을 삼켜 버렸다(출 15:31). 다단과 아비람은 하나님의 진리를 '속였고', 하나님을 '훼방하였고', 하나님의 구속 계획에 관하여 '이스라엘을 그릇된 길로 인도하였다'. 비슷하게 용은 복음의 예언적 진리에 대적한다. 교회를 향하여 핍박과 속임수를 쓴다.

### 두루마리의 교훈

두루마리의 초점은 사탄이나 미가엘과 같은 천상의 존재

가 아니라 교회에 있다. 교회가 어떻게 이 땅에서 행동하여야 하는지를 제시한다.

첫째, 교회는 복음의 신실한 증인으로 살아야 한다. 사탄이 아무리 속임수를 쓰며 발악을 하여도, "하나님 계명을 지키며 예수의 증거를 가진 자들"은 이기지 못한다. 교회가 사탄의 핍박과 속임수를 이기는 방법은 무엇인가? 힘과 권세로 대항하여 이기려고 하는 생각은 어리석다. 교회는 그리스도의 복음을 신실하게 증언함으로써 사탄을 이긴다(12:11). "하나님 계명을 지키며 예수의 증거를 가진 자들"(12:17)은 복음의 신실한 증인들이다. 이들이 이기는 방법은 무엇인가? 사탄이 교회를 삼키는 전술은 핍박과 속임과 타협이다. 그러나 교회가 복음의 진리를 굳건하게 고수하며, 삶을 통해 신실하게 증언하는 곳마다 사탄은 패배를 당한다.

계시록 12장은 교회가 하나님 나라 복음으로 인하여 박해(사회적 압력)와 속임수(유혹)를 끈질기게 받는다는 중요한 교훈을 제시한다. 교회의 현실 인식은 핍박 중에 있는 형제들과 신앙적 연대감을 가지도록 만든다. 먼저 박해자들의 배후에 사탄이 자리를 잡고 있음을 인식하도록 만든다. 짐승과 같이 등장하는 정치, 경제, 종교적 세력의 이데올로기뿐 아니라, 그 배후에 있는 사탄의 본질을 파악하도록 전체 그림을 보여 준다. 세상의 지배적인 경향과 타협하거나 동화되면 결국 사탄과의 협력 또는 협조 관계를 형성하는 꼴이 된다. 이러한 인식을 통해 영적 안락함이나 최면 상태에서 벗어나 곳곳에서 고통을 받는 하나님 백성과 연대감을 고취하도록 만든다.

둘째, 교회가 있어야 할 곳은 광야이다. 계시록 12장에서 언약 공동체는 광야에 피신하고(6절), 광야에서 양육을 받는다(6, 14절). 광야는 하나님이 예비하신 곳이다. 이곳에서 1,260일, 한 때, 두 때, 반 때를 지낸다. 왜 요한은 사탄과의 영적 전투에 직면한 교회가 보호받고 양육받아야 할 곳을 광야라고 하는가?

광야는 출애굽 공동체가 준비되는 곳이다. 교회는 새 출애굽 공동체이다. 스데반은 이스라엘의 광야 40년 생활을 '광야 교회'라고 하였다(행 7:37). 광야는 이스라엘의 출애굽 생활을 상기시킨다. 광야 40년 생활 동안에 하나님이 일용할 양식으로 먹이시고 독수리 날개로 보호하셨다. 종말에 교회도 광야에서 보호와 양육을 받는다.

메시아가 종말에 하나님 백성을 광야에 모을 것이라는 기대는 1세기 유대 사회에서 확고하게 자리 잡고 있었다. 이사야는 이스라엘의 회복을 위하여 광야에서 외치는 자의 소리를 소개한다. 고난 받는 종을 통한 이스라엘의 회복은 광야에서 출발한다(사 32:15; 35:1; 40:3; 41:18; 43:19-20; 51:3; 참조. 렘 31:2; 겔 34:25; 호 2:14-15). 요세푸스는 1세기 유대 메시아 운동을 광야와 출애굽이란 주제로 해석한다(War. 2:259-62; 7:438; Ant. 20:168-72; 참조. Ant. 20:97-99; War. 6:351-52). 대부분의 메시아 운동은 출애굽과 광야 경험을 자신들에게 적용하여, 대의명분을 만들어서 광야에서 출발한다. 세례 요한과 예수도 광야에서 사역을 시작하였다. 복음서도 메시아 공동체의 새로운 출발점으로 출애굽과 광야를 모델로 삼았다. 세례 요한은 이사야 40장 예언의 성취로 광야에서 '주의 길'을 예비하는 사역을 하였다(마 3:3; 11:7; 막 1:3; 눅 3:4; 요 1:23). 예수도 광야에서 세례를 받고 시험을 받아서, 자신의 신원과 사명을 확인한다. 왜 새로운 출애굽이 필요한가? 바벨론과 같은 로마제국의 압박에서 탈출하여 이 땅에 하나님 나라(새 하늘과 새 땅, 새 예루살렘)를 이루어 가기 위해서이다.

이스라엘은 광야에서 만나와 메추라기로 원수의 목전에서 광야의 식탁(시 23; 78:19, 20)을 경험하였다. 불기둥과 구름 기둥으로 인도함을 받았다. 이곳은 성전의 바깥뜰이 아니라 성소이다. 여기서 14만 4천이 인침을 받고, 측량을 받아서 준비된다. 그리스도의 종말론적 성전(聖戰)에 참여하는 군사로서, 순교적 삶을 살도록 능력을 부여하기 위함이다. 왜 보호하는가? 광야의 삶은 도시의 안락함을 거부하는 방식이다. 바벨론의 가치와 삶의 방식을 거부하는 것이다. 복음을 신실하게 증언한다는 것은 복음을 살아가는 것이다. 하나님 나라의 사고방식과 생활방식으로 살아가는 것이다. 세상의 거짓 진리와 이데올로기의 허상을 폭로하고 세상의 가치를 거부하여, 하나님 나라의 가치로 거슬러 사는 것이다. 이러한 공동체가 사탄의 666과 맞서기 위해서는 보호와 양육이 필요하다.

또한 광야는 양치기의 삶을 훈련하는 곳이다. 하나님 백성에게는 두 가지 삶의 방식이 있다. 하나는 농경생활이고 다른 하나는 양치기의 삶이다. 농경생활은 에덴에서 쫓겨난 인간에게 주어진 저주와 같은 삶이다. 땅과 씨름하여 소득을 얻고, 소득을 보호하기 위해 울타리를 치고 창고를 만들고 도시를 만들며, 결국은 제국을 만들어 갈 수도 있다. 바벨탑은 결국 이러한 가치의 결정판이다. 가인은 이 길을 따랐고 최초의 도시 건설자가 되었다. 아벨은 땅의 엉겅퀴와 씨름하는 삶을 거부하고 양치는 삶을 살았다. 성경은 농경생활과 양치기 삶 중에 어느 하나만이 옳다고 하지 않는다. 두 가지 방식에는 다 유익함과 함정이 있다. 농경생활은 안전하고 규칙적이고 계획적인 삶을 살게 만들지만,

안주하고 축적하고 외부인을 적대시하며 살 수 있다. 양치기의 삶은 구속을 받지 않고 자연에 따라 살지만, 기근과 외부의 공격에는 취약하다. 사사기 시대는 양치기적인 삶이 좋지 않은 방향으로 가면 어떻게 되는지 보여 주는 반면교사와 같다. 하지만 하나님은 결정적인 돌파구를 열어갈 때에 양치기를 사용하곤 하셨다. 아브라함과 모세와 다윗이 대표적이다.

이 땅에 하나님 나라를 이뤄가는 신실한 증인은 도시 문화의 향락과 풍요와 안전을 거부하고, 바벨론의 유혹과 압력에 저항한다. 그래서 성도는 광야로 피신한다. 거기서 보호와 양육을 받는다. 이유는 바벨론의 통치에서 벗어나서 하나님의 통치가 이뤄지는 새 하늘과 새 땅을 준비해야 하기 때문이다. 물론 문자 그대로 광야의 삶을 살라는 것은 아니다. 도시의 가치와 윤리를 거부하고, 양치기의 가치와 윤리로 현재를 살아가야 한다. 그래서 광야의 삶이 요구된다.

### 사탄의 삼위일체 드라마(13장)

계시록의 특징 중의 하나가 반복 요약 또는 발전이다. 13장은 계시록 12장에서 남겨진 주제를 다룬다. 용은 어떻게 교회(성도의 공동체)를 핍박하는가? 12장 13-17절에서 많은 물은 거짓 메시지를 통한 속임수와 핍박을 통해 신앙 공동체를 삼키려 한다. 하지만 용의 의도는 성공하지 못한다. 13장에서는 더 치밀하고 압도적인 권세로 성도의 공동체를 핍박하고 억압한다. 용이 바다 모래에 서 있다는 것은 자신의 의지를 관철시키려 대리인을 불러 모으는 자세이다. 용(사탄)은 바다짐승(정치 지도자)을 출현시키고, 다음으로 땅의 짐승(종교 지도자)을 출현시켜서 사탄의 삼위일체가 형성되고, 이 땅에 666체제를 구축한다. 짐승의 정체성을 정확하게 파악하고, 짐승을 숭배할지, 어린 양을 경배할 것인지 결정해야 한다. 짐승의 영향력은 막강하다. 인간의 사고방식에 설득력을 가지며 안정과 풍요를 약속한다. 때로는 설득을 초월하여 맹목적 추종을 강요하고 조종한다.

**바다짐승의 등장(1-10절)**  일곱 머리와 열 뿔을 가진 표범과 같은 짐승이 바다에서 올라온다(13:1-5). 머리에 치명적인 상처를 입었으나, 치유된다. 용이 이 바다짐승에게 권세와 능력을 마흔두 달 동안 준다. 바다짐승이 하나님의 이름을 비난하고, 성도와 더불어 전쟁을 벌이고 그들을 이긴다.

일곱 머리와 열 뿔은 바다짐승이 압도적으로 완벽하고 엄청난 영향력을 가지고 있음을 나타낸다. 뿔에는 열 왕관이 있고, 머리에는 신성모독하는 이름이 있다. 일곱 머리는 다니엘 7장에 등장하는 네 짐승들의 머리를 합친 수이다. 열 뿔, 열 왕관은 다니엘 7장의 네 번째 짐승에서 나오는 열 왕을 뜻한다(단 7:24). 용은 이 바다짐승에게 권세를 위임하여, 땅을 대리 통치한다. 이 짐승의 머리 하나가 상하게 되었다. 상한다는 말은 재앙과 동일한 단어이다. 재앙으로 머리 하나가 죽게 된 듯한데 상처가 치유되고 회복되었다. 이 모습을 보고 '온 땅'이 놀랍게 여겨서 짐승을 따르고, 용의 권세를 받은 짐승을 숭배한다. 구약에서 바다는 무저갱과 동의어이다. 악이 저장되어 있는 곳이며, 사악한 영들이 갇혀 있는 곳이다(계 9:11). 구약에서 바다짐승은 예외 없이 하나님의 백성을 핍박하는 악한 나라를 상징한다.

바다짐승에 대한 이러한 묘사는 그리스도에 대한 패러디이다. 바다짐승의 권세는 가짜이다. 그리스도의 일곱 뿔을 흉내 내어 자신이 그리스도와 맞먹는 권위와 능력을 가지고 있음을 나타낸다. 계시록의 독자에게 익히 잘 알려진 두 가지 사건이 있다. 앞서 언급했듯 예수 그리스도의 십자가와 부활 사건 그리고 로마 황제 네로의 자살과 귀환에 대한 흉문이다.

요한은 네로 전설을 최대한 활용하여 바다짐승의 이미지를 묘사한다. 요한에게 바다짐승은 다니엘의 환상에 나타난 네 가지 연속적인 제국이었고, 당시 로마제국은 이 바다짐승 이미지와 역사, 정치, 경제, 종교적으로 딱 어울렸다. 그러나 사탄은 아시리아, 이집트, 바벨론, 페르시아, 헬라, 소돔과 로마를 통해 표현된다. 영적으로 악한 체제가 이들 제국의 배후에서 정치, 경제, 종교 체제를 통하여 군림한다. 이러한 악의 체제는 세계를 지배하려는 제국의 형태로 계속 이어질 것이다.

바다짐승은 다음과 같이 활동한다. 첫째, 짐승은 숭배를 받고 열방을 다스린다(4, 7-8절). 온 땅이 치명적인 상처에서 회복한 짐승을 숭배한다. 짐승은 각 족속과 백성과 방언과 나라를 다스리는 권세를 받았고, 열방의 숭배를 받는다. 짐승은 열방에 대한 통치권이 자신에게 있다고 미혹한다. 짐승은 자신을 하나님보다 높이고 자신에게 숭배를 요구한다. 그 방법은 속임수를 통한 미혹이다. 용이 홍수로 교회를 삼키려고 한 의지를 짐승이 실제적으로 시행한다. '숭배, 예배'는 충절과 찬양을 나타내는 종교적인 방식이다. "누가 이 짐승과 같으냐? 누가 능히 이와 더불어 싸우리요?"는 누구와도 비교할 수 없는 대상으로 칭송하는 찬사이다. 하지만 이 표현은 오직 야훼만이 받으시기에 합당한 찬사이다(참조. 출 8:10; 15:11; 신 3:24; 사 40:18, 25; 44:7; 46:5; 시 35:10; 71:19; 86:8; 89:8; 113:5; 미 7:18). 구약에서 이 표현은 우상들의 허무함을 논박할 때 나온다. 사탄은 하나님을 모방한다. 짐승이 '인자'를 모방하려 아무리 노력하여도, 결국은 인자의 최후 승리를 흉내만 낼 뿐이다. 다니엘 7장은 동일한 언어로 참 예배와 거짓 예배를 기술한다. 이 점을 요한은 간과하지 않고 아이러니한 의미를 도출한다. 그래서 짐승을 숭배할 것인지, 어린 양을 경배할 것인지에 대한 분별력을 가지도록 만든다. 짐승이 받은 권세의 궁극적 근원은 하나님이시다. 똑같은 권세를 '인자'도 받았다. 결과는? 짐승은 정복하고 숭배를 받지만 결국 패배당하고, 인자는 최종적인 승리를 거두고 통치하고 경배를 받는다. 짐승의 권세와 숭배는 인자의 다가오는 승리의 전주곡일 뿐이다. 사실상 요한은 짐승의 모습을 그리면서 경고가 아니라 조롱을 하고 있다.

둘째, 신성모독을 행한다. 짐승은 과장되고 신성모독을 말하는 입을 받고, 또 마흔두 달 동안 일할 권세를 받았다(5절). 짐승의 권세는 그 말로 표현된다. 숭배를 받는 짐승은 하나님을 대적한다. 스스로 자신의 권세를 주장하면서 마흔두 달, 즉 삼 년 반 동안 '큰 일'을 말한다. 신성모독을 하는 자들은 '큰 일'을 자화자찬한다(단 7:25; 11:32, 36). 자신의 권세와 치적으로 자신을 신성화한다(참조. 단 8:10-13, 25; 11:36). 느부갓네살과 안티오커스 에피파네스와 베스파시아누스와 티투스는 이 반열에 동참한 자들이다.

셋째, 짐승은 성도를 비방하고 핍박한다(6-7상). "그의 장막 곧 하늘에 사는 자들"은 인침(7:4)과 성소 측량(11:1-2)을 통해 보호를 받는 성도들이다. 성도는 이 땅에 살고 있지만, 하늘에 속한 자이다(빌 3:20). 진정한 지상 교회는 하늘 보좌와 성령으로 연결되기에 하늘에 속하여 있다(엡 2:6; 골 3:1). 그런데 왜 성도가 비방을 받는가? 하늘에 속한 자로서 살아가면 땅을 통치하는 짐승의 주권 밖에 있다. 하늘 시민권에 대한 충절은 땅의 시민권에 대한 거부와 저항과 불복종을 내포한다. 하나님의 신실한 백성으로 산다는 것은 땅의 지배와 통치에 충실한 자들에게 비난의 대상이 된다. 진정한 교회는 세상의 평가에 연연하지 않는다. 세상의 좋은 평가를 복음의 본질과 맞바꿀 수는 없다. 복음의 진리에 순종하면, 진리가 아닌 것에 저항하게 된다. 따라서 핍박을 받는다. 짐승은 성도를 육신적으로 이기지만, 성도는 영적으로 보호를 받고 양육을 받는다. 패함으로써, 결국 성도는 이긴다. 아이러니이다. 이것이 십자가와 부활의 원리이다. 짐승과 더불어 싸워 이기려는 그리스도인들이 있다. 그러나 성도는 복음의 신실한 증인으로 세상에서 박해를 받는다. 이로써 세상을 이긴다.

넷째, 짐승의 권한은 제한적이다(8절 하). 짐승의 거짓은 한계가 있다. 신성모독 행위를 자행하는 기간은 제한되어 있다. 이는 짐승이 누리는 권세의 궁극적인 근원이 하나님께 있음을 함축한다. 마귀는 하나님의 나라를 대적하는 사역을 '삼 년 반'으로 제한하기를 원치 않을 것이다. 짐승을 숭배하는 대상도 분명히 제한적이다. '죽임을 당한 어린 양의 생명책에 창세 이후로 이름이 기록되지 못한 자'들로서 '땅에 사는 자'들이다. 두 용어는 서로를 해석하여 준다. 땅에 사는 자는 계시록에서 우상 숭배자를 가리키는 용어이다. 짐승을 숭배하지 않는 자들은 그 이름이 생명책에 기록된 자들이다. 그러나 예정 교리는 결정론이 아니다. '짐승을 숭배하느냐?'의 문제는 선택의 문제이지 운명의 문제가 아니다. 본문은 우상 숭배에 참여하지 않도록 분별력을 요구한다. 이것이 인내이고 믿음이며(10절) 지혜이다(18절).

그렇다면 바다짐승이 성도에게 주는 교훈(13:9-10)은 무엇인가? 첫째, 성도는 들을 귀가 있어야 한다. "누구든지 귀가 있거든 들을지어다!"(9절). '들을 귀' 정형문은 일곱 교회 메시지에 등장하는 경고문이다. 이미 이 정형문의 의미를 알고 있는 독자에게는 일곱 교회 메시지와 13장을 연결하여 생각할 수 있는 기회를 제공한다. 계시록 13장에 묘사된 그림은 먼 미래가 아니라, 요한 당시에 일곱 교회 가운데서 일어나고 있는 상황이다. 일곱 교회는 이미 짐승의 통치에 타협하거나 우상 숭배자들과 연대를 하고 있다. 짐승의 출현과 활동에 관한 메시지를 들은 어떤 이들은 영적으로 깨어나서 현실의 심각성을 알아차릴 것이다. 하지만 어떤 이들은 오히려 눈이 어두워져서 우둔하게 되고, 더욱더 마음이 강퍅해질 것이다. '들을 귀' 정형문은 이미 세상의 안락함과 풍요에 빠져서 정체성 상실의 위기에 놓인 성도에게 영적인 충격을 주어서 다시 깨어나도록 하기 위함이다. 영적 각성이 필요하다. 영적 각성은 현실 사회가 얼마나 교묘하게 사람들을 속이고 있는지 볼 수 있는 분별력이다. 하나님 나라와 사탄의 나라 사이에 일어나는 성전(聖戰)에 어린 양을 따라 참여하도록 하기 위함이다.

둘째, "사로잡힐 자는 사로 잡혀 갈 것이요, 칼에 죽을 자는 마땅히 칼에 죽을 것이다"(10절). 이 표현은 예레미야 15장 1절과 43장 11절의 조합이다. 예레미야는 불신앙과 죄로 인해 포로로 잡혀가고 칼로 고난을 받을 운명에 이스라엘이 처했다고 경고한다. 네 가지 재앙(죽이는 칼, 찢는 개, 삼켜 멸하는 공중의 새, 땅의 짐승)이 이스라엘에 닥칠 것이라고 예레미야는 포고한다. 이는 정해진 운명이다. 에스겔은 노아, 다니엘, 욥이 있다고 해도 이 상황은 변하지 않는다고 경고한다(겔 14:14, 20). 결정된 역사를 뒤바꿀 수 없다. 자신의 의로 구원을 받을 뿐이다. 이는 불신앙에 대한 형벌이 초점이 아니다. 불신 사회에 살고 있는 신실한 백성의 고난과 견인에 초점이 있다. 사로잡히고 죽임을 당하는 형벌은 불신자가 아닌 신자가 겪는 고난이다. 투옥을 당하고 순교를 당하는 운명에서도 진정한 신앙은 위력을 발휘한다. 인내가 있는 곳에 사탄이 설 곳은 없다.

**땅의 짐승의 등장(11-15절)**   땅의 짐승은 계시록 5장 6절에 묘사된 어린 양을 패러디한다. 짐승은 두 뿔을 가진 새끼 양으로, 용처럼 말을 한다. 어린 양의 일곱 뿔 대신 두 뿔을 가졌다. 이는 두 증인, 두 감람나무를 모방한다. 짐승의 두 뿔은 권세를 나타내는데, 용처럼 말을 하는 권세이다. 그래서 땅의 짐승은 첫째 짐승을 사람들이 숭배하도록 부추기는 역할을 한다.

첫째, 땅의 짐승은 바다짐승과 동맹관계이다. 첫째 짐승은 용에게 권세를 받고, 바다짐승은 땅의 짐승에게 권세를 부여한다. 땅의 짐승은 이 권세로 이적을 행하고 바다짐승의 우상에게 생기를 불어넣는다. 요한의 시대에 둘째 짐승은 주요 도시의 정치 대표들로 구성된 지방 의회였다. 제국 제의의 제사장들은 이들 지배 계층에 포함되었다. 이들 의회들은 로마 시대 이전부터 존재하여 왔고, 로마는 이들 의회를 통하여 그 통치력을 행사하였다. 바다로부터 올라온 낯선 짐승(로마제국)은 이들 토착 지방 권세자들을 통하여 통치하였다. 그들은 공동운명체였다.

둘째 짐승이 큰 이적을 행하지만 가짜에 불과하다. 이 또한 아이러니이다. 구약의 위대한 선지자의 권세를 모방하고 있다. 모세가 큰 표적을 행하자(출 4:17, 30; 10:2; 11:10) 바로의 술사들도 마술을 통해 똑같은 이적을 행한 것과 같다(출 7:11). 둘째 짐승도 기적을 행하여 진리의 대변인인 척한다. 하지만 실상은 거짓 선지자이다. 진정한 선지자의 흉내를 내고 있을 뿐이다. "거짓 그리스도들과 거짓 선지자들이 일어나 큰 표적과 기사를 보이어 할 수만 있으면 택하신 자들도 미혹하게 하리라"(마 24:24; 참조. 마 7:15; 24:5, 11; 살후 2:9; 벧후 2:1-3).

표적과 이적을 행하는 것 자체가 선지자의 표징은 아니다. 진리를 가장하여, 세상을 지배하는 사탄의 논리가 적법하다고 이적을 행하며 가르치는 거짓 선지자들은 신앙 공동체 내부에서 일어난다(참조. 마 24:5, 11). 계시록 2장에서 제시된 니골라와 발람과 이세벨을 비롯한 이들이다(계 2:2, 14-15, 20-24). 예수는 거짓 선지자의 특성을 다음과 같이 말씀하신다—"거짓 선지자들을 삼가라 양의 옷을 입고 너희에게 나아오나 속에는 노략질하는 이리라"(마 7:15). 양의 옷을 입은 이리는 교회 안에 있는 반역자를 상징한다. 짐승은 진리를 대변한다고 공공연히 말한다. 양과 같이 온순한 모습으로 가장 하지만 사탄의 권세를 가지고, 12장의 용의 특색을 드러낸다. 언약 공동체는 외적인 공격과 내적인 미혹에 항상 노출되어 있다. 짐승의 생각과 논리를 펼치는 자들은 거짓 교사로, 거짓 선지자로, 거짓 사도로 활동하며 신자들의 분별력을 혼동시키고, 영적으로 싸워야 할 대상이 누구인지, 전선(戰線)이 어디인지를 가늠하지 못하도록 미혹한다. 신앙 공동체에 속하여 진리인 하나님 말씀 대신에 주변 사회와 타협하고 동화되는 논리들을 설파하며, 생명의 근원인 하나님 말씀을 떠나도록 만든다. 또한 세상을 지배하는 정치, 경제, 종교 세력을 추종하여, 우상숭배를 하도록 부추긴다. 결국 신앙 공동체를 타락시키고, 하나님 나라에 반(反)하는 가치와 행동방식으로 살게 하여 교회의 정체성을 상실하도록 만든다.

둘째, 땅의 짐승은 종교적 역할을 한다. 둘째 짐승은 그 권세를 "땅과 그 곳에 거하는 자들에게 첫째 짐승을 숭배하도록 강요하는 데" 사용한다. 땅의 짐승은 첫째 짐승(정치 지도자와 정부)을 숭배하도록 만든다(12절). 심지어 첫째 짐승을 위해 우상을 만들도록 하고, 그 우상에게 생기를 부여하여 말을 하도록 만든다. 진정한 선지자는 하나님을 경배하도록 인도하지만, 거짓 선지자는 정치 지도자나 정치권력을 실행하는 정부를 숭배하도록 만든다. 둘째 짐승이 권세를 받아서 큰 표적을 행하는 궁극적인 목적은 첫째 짐승을 숭배하도록 하기 위함이다.

1세기 소아시아 지역에 속한 일곱 교회는 이러한 거짓 선지자들의 활동에 깊은 영향을 받고 있었다. 소아시아의 대부분 도시에는 로마의 신들과 황제에게 헌정된 신전들이 있었다. 버가모에 처음으로 로마의 신전이 세워진 이후로, 각 도시마다 로마와의 관계를 형통하게 하기 위해 경쟁적으로 도입하기 시작하였다. 황제 숭배의 압력이 로마로부터 본격적으로 가해지지 않았지만, 소아시아 지방 정부와 토착 세력이 자발적으로 추진했다. 교회 외부에서 다가오는 이러한 압력에 부응하며, 공동체 내부에서 발람과 이세벨과 니골라로 대변되는 거짓 교사들과 선지자들이 현실적인 논리로 설득을 하기 시작했다. 그 결과 교회들은 정체성을 상실할 위기에 빠질 정도로 타협하고 동화되기 시작했다. 21세기 우리의 현실에서 둘째 짐승이 어떻게 활동하고, 어떤 논리로 교회를 타락하게 만드는지 분별하는 능력이 요구된다. 첫째 짐승은 담대하게 하나님을 대적하여 말한다. 둘째 짐승은 첫째 짐승의 주장을 건전하게 설복시키는 역할을 한다. 성도에게 분별력이 필요한 이유이다.

셋째, 땅의 짐승은 어떻게 우상에게 생기를 주고 말하게 하는가? 1세기 지중해 사회에서 마술은 다양하게 사용되었다. 복화술과 거짓 번개와 같은 현상들은 신전이나 로마 황궁, 로마 행정관들의 관저에서 시행되던 마술이다(행 13:6-12; 16:16; 19:19). 이러한 권세를 사용하여 짐승의 통치를 대변하는 정부나 정치세력을 신격화시킨다. 우상을 만들고 우상에게 숭배하도록 만든다. 우상은 로마 황제의 신상이나 그리스 로마의 신들에 국한되지 않는다. 1세기 소아시아를 시공간적으로 초월하며, 하나님을 대체할 수 있는 대상은 다 우상이다. 특히 경제적 풍요와 정치적 안정과 개인의 복지를 제공하면 어느 시대든지 어느 곳이든지 매력적인 우상이 될 수 있다. 이 우상을 교회도 얼마든지 받아들여서 합리화할 수 있다.

넷째, 바다짐승의 표를 받게 한다(16, 17절). 첫째 짐승의 우상을 숭배하지 않는 자는 몇이든지 다 죽이게 한다(15절). 그리고 이 짐승의 표를 오른손이나 이마에 받게 만든다. 둘째 짐승은 '우상을 숭배하지 않는 자는 다 죽인다'. 이 표현은 다니엘 3장에 신상(神像)을 세운 느부갓네살을 반영한다. 유대 문헌에서 느부갓네살은 '나는 주 하나님이다'라고 주장하고(Midr. Rab. Cant. 7.9.1), 신상을 '큰 용'이라고 한다(Midr. Rab. Gen 68.13). 로마 황제 트라야누스는 황제 숭배를 거절하는 자들을 다니엘의 세 친구와 비교하면서 자신을 느부갓네살의 후손이라고 말한다(Midr. Rab. Eccles. 3.16.1-17). 느부갓네살은 신상에 절하지 않는 다니엘의 세 친구를 풀무불에 넣어 버렸다. 따라서 요한은 다니엘의 세 친구와 우상숭배를 강요받는 사회에서 핍박을 받는 그리스도인들과 연대감을 형성하게 만든다. 초기 기독교는 핍박에 직면한 성도들에게 다니엘 3장의 풀무불 에피소드로 용기를 북돋아 주었다 (4 Macc 13.9-18; 16.21-25; 3 Macc 6.6 이하).

요한 당시의 소아시아 지역에서는 제국 제의에 충절을 공공연히 표현하는 문화가 점차 강도를 높여 가고 있었다. 그래서 주민들이 다양하게 제국 종교를 후원하도록 지방 관료들이 법을 제정하는 관례가 정형화되다시피 하였다. 특히 도미티아누스 황제 이후로 이러한 문화가 확산되기 시작했다. 기념일과 축제일, 황제의 생일과 방문, 또한 자발적 결성 모임이나 길드 조직의 기념일에도 우상숭배 참여가 요구되었다. 주후 90년경 에베소에 도미티아누스의 거대한 신상이 섰다. 온 도시가 기념행사에 참여하도록 포고문이 내렸다—"모든 시민들은 시와 제국 제의에 할당된 몫이 있었다." 심지어 축제 행진이 진행되는 거리에 있는 각 집마다 외부에 제단을 만들어서 제사를 봉헌하도록 요구했다. 버가모와 다른 도시에서도 수많은 제국 제단이 발견되었는데, 이는 당국의 포고문이 실재하였음을 시사한다.

마카비 문헌은 계시록 13장 15-17절을 잘 이해할 수 있는 증거를 제공한다. 특히 소아시아에 살고 있던 그리스도인들의 상황이 조명된다. 악한 헬라 왕이 다음과 같이 포고를 내렸다—"그들 [유대인의] 자신의 성전에 들어가는 것은 제사를 드리지 않을 모든 자들에게 거절될 것이요, 모든 유대인들은 일반 백성처럼 호적 등록을 해야 하고, 저항하는 자들은 강제 포획되어서 사형에 처할 것이요, 따라서 호적 등록이 된 자들은 디오니시우스의 상아로 만든 나뭇잎 상징으로 표시를 할 것이요 이들은 권리를 제한하여 따로 구별될 것이라… 만일 누군가 [디오니시우스] 의식에 입문한 이들 [이교인들]의 공동체에 들어가려고 선출이 되어야만 한다면, 그들은 알렉산드리아인들과 같은 동등한 [경제적이고 정치적인] 권리를 가져야 할 것이다. … 어떤 이들 [유대인들] … 왕에게 주저없이 동의하여 왕과 원만한 관계를 맺음으로 큰 영예를 얻을 것으로 기대한다. 그렇지만 고귀한 영은 그들의 종교적 준수사항에 대다수가 경도되도록 부추길 것이고, 그들이 괴로움을 겪지 않고 평온히 살 수 있도록 돈을 지불함으로서 그들은 호적을 면제받을 수 있다. …"(3 Macc. 2.28-32).

신실한 그리스도인들이 체감하는 사회적 압박은 엄청났을

것이다. 핍박받고 순교당하거나 최소한 시민 사회 활동이나 경제 활동에 상당한 지장을 받았다. 특히 우상숭배를 공공연히 표현하는 행사에 참여하기를 거부했을 때에 이러한 압박감은 생존을 위협했을 것이다. 아직 보편적인 순교 상황에 이르지 않았더라도 군대나 공직에 봉직하는 그리스도인들은 황제 숭배의 특별한 요구에 직면하였을 것이다(Dio Cassius 67.14; Eusebius H.E. 3.32-35; Suetonius *Domitian* 15). 정부의 적으로 비난을 받았던 그리스도인들도 동일한 요구에 직면하였다(참조. Pliny, *Letter to Trajan* 10.96). 이러한 요구를 거절하는 자들은 계시록 2장 13절의 안디바처럼 중형에 처해졌다. 이러한 상황이 모든 그리스도인들에게 다 닥쳤다고 볼 수는 없지만 각 지역이나 각 계층에 따라서 점점 강도를 더해가며 다가왔을 것이다.

    계시록 13장은 짐승의 숭배만을 문제 삼지 않는다. 땅에 거하는 자들은 짐승을 숭배할 뿐 아니라 다른 사람들도 숭배하기를 강요한다. 미혹하는 말과 경이로운 행동에 동조하지 않는 자들에게는 죽음의 그림자가 드리울 것이다. 짐승 숭배자들이 온통 주위를 둘러싸고 있으며, 사회의 각 계층을 막론하고 이 행위에 참여하고 있다(참조. 6:15; 19:5, 18; 20:12). 짐승 숭배자들은 오른손과 이마에 인을 받았다(참조. 14:9, 11; 16:2; 19:20; 20:4). 어린 양과 하나님의 이름으로 인을 치고 어린 양과 함께 서 있는 자들과 확연하게 구별된다(14:1; 참조. 22:4). 짐승의 인은 짐승 숭배자들에게 강제적으로 부과된다(16절). 짐승의 이름이나 이 이름의 숫자(666)가 없이는, 사고파는 것이 불가능하게 될 것이다. 하지만, 어린 양의 피로 '산'(구입한) 자들은(5:9; 참조. 14:3) 마땅히 다르게 행동해야만 할 것이다(참조. 막 10:42 이하).

**짐승의 수 666(16-18절)** 용과 바다짐승과 땅의 짐승은 사탄의 삼위일체를 이루어 666체제를 구축한다. 짐승의 수 곧 사람의 수인 666의 표를 오른손이나 이마에 받지 아니한 자들은 매매를 못하게 된다.

오른손과 이마에 받는 표는 노예나 군인 또는 개종자에게 문신을 새기는 고대 사회의 관습을 인유하는 표현이다(Lucian, *De Syria Dea* 59; Plutarch, *Pericles* 26; Herodotus 2.113; 7.233). 따라서 표는 소유 개념 또는 신실한 추종자의 표시이다. 기독교를 공식적으로 핍박하였던 로마 황제 데키우스(주후 249-251년 재위)와 디오클레티아누스(주후 284-305년) 시대에 오면 황제에 충성을 보이고 제국 종교의 의식에 참여하는 자들에게 신분증이 발급되었다고 한다(Hunt & Edgar, *Select Papyri II*. 352-55).

표는 일종의 '승인도장'이다. 로마제국의 정치적, 종교적 요구에 부응하는 자들에게만 부여하는 표이다. 이 표를 가진 자들만이 거래를 할 수 있다. 거래 계약서나 동전에 황제의 두상이 각인되어 있다. 이러한 방식으로 황제의 통치가 현실적인 삶에 효력을 발휘하였다. 황제 숭배를 거부하는 자들에게는 황제의 통치 영역에서 일상생활에 제한을 당한다. 황제의 통치에 순응하게 만드는 강력한 수단이다. 지역 사회가 박해하는 상황에서, 그리스도인들은 상업 행위에 상당한 수준의 제한을 받을 수밖에 없었다. 어느 도시에 직물이나 귀금속 등의 무역이 집중적으로 이뤄지고 있다면, 매매를 하기 이전에 황제의 형상에 숭배하고 표를 받아야 매매에 참여할 수 있다. 또한 길드의 수호신에게 경의를 표하지 않는다면, 길드 조합원과의 거래가 불가능하다. 또한 시장이 형성되는 아고라 주변에 신들에게 제의를 드리는 신전들이 있었다. 아고라에 들어가기 이전에 표를 받고 거래에 참여하도록 하였을 것이다. 이러한 상황에서 그리스도인은 빈곤에 처하고 사회 주변부로 밀려날 수밖에 없었을 것이다(계 2:9; 6:5-6).

'이마의 표'는 무엇을 상징하는가? '이마의 표'는 7장에서 14만 4천의 이마에 새긴 인(印)의 패러디이다. 이마의 표는 짐승의 표이고 그 이름의 수이다. 진정한 신자의 이마에도 신적 이름이 새겨진다(3:12; 14:1; 22:4). 따라서 신자에게 새긴 인(印)과 불신자에게 새긴 표는 서로 비교하도록 의도되어 있다. 이마의 표는 짐승의 수다. 그리고 바로 다음 14장 1절에 14만 4천이 등장한다. 이사야 44장 5절(칠십인역)은 하나님의 영을 말세에 받는 각 사람은 "그의 손에 '나는 하나님의 것이다'라고 새기게 될 것이다"고 한다. 짐승의 표는 짐승의 통치를 받고 짐승에게 충절을 바치는 표시이다. 성도의 인은 무엇을 의미하는가? 예수와 신자가 동일시되는 표시이다. 성령의 인치심이다(엡 1:13). 예수는 그 이름이 새겨진 신자를 보호하시고 결국 미혹을 받게 하지 않는다. 신자는 짐승과 동일시되기를 거부한다. 짐승의 통치를 거부하고 그리스도의 통치를 받는다. 신자가 살아가는 현실에서 그리스도와 동일시된다는 것은 고난과 순교를 의미한다. 짐승과 동일시되어 통치를 받는 자들은 짐승의 미혹을 받아서 그 권세 아래 속한다. 이 세상에서 번영과 안전을 보장받는 대신 영원한 죽음을 그 대가로 받을 것이다.

다니엘 11장 3절과 12장 10절은 말세를 사는 성도에게는 지혜(지혜로운 통찰력)와 총명(이해력)이 필요하다고 교훈한다. 정말 지혜와 총명이 필요한 영역은 짐승의 정체를 분별하는 것이다. 짐승과 같은 악한 통치자가 등장한다. 사탄의 대리인이다. 그는 하나님을 대적하고 비방하며, 하나님 백성을 핍박한다. 왜? 자신의 통치에 가장 큰 걸림돌이기 때문이다. 짐승의 나라와 하나님 나라는 양립할 수 없다. 이 둘 사이에 평화와 공존의 여지는 전혀 없다. 한쪽이 멸망을 당해야 둘 사이의 갈등은 끝이 난다. 생존을 건 전면전이 다방면에서 펼쳐진다. 사탄의 통치를 합법화 시키고 대중적인 인지도와 파급력을 가지도록, 악한 통치자를 지지하고 선전하는 종교 지도자가 등장한다. 이 둘은 환상의 짝이 되어 하나님의 백성을 핍박하고, 하나님 나라를 멸하려고 한다. 하나님 백성이 인(印)을 받아서 하나님의 보호 속에 있듯이, 짐승은 자신을 추종하는 자들이 표를 이마에 새기게 만든다. 이 표를 받은 자들만이 서로 매매를 할 수 있다. 이 표를 받지 않는 자는 죽임을 당한다. 이 죽임은 육체적인 죽임만을 의미하지 않는다. 정치, 사회, 경제를 포함하여 활동할 수 있는 삶의 환경으로부터 단절을 의미한다.

그러면 누가 짐승이며, 짐승이 인간에게 강요하는 표는 무엇인가? 하나님의 이름과 권위를 사칭하여 군림하는 자들과 이들을 선전하고 정당화하는 거짓 선지자들을 분별하는 지혜가 필요하다. 요한은 다니엘을 따라서 짐승의 정체성과 능력을 지각하고 분별하는 통찰력이 필요하다고 강조한다. 그 시대는 역사의 끝에 있을 시기만을 지칭하지 않는다. 다니엘이 이미 예언하였다. 예수 그리스도를 통해 이 땅에 하나님 나라가 세워졌다. 새로운 하나님 백성이 창조되었다. 이때부터 사탄이 최후의 운명을 맞이할 때까지 지혜와 총명이 필요하다. 그래서 요한은 계시록 17장 9절에서 바벨론의 멸망을 그리면서, 바벨론과 같은 정부와 정치가 어떻게 하나님 백성을 미혹하고 활용하는지를 분별하라고 경고한다. 사악한 통치구조와 정치 지도자는 창세기 11장의 바벨탑 이래로 늘 존재했다. 이들의 통치 이데올로기를 정당화시키고 합리화시키는 거짓 선지자들도 늘 이들 권력의 주변에 있었다. 예수 그리스도의 죽음과 재림 사이에 존재하는 하나님 백성의 공동체는 이러한 시대를 볼 수 있는 통찰력이 필요하다.

### 666은 무엇인가?

계시록 15장 2절에 '짐승과 그의 우상과 그의 이름의 수를 이겼다'는 내용으로 보아서, 666은 첫째 짐승의 수이다. 666을 해석하는 다양한 시도들이 이때까지 많았다. 여기서는 666을 해석하기 위한 기본적인 지침을 먼저 정하고, 이 지침에 따라 해석을 하고자 한다. 첫째, 가장 우선적인 해석 원칙은 본문 자체에서 의미를 발견한다는 것이다. 본문을 해석하기 이전에 종말론적 견해나 특정한 교리를 본문에 주입하는 것은 억지 해석이다. 둘째, 당시 자료들을 참조해야 한다. 계시록 이외에 신구약이나 당시 유대 묵시 문헌 그리고 당대 로마 저자들에게서 참조할 수 있는 자료들을 고찰하여야 한다. 셋째, 무엇보다 1세기 독자들이 이해할 수 있는 해석이어야 한다. 당대 독자들이 이해할 수 없는 666 해석은 계시록의 의도를 망각하는 것이다. 비밀을 풀어야 알 수 있는 비의문서로 계시록을 전락시키면 안 된다. 넷째, 오늘날 우리에게 666은 무엇인지를 파악할 수 있는 실마리를 제시하는 것이다. 그래야 오늘날 우리가 계시록을 읽어야 하는 상황적합성이 있다.

**구약과 계시록의 실마리** 666을 해석할 때에 핵심적인 열쇠는 계시록 21장 17절이다—"그 (새 예루살렘) 성곽을 측량하매 백사십사 규빗이니, 사람의 측량 곧 천사의 측량이라." 반면에 666은 짐승의 수 곧 사람의 수이다. 이 둘 사이에 어떤 대조점이 있는가? 짐승의 수 666은 인간을 짐승으로 격하시킨다. 반면에 새 예루살렘은 인간을 천사의 수준으로 격상시킨다. 즉 이 땅에 활동하는 전혀 다른 두 체제를 나타낸다.

이미 언급했듯 성경에서 숫자 6은 불완전한 수이고 사탄의 수이다. 첫째, 인간이 6일에 창조되어, 7일이 없다면 불완전하다. 둘째, 다니엘 3장에 등장하는 신상(神像)의 높이가 60규빗이고 넓이가 6규빗이다. 계시록 13장에서 요한이 구약을 인유할 때에, 다니엘서를 거의 3분의 2를 사용한다는 점은 의미심장하다. 따라서 요한이 666을 언급할 때에, 느부갓네살의 신상을 염두에 두고 있다고 생각하는 것은 자연스럽다. 느부갓네살은 애굽의 바로와 더불어 계시록 13장에 등장하는 첫 번째 짐승의 원형과도 같은 존재이다. 바로는 이스라엘 전승에서 뿌리 깊은 하나님의 대적으로 기억되어 왔다. 반면에 느부갓네살은 요한 당시에도 생생하게 기억될 수 있는 하나님 백성의 대적이다. 성전을 멸망시켰고 하나님 백성을 포로로 바벨론에 잡아갔다. 무엇보다도 느부갓네살은 절대왕권으로 자신을 우상화시키고, 자신의 통치 아래 있는 모든 부속민으로 하여금 그 앞에 절을 하게 만들었다.

셋째, 솔로몬의 왕권이 절정에 달했을 때에 축척한 금의 달란트가 666달란트이다(왕상 10:4). 이후에 솔로몬은 왕이 지켜야 할 하나님의 법을 어긴다. 신명기 법전에 왕이 하지 말아야 금기사항으로 명시한 것을 외면하고, 금과 말과 마차와 외국 왕비, 그리고 우상숭배에 빠진다(신 17:14-17). 여기서 666은 우상숭배와 경제적 악을 통한 왕권의 왜곡을 상징한다.

넷째, 세 가지 연속적인 심판 시리즈에서 여섯 번째 심판은 모두 다 짐승의 추종자들에 대한 심판이다. 반면에 일곱 번째는 모두 다 하나님 나라가 종합적으로 완성되는 장면을 묘사한다. 그래서 666은 하나님의 진노를 불러일으키고 심판을 받을 짐승의 정치, 경제, 종교 체제로 볼 수 있다. 666은 짐승의 불완전함이 완전함을 나타내는 상징적인 수이다. 짐승은 신적인 완전을 성취하려고 하지만 실패한다.

이러한 증거들은 무엇을 제시하는가? 666은 단순히 숫자의 나열이 아니라, 사탄의 통치를 상징적으로 드러낸다. 하나님을 대적하여 자신을 높이고 우상화하며, 하나님 백성을 핍박하며, 정치, 경제, 종교 권력을 독점하고 인간을 조종하여 노예화시키고 군림하는 전체주의적인 체제를 말한다. 666은 하나님 나라를 대항하는 사탄 통치의 불완전함과 불완결함을 나타내는 패러디이다. 아무리 권력을 극대화시키고 자신을 우상화해도 불완전하고 결핍된 존재일 뿐이다.

**수비학(數祕學)의 세계**[10]  1세기 독자들에게 666은 무엇으로 인식되었겠는가? 여기서 로마황제 네로의 이름과 전설은 계시록 13장을 이해하는 핵심적인 실마리를 제공한다. 비록 네로의 이름이 계시록에 직접 등장하지 않지만, 상당한 관련성이 있다. 수비학은 고대에 흔히 통용되던 방법이다. 숫자와 사람, 장소, 사물 사이에 숨겨진 의미와 연관성을 탐구한다. 유대 기독교 사회에서 '게마트리아'(Gematria)는 히브리어나 헬라어의 알파벳이나 단어가 가진 숫자의 가치로 숨겨진 의미를 드러낸다. 따라서 "총명한 자는 그 짐승의 수를 세어 보라"고 말할 때에, 요한은 독자를 게마트리아의 세계로 초대하고 있다. 예를 들면 폼페이에서 발견된 벽 낙서에 '나는 소녀를 사랑하는데, 그 숫자는 545이다'가 있다. 일종의 암호로 수수께끼를 만들어 읽는 사람이 풀도록 초대한다.

네로 황제를 헬라어에서 히브리어 문자로 번역하면 총합이 666이다.

נרון קסר =50+200+6+50+100+60+200

짐승이라는 헬라어 단어(θηρίον)를 히브리어로 음역하면 666이 된다.

תריון =400+200+10+6+50

즉 짐승의 수=사람의 수=네로 황제를 666을 통해 표현한다. 헬라어 단어를 히브리어로 번역하여 수적 가치로 표현한 경우는 유대 기독교 묵시 전승에서 종종 사용되었다(3Baruch 4.3-7). 짐승의 수나 네로의 수는 616으로도 계산할 수 있다. 그런데 666을 선호하는 이유는 무엇일까? 666이 수학적 특성을 가지고 있기 때문이다. 특히 피타고라스의 도형수에 따르면, 666은 이중 삼각수(666은 36의 삼각수이고, 36은 8의 삼각수이다. 삼각수는 정삼각형 모양으로 배열할 수 있는 수로 1, 3, 6, 10, 15, 21, 28, 36 등이다)이다. 이러한 도형수는 조선시대 선비 이재 황윤석(1729~1791)의 《산학입문》에도 등장하는데 피타고라스는 수를 삼각형, 정사각형, 직사각형과 같은 도형의 점들과 연결하여 기하학적 패턴을 만들어 내었다. 피타고라스의 도형수는 알렉산드리아의 필로도 알고 있었고, 또한 주후 2세기의 서머나의 데온의 작품이나 거라사의 니코마쿠스의 작품에도 나타난다. 따라서 1세기에도 알려졌다고 볼 수 있다.

**짐승과 네로**  계시록 13장 1절에서 짐승은 일곱 머리와 열 뿔을 가지고 있다. 일곱 머리 중에 하나가 치명상을 입고 죽었다가, 다시 살아났다. 그러나 일곱 머리 중에 몇 번째 머리인지를 밝히지 않고, 수수께끼로 남겨 둔다. 17장에서 일곱 머리에 앉은 음녀의 멸망을 설명할 때에, 구체적으로 그 머리가 누구인지를 밝힌다. 음녀는 로마이고 바벨론이다. 그러면 짐승은 누구인가? 666은 이중 삼각수로서, 여덟 번째 이중 삼각수이다(1, 6, 21, 55, 120, 231, 406, 666). 이 점에 착안을 하여, 요한은 짐승을 네로의 귀환 전설을 인유하여 설명한다. 짐승은 네로이다. 이중 삼각수에 6이 두 번째 들어 있고, 여덟 번째 이중 삼각수가 666이다. 네로는 로마의 일곱 황제 중에 하나로서 여덟 번째 황제로 다시 돌아온다.

짐승은 "전에 있다가 지금은 없으나 장차 올 자"이다(17:8, 11). 이는 예수 그리스도의 파루시아에 대한 패러디이다. 예수는 "전에도 계셨고 이제도 계시고 장차 오실 이"(4:8; 11:17; 16:5)이시다. 숫자 8은 종말론적으로 중요한 의의를 지니고 있다. 1세기 당시 유대 문학에서 옛 창조의 일곱 번째 날에 이어 여덟 번째 날은 새 창조의 날을 대변한다(에녹 2서 33:1-2; 바나바서 15:9). 초대 교회는 숫자 8에 새 창조의 의미를 부여하여 예수의 부활하신 요일로 주일을 여덟 번째 날로 지켰다(바나바서 15:9; Justin, Dial, 24:1; 41:4; 138:1). 이러한 측면에서 짐승이 죽었다가 여덟 번째 머리로 설정을 하는 것은 종말론으로 함축된 의미를 부여하고 있다는 뜻이다. 귀환한 네로인 짐승은 최후 심판에 앞서 오실 그리스도의 종말론적 재림에 대한 사탄적 라이벌이자 패러디이다. 예수 이름의 헬라어 수적인 가치는 888이다(SibOr 1.323-331). 666은 네로 황제의 히브리어의 수적 가치이고, 888은 예수 이름의 헬라어의 수적인 가치이다. 기하학의 이중 삼각수로서 666은 종말론적 숫자 8로 환원된다.

**짐승과 새 예루살렘**  계시록 13장 18절의 666과 계시록 21장 17절의 새 예루살렘 사이에는 병행관계가 분명히 있다.

| 계시록 13:18 | 666 | 사람의 수 | 짐승의 수 |
| 계시록 21:17 | 144 | 사람의 측량 | 천사의 측량 |

666은 짐승을 나타내고, 144는 새 예루살렘을 나타낸다. 새 예루살렘은 장소이기도 하지만 대제사장의 의복으로 치장되어 있다(계 21:18.20). 새 예루살렘에는 성전이 없다. 하나님과 어린 양이 곧 성전이다. 무엇을 의미하는가? 새 예루살렘은 장소의 개념보다 그 이상을 나타낸다. 즉 새 예루살렘은 성전(하나님의 임재)을 섬기는 제사장으로서 하나님의 백성을 나타낸다. 하늘의 하나님 보좌에서 섬기는 자들은 천사들이다. 이제 인침을 받은 하나님의 백성이 하나님 보좌 앞에서 섬기는 모습이다. 따라서 새 예루살렘은 하나님의 임재와 더불어 사는 하나님의 백성이다 (계 21:3).

계시록 21장 17절의 측량은 계시록 13장 18절의 계산의 다른 면을 부각시킨다고 볼 수 있다. 이 두 구절 사이의 병행과 대조가 확실하게 보여 주는 바는 무엇인가? 666은 여덟 번째 이중 삼각수이다. 반면에 144는 12의 배수로서 정사각수이다. 숫자 12는 새 예루살렘을 묘사할 때에, 반복하여 사용된다(21:12-22:2). 144는 새 예루살렘에 거주할 자들로서 인침을 받은 어린양의 군대 14만 4천과 관련이 있다. 144는 새 예루살렘을 측량한 수치이다. 계시록 21장 16절에서 새 예루살렘은 정사각체이고 입방체이다. 666은 인간이 저하되어 짐승의 수준으로 변질된 인류를 대변하고, 144는 인간을 천사의 위치로 승귀시켜 변화된 인류를 대변한다. 짐승의 수순으로 저하되어 변질된 인류는 숫자 666을 이마에 새길 것이고, 새 예루살렘에서 천사의 수준으로 승귀되어 변화된 인류는 12의 정사각형에 의해 둘러질 것이다. 이러한 측면에서 요한은 짐승과 새 예루살렘 사이의 주도면밀한 병행과 대조로 상상력을 발휘하도록 초청하고 있다.

계시록 13장에서 용을 대리하는 짐승은 성도들과 더불어 싸워서 이긴다. 그 결과로 짐승의 통치에 속한 자들에게 666을 이마나 오른손에 새기게 만든다. 전체주의적인 통제와 조종이 가능하도록 만든다. 하지만 이야기는 여기서 끝나지 않는다. 짐승을 기술한 직후에 계시록 14장 1절에서 어린 양과 14만 4천이 시온산에 짐승과 마주 대하여 전쟁을 벌이고, 그다음에 승전가를 부른다. 짐승을 숭배하는 자들은 모두가 이마나 오른손에 그 이름 또는 이름의 수가 표시된 반면에(13:16-17), 14만 4천은 이마에 어린 양과 아버지의 이름이 표시되어 있다(7:3-8). 이는 분명한 병행 관계이다. 14만 4천은 666과 대척관계를 형성한다. 하나님 백성의 수인 정사각수가 짐승의 수인 이중 삼각수를 대적하여 서 있다.

**계시록의 직사각수**  삼각수는 짐승의 수이고, 정사각수는 하나님 백성의 수이다. 그러면 직사각수는 무엇에 사용되는가? 직사각수는 특정 시간과 기간을 표시하는 용도로 활용된다. 계시록에서 마흔두 달과 1,260일은 묵시적 기간이다(11:2, 3; 12:6; 13:5). 즉 3년 반이다. 이 기간은 짐승이 성도를 핍박하는 기간이고(계 13:5-7), 광야에서 여자가 하나님의 보호와 양육을 받는 기간이다(12:6, 14). 11장에서 이방인이 거룩한 도성을 마흔두 달 동안 짓밟고(11:1-2), 두 증인은 동일한 기간에 세상에 예언적 증언을 하는 기간이다(11:3). 이 기간은 짐승의 시간이기도 하고 하나님 백성의 시간이기도 하며, 짐승이 통치하는 기간이기도 하고(13:7), 교회가 신실하게 증언하는 기간이기도 하다(15:2). 삼각수가 짐승의 수이고, 정사각수가 하나님 백성의 수라면, 직사각수는 짐승과 성도가 서로 대적을 하는 기간의 수이다. 짐승이 성도를 핍박하고 해를 가해도, 그 영혼은 보호를 받으며, 도성을 짓밟아도 성소는 보호를 받는다.

이 기간은 다니엘서에서 차용한 기간이다—"한 때, 두 때, 반 때"(단 7:25; 12:7). 다니엘서는 동일한 기간을 1,290일 또는 1,335일로 표현한다(12:11, 12). 왜 요한은 다니엘을 정확하게 따르지 않는가? 이는 피타고라스의 도형수로 짐승과 하나님 백성과 묵시적 기간을 표현하려는 의도를 가지고 있었기 때문이다. 요한은 42와 1,260를 사용할 때에도, 주도면밀하게 구분하여 사용한다.

42는 숫자 6의 직사각수(직사각형 모양으로 배열할 수 있는 수. 예. 2, 6, 12, 20, 30, 42, 56, 72)이다. 그리고 42에 대응하는 정사각수 36은 666의 근이다. 36은 정사각수이면서도 삼각수이다. 직사각수 42는 숫자 6과 관련되어 있고, 특히 666과 연결된다. 그래서 요한은 숫자 42를 짐승이 성도를 짓밟고 통치하는 기간으로 사용한다. 반면에 직사각수 1,260은 35×36이고, 짝수의 70까지의 합이다. 1,260에 대응하는 정사각수는 1,225이다. 1,225는 1과 36 다음 차례의 삼각수(정삼각형 모양으로 배열할 수 있는 수. 예. 1, 3,

6, 10, 15, 21, 28, 36 등)이자 정사각수(정사각형 모양으로 배열할 수 있는 수. 예. 1, 4, 9, 16, 25, 36, 49, 64 등)이다. 1,225는 49의 삼각수이다. 49는 7×7로서 유대 묵시문학에서 희년의 수로 사용된다. 그래서 요한은 1,260을 교회가 신실하게 증언을 하고 양육을 받으며 보호를 받는 기간으로 사용한다. 특히 36과 1,225는 삼각수이자 정사각수이다. 이는 짐승과 하나님 백성 사이의 대결을 의미한다. 그래서 하나님 백성과 짐승 사이에 분쟁을 하는 묵시 기간으로 36과 1,225에 대응하는 직사각수 42와 1,260을 사용한다.

**666 이해** 666은 1세기 독자에게 일차적으로는 네로를 뜻한다. 하지만 계시록이 기록될 당시에 네로는 이미 죽었다. 그가 다시 돌아온다는 풍문이 돌고 있었다. 실제로 네로 이후에 베스파시아누스와 티투스와 도미티아누스는 제국을 이전보다 더 안정되고 부강하게 만들었다. 그렇다면 계시록이 묘사하는 '666=네로'의 등식은 무의미한가? 당시 독자는 어떻게 이해하였을까? 상상력이 필요하다. 네로는 2세기 이전까지 기독교를 로마제국 차원에서 핍박한 최초의 인물이다. 또한 전반적으로 포악한 전제군주로 평가받는다. 자살을 한 그는 로마제국의 동쪽 지역에서 대중적 지지도가 높았다. 네로가 당시 로마의 최대 위협이었던 파르티안과 아르메니아 왕국의 군대를 이끌고 돌아와서, 로마제

국을 정복하고 통치할 것이라는 풍문이 동방에 만연하였다. 이러한 전설은 네로 사후에 혼란기를 겪고 있다가 베스파시아누스 통치 이후로 안정을 되찾던 로마제국에 불안 심리를 조장하였다. 요한은 이러한 당시의 대중심리를 이용하여, 짐승의 이미지를 창출했다. 짐승의 실제적인 모델로서는 안성맞춤이다. 이것이 예수 그리스도의 죽음과 부활을 패러디한 계시록 13장에 나타난 짐승의 이미지이다.

계시록 17장에서 요한은 짐승의 이미지를 완전히 다른 각도에서 그리고 있다. 예수 그리스도의 최후 파루시아를 패러디하여(17:10), 짐승이 음녀 바벨론인 로마를 멸망시키는 역할을 부각시킨다. 역사적으로 네로는 다시 돌아오지 않았고, 오히려 도미티아누스 황제 시대로 접어들면서, 로마제국은 이전보다 더 정치적으로 안정되었고, 경제적으로도 풍요로웠다. 이러한 상황에서 로마제국은 그 누구와도 비견할 수 없는 권세를 발휘하였다.

그러나 로마는 짐승과 그 동맹군에 의해 멸망을 당한다(17:16). 하나님은 짐승에게 한시적으로 권세를 주어서 열국을 다스리게 하신다. 1세기 로마 상황을 배경으로 이해할 때에, 당시 독자들에게 짐승의 통치는 '하나님의 말씀이 응하는'(17:17) 시기까지만 계속될 것이다. 무엇을 의미하는가? 당대 그리스도인들에게 실질적인 위협이었던 로마제국은 결국 짐승에 의해 멸망을 당하지만, 짐승의 통치는 그리스도의 파루시아까지는 영속적이다. 그러면 독자들에게 666은 네로도 아니고 이후의 특정 인물도 아니다. 세상 나라의 배후에서 권세를 부여하여 대리 통치하는 짐승이다. 짐승의 표인 666은 사탄의 속성이 그대로 드러나는 사탄의 통치 이데올로기이다.

따라서 우리도 666을 이러한 맥락에서 이해하여야 한다. 666을 특정한 인물이나 바코드, 베리칩과 같은 특정 과학기술로 이해하는 것은 어리석다. 666은 그리스도의 십자가와 부활에 기초한 하나님 나라가 이 땅에 세워진 이후부터 그리스도의 최후 파루시아까지 세상을 통치하는 사탄의 통치 이데올로기이다. 짐승의 이데올로기의 결말은 권력의 신격화이다.

12장에서는 사탄은 용이다. 13장에서 첫 번째 짐승은 사탄의 정치적 대리인이다. 두 번째 짐승은 대중을 미혹하는 종교지도자이다. 이들 사탄의 삼위일체는 음녀 바벨론이라는 국가 체제를 통해 자신들의 권세를 발휘한다. 음녀 바벨론은 짐승의 이데올로기를 현실적으로 드러내는 현장이다. 짐승의 이데올로기는 정치적이다. 이는 사람들의 삶에 실질적으로 생생하게 영향을 주는 힘이다. 때로는 경제적 모습으로, 때로는 교육과 문화와 엔터테인먼트로 영향을 끼치는 힘이다. 이 힘은 광범위한 지지를 얻는다. 지극이 명백하고 상식적이며 정상적이라고 생각되게 만든다. 특정한 견해에 기반을 두면서도 널리 유행하여 대중적인 지지를 얻는다. 사람들은 이러한 이데올로기가 사람들을 미혹하는 영향력을 과소평가하지만 이데올로기는 권력을 가지거나 권력욕을 추구하는 집단의 기득권을 두둔하고 감싸준다. 그래서 지혜와 총명이 필요하다. 짐승의 통치 이데올로기에 저항하기 위해서는 시대를 읽는 통찰력과 선악에 대한 분별력이 요구된다. 지혜와 총명이 있는 자는 인간을 짐승의 수준으로 격하시키는 모든 정치 프로그램이나 이데올로기에 강력하고 신실하게 저항한다.

둘째 짐승의 역할은 선전 도구이다. 첫째 짐승이 지극히 정상적이고 심지어 훌륭함을 사람들에게 설득시키는 역할을 한다. 이에 대항하면 반사회적이고 이상한 대상으로 낙인 찍어버린다. 다수는 옳고 진리이다, 지배적인 생각이나 조류를 따르면 따를수록 편하고 안전하고 좋다, 저항하는 것은 반사회적이다 같은 이데올로기는 사람들이 보는 눈을 맹목적으로 만들어 버린다. 들을 귀를 닫게 만든다. 그리고 짐승의 통치를 주입하여 실행한다. 이데올로기에 길들여지고 중독된 인간은 맹목적이다.

조종을 당해도 모른다.

　　계시록의 두루마리 비전이 우리에게 제시하는 것은 무엇인가? 짐승의 통치가 조작하고 왜곡하며 감추고 있는 실체를 폭로시킨다. 모든 사람이 좋아한다고 무조건 옳지 않으며, 함부로 모방해서도 안 된다. 지각 있고 분별력이 있는 성도는 저항한다. 계시록은 저항문서이다. 짐승의 이데올로기에 저항하고 하나님 나라의 복음과 가치를 실현하며 살라는 저항문서이다. 저항하면 고난을 받는다. 심지어 죽임을 당한다. 그래도 저항하라고 한다. 그래야 이기는 자가 된다.

　　베리칩이나 로마 교황, 특정 사회나 집단의 철천지원수를 666으로 지목하는 것은 오히려 666의 본질을 왜곡시키고, 사탄의 의도에 역으로 휘말리는 행위이다. 베리칩이 666의 도구가 될 수도 있다. 인간을 짐승의 수준으로 비하시켜 버리는 기술이라면 그렇다. 교황이 현실에 나타난 666일 수도 있다. 인간을 짐승으로 격하시키고, 특정 이데올로기를 숭배하도록 조장한다면 그렇다. 666은 때로 자본주의의 모습으로, 때로는 사회주의의 가면을 쓰고, 때로는 민주주의의 이름으로 등장하여 사람들을 세뇌시키고 조종하고 통제한다. 666은 통치 이데올로기를 구현하는 모든 정치, 경제, 사회 시스템이다.

666은 21세기 한국 현실에서도 명맥하게 드러난다. 특정 정치인을 우상화하여 숭배하도록 만든다. 종교인들은 이러한 신격화를 부추기고 찬양하며 미혹한다. 특정 이데올로기가 진리이고 복음이라고 설파한다. 특정한 정치, 경제 체제를 기독교의 이름으로 추인하고 세례를 주고, 진리와 복음으로 만들어 버린다.

생명책에 기록된 자들은 짐승을 숭배하지 않는다. 그러나 생명책이 개봉되기 전까지는 생명책에 누구의 이름이 기록되어 있는지는 아무도 모른다. 그렇다면 현실에서 누가 인을 받은 자이고, 또한 생명책에 이름이 기록되었다고 말할 수 있는가? 압력에 저항하는 자이다. 이 압력에 저항하면 사회적 추방과 정치·경제 활동의 배제가 따른다. 그렇다 해도 따르기를 거부하는 자들이 인침을 받은 자들이다. 짐승의 표를 받은 자들은 제멋대로 활동할 수 있는 자유와 권세가 있다. 자신들의 세상을 만들어가고 있다. 이는 명백한 현실이다. 이에 저항하면 핍박을 받고 심지어 죽음을 각오해야 한다.

또한 두루마리 예언은 우리에게 저항하라고 요청한다. 하나님 형상으로 지음을 받은 인간을 비인간화시키고 짐승의 수준으로 격하시키는 모든 이데올로기와 체제에 저항하라고 요청한다. 그리스도에게 충성하고 짐승을 숭배하지 않고 신실하게 믿음을 견인하며 남아 있는 자들은 지혜로운 자들이다. 신실하게 남아 있는 근원은 참 하나님에 대한 얄팍한 모방을 일삼는 짐승의 정체를 지각하고 분별하는 지혜와 명철이다.

### 어린 양의 승전 드라마(14:1-5)

두루마리는 '하늘에서 이뤄진 하나님 나라가 어떻게 이 땅 위에 임하는가?'라는 주제에 초점이 맞춰져 있다. 하나님 나라는 전적으로 하나님의 주권적인 행위 속에 임한다. 하지만 교회의 수동적인 입장이 아닌 능동적이고 적극적인 참여가 요구된다. 하나님 나라가 이 땅에 임하는 데 두 가지 선결 요건이 있다. 하나는 열방이 주께 돌아오는 것이다. 두루마리는 이 주제를 풍부하고 창의적으로 담아내고 있음을 '열방의 귀환'이라는 단락에서 이미 살펴보았다. 이런 측면에서 두루마리는 선교적인 문서이다. 다른 하나는 13장에서 사탄이 구축한 삼위일체 666체제에 저항하는 것이다. 이러한 측면에서 두루마리는 짐승에 대한 저항의 문서이다. 이 점은 로마제국에 대한 저항이라는 주제로 17, 18장에 더욱 구체적으로 그림을 그리고 있다. 선교와 더불어 저항은 교회에게 맡겨진 책무이다. 이 점을 가장 잘 부각시키는 곳이 계시록 14장이다.

**14만 4천은 누구인가** 666만 묵상하면 666에 짓눌리게 된다. 14만 4천을 보아야 한다. 14만 4천이 666을 패배시키고 승리의 개가를 부르는 장면이 계시록 저자가 독자를 초청하는 곳이다. 계시록 13장 바로 다음에(14:1) 어린 양과 14만 4천을 배치한 것은 양 진영을 대조하기 위함이다. 어린 양이 시온산에 섰다. 어린 양은 하늘 보좌에서 하나님의 오른손에 들린 두루마리를 떼시기에 합당하신 분이었다. 어린 양이 사탄의 권세로부터 승리를 하셨다. 시온산은 성도들이 흠모하는 하늘의 도성이다(갈 4:25-27; 히 12:22-23). 시온산은 또한 하나님이 아브라함의 장자 이삭을 뿔이 달린 양으로 구출한 곳(모리아 산)이다. 아브라함의 후손에 대한 약속의 성취를 보증하는 곳이다. 유대 문헌에서 시온산은 메시아가 최후 완성 직전의 말세에 그 대적을 무찌르는 곳이다(2 Bar. 40:1; 4 Ezra 13:35-39). 계시록에서 시온산은 하늘에서 내려오는 새 예루살렘과 동일한 곳이다(21장).

이 표현의 배경은 시편 2편이다. 마지막 날에 하나님이 메시아와 왕을 '나의 거룩한 산 시온'에 세우실 것이다. 메시아는 거기서 불경한 자들을 심판하실 것이요 그를 경외하는 자들을 위한 피난처가 되실 것이다(시 2:6-12). 신약성경은 시편 2편을 예수 그리스도에게 적용해 예수가 십자가와 부활 이후에 시온산에 좌정하여 온 땅을 다스리는 적법한 성속자로서 통치하신다고 한다(행 13:32-35; 히 1:2-5; 계 2:25-28; 12:5). 예수의 십자가와 부활로 사탄은 결정적인 패배를 당하였다. 어린 양은 시온에서 통치하는 진정한 왕이다.

그리고 요한은 그다음을 보게 만든다. 어린 양과 함께 시온산에 서서 승리의 노래를 부르는 14만 4천이다. 이들 14만 4천은 누구인가? 어린 양의 성전(聖戰)에 참여하여 승리의 개가를 부르는 용사들이다. 14만 4천은 이미 7장에서 인침을 받은 자들로 열두 지파에서 각기 1만 2천씩 선별된 자들이다. 성경에서 인구조사는 엄격하게 제한되어 있다. 다윗이 인구조사를 하여 하나님의 진노를 받았다. 이 전승에 따라서 유대민족은 인두세를 부과하는 제국의 시도에 극렬하게 저항하였다. 그러나 성경에도 출애굽 때 인구조사가 있었다. 왜 이때는 허용이 되었는가? 이는 성전(聖戰)에 동원될 군사의 수를 헤아리는 것이다. 계시록에서 14만 4천은 종말에 남아 있을 인종적 유대인의 남은 자도 아니고 교회의 남은 자도 아니다. 오히려 전 세대를 통틀어서 사탄과의 전투에서 승리한 하나님 백성으로, 이들이 진정한 이스라엘이다. 어린 양의 보혈의 피로 속량을 받은 모든 그리스도인이 그들이다. 이들은 어린 양의 사탄과의 전투에 참여하여 승리의 개가를 부르고, 열방을 주께로 돌아오도록 인도하는 자들이다.

**14만 4천의 자격**　14만 4천의 네 가지 자격 요건이 있다. 땅에서 속량을 받은 자(계 14:3)의 의미를 구체적으로 밝힌다. 첫째, 여자와 더불어 더럽히지 아니하고 순결한 자, 둘째, 어린 양이 어디로 인도하든지 따라가는 자, 셋째, 처음 익은 열매로 하나님과 어린 양에 속한 자, 넷째, 그 입에는 거짓이 없고 흠이 없는 자이다.

첫째, "여자와 더불어 더럽히지 아니하고 순결한 자"는 전투에 참가하는 조건 중 하나이다. 신명기 23장 9-14절은 전투에 참가하는 군사들에게 전투 전 의식적인 정결을 요구하면서 성적 행위를 금지하고 있다. 다윗이 사울을 피하여 도망할 때에, 놉의 제사장 아히멜렉에게 먹을 것을 요구하였다. 아히멜렉은 진설병을 주는 조건으로 "소년들이 여자를 가까이만 하지 않았으면 주리라"라고 대답한다. 따라서 계시록의 이 표현은 아이러니한 성전(聖戰)을 싸우는 그리스도인 용사의 이미지이다. 이들이 '순결하다'는 것은 어떤 의미인가? "순결한 자"는 "음행"과 반대되는 말이다. 성경에서 음행은 우상숭배와 연관된다. 우상숭배에 참여하지 않음에 대한 은유적 표현이다. 음녀 바벨론과 타협하거나 동화되지 않은 자들이다.

둘째, "어린 양이 어디로 가든지 따라가는 자"에서 '따르다'

라는 단어는 제자도를 나타내는 용어이다(마 8:19; 10:38; 막 8:34; 눅 9:57; 벧전 2:21-22). 세상이 짐승을 따라가며 666을 받는 모습과는 대조적이다. 어린 양 예수의 삶의 방식과 가치를 따라 고난과 박해의 상황에서도 신실하게 따르는 자들이다. 어린 양을 따르는 삶은 순교에만 국한되지 않고, 삶의 현장에서 전적으로 어린 양에게 위탁된 삶을 고난과 역경과 박해에도 불구하고 살아가는 것이다.

셋째, 14만 4천은 "사람 가운데서 속량함을 받아 처음 익은 열매로 하나님과 어린 양에 속한 자"이다. 어린 양이 사람들 가운데서 성도들을 [어린 양의 보혈로] '구입하여' 하나님께 첫 열매로 드렸다(참조. 계 5:9). 구약에서 추수의 첫 열매는 먼저 추수하여 하나님께 성소에서 봉헌하는데, 이는 하나님께 특별하게 속한 것임을 보이고 또한 전체 나머지 분량도 하나님의 주권적 소유임을 의미 있게 나타낸다. 첫 열매의 봉헌은 나머지도 곧 하나님의 주권적 식량 조달 계획에 따라서 수확된다는 신앙고백이다. 14만 4천은 구원의 첫 열매로서, 열방이 주께 돌아오게 하는 자들이다.

넷째, "그 입에는 거짓이 없고 흠이 없는 자들이다". 이것은 이사야 53장의 야훼의 고난 받는 종의 특징을 인유하고 있다. "그 입에 궤사가 없었다." 종은 도살을 당하는 어린 양과 같이 곤욕을 당하여 괴로운 처지에 있는데도 입을 열지 않고 침묵하였고 강포를 행하고 거짓 증언을 하지는 않았다(사 53:7). "흠이 없다"라는 단어는 흠이 없는 희생제물에 사용되었다(민 6:14; 19:2). 그리스도는 흠이 없는 희생 제물이었다(벧전 1:19; 히 9:14). 신약에서는 하나님께 열납될 만한 신자의 삶에 적용된다(엡 1:4; 5:27; 빌 2:15; 골 1:22; 벧후 3:14; 유 24절). 이러한 성품은 예수를 증언을 할 때에 성도들의 고결함을 강조한다.

**14만 4천의 교훈**　사탄이 666의 삼위일체 체제를 구축하여 전제적인 통치를 하여도 어린 양에게 패배할 수밖에 없는 존재임을 14장은 말한다. 어린 양은 시온산에서 온 세상을 통치하는 궁극적인 승자이다. 13장의 사탄의 권세와 위력은 14장의 어린 양의 승리의 결과로 무색해지도록 극명하게 대조된다. 독자들은 14장의 결론을 통해 13장을 보아야 한다.

여기서 놓치지 말아야 할 중요한 점이 있다. 교회의 역할이다. 교회가 어떻게 어린 양의 종말론적 성전(聖戰)에 참여하여 승리의 개가를 부르는가? 피동적인 수혜자 또는 관망자의 역할이 아니다. 적극적이고 창의적인 참여자이다. 본문의 강조점은 어린 양에 있지 않고 14만 4천에 있다. 어린 양이 사탄과의 전투에 가장 중요하고 본질적인 주역이지만 여기서 한 문장으로 간략하게 언급하는 이유는 무엇인가? 어린 양의 전투에 참여한 14만 4천을 더욱 부각시키기 위함이다. 주연이 아닌 조연이 빛나는 장면이다.

14만 4천은 어린 양의 발자취를 따라서 신실하게 복음을 증언한 자들이다. 어린 양의 십자가와 부활의 패턴을 따라 제자도의 삶을 살았던 자들이다. 그리고 열방이 주께로 돌아오도록 하는 소중한 역할을 감당하는 자들이다. 14만 4천의 자격을 볼 때에, 어린 양의 추종자의 특성은 도덕적인 완전함에 있지 않다. 오히려 고난과 박해의 상황에서 신실하게 예수에 대한 증언을 감수하고 믿음을 고수하는 자들이다. 성도는 자신의 도덕적, 사회적, 종교적 신분과 성취로 인하여 어린 양의 보혈로 값을 치르고 속량되지 않았다. 속량을 입은 성도로서 도덕적 고결함을 유지해야 한다. 하지만 더 중요한 강조점은 희생적인 삶을 살았던 어린 양의 발자취를 따라 고난과 박해, 심지어 순교를 각오하고 따라가는 삶이다.

어린 양의 발자취를 따르는 충성된 군대로서 교회는 어린 양과 더불어 악을 정복하는 메시아 군대이다(14:1-5). 왜 이렇게 다른 이미지로 묘사하는가? 순교가 가진 아이러니를 극대화시켜 부각하기 위함이다. 한편으로는 증인이 허무하게 죽임을 당하고 짐승이 명백하게 승리한 듯이 보이나 순교는 사실상 순교자들이 짐승을 정복하고 승리하는 반전 드라마이다. 순교자는 눈에 보이기에는 패배하였지만, 실상은 승리하였다.

순교를 통한 짐승의 정복이라는 주제는 계시록 14장 1-5절에서 간략하지만 함축적으로 묘사되어 있다. 14만 4천은 시온 산에서 어린 양과 더불어 승리의 개가를 부른다. 이는 새로운 모세의 노래이자, 어린 양의 노래(계 15:2-4)이다. 여기에 요한은 마지막 터치를 하여 전체 그림을 완성한다. 계시록 14장 5절에서 군대 이미지는 신실한 증인의 이미지(그들의 입에서 거짓을 찾을 수 없다)와 더불어 희생제사의 이미지(그들은 흠이 없다)와 융합된다. 증인들의 순교는 성전(聖戰)이요, 예언적 증언이며, 또한 희생제사임을 의미심장하고 함축적으로 묘사한다.

### 세 천사의 복음과 심판 선포(14:6-13)

어떻게 짐승과 어린 양의 대결이 열방에 효력을 미치는가? 그 효력은 하늘과 바다/땅 사이에 날아다니는 세 천사들의 메시지로 표현된다(14:6-11). 마귀는 하늘에서 쫓겨났다. 이제 사탄은 바다와 땅을 자신의 통치 영역으로 삼고자 최후의 발악을 한다.

이러한 전선이 형성되어 있는 곳에, 세 천사는 영원한 복음을 선포한다. 영원한 복음은 열방에 참되신 한 분 하나님께로 돌아와서 경배하도록 요청하는 초청 메시지이다. 첫 번째 천사는 '하나님을 두려워하며 그에게 영광을 돌리라'고 선포한다. 다른 두 천사는 첫 번째 천사의 메시지를 다른 각도에서 제시하며, 왜 하나님께로 돌아와서 경배하여야 하는지를 강력하게 선포한다. 두 번째 천사의 메시지는 하나님의 통치를 대적하는 짐승의 지배를 받는 인간 사회(바벨론)의 구조적인 악이 불가피하게 몰락하게 됨을 경고한다. 세 번째 천사의 메시지는 경고를 받음에도 불구하고 바벨론 체계에 신봉하기를 지속하는 개인들은 최후의 심판을 받을 것임을 경고한다. 이 두 천사는 바벨론의 운명을 선포한다(14:8). 따라서 바벨론의 포도주를 마시고 짐승을 숭배하기를 계속하는 회개하지 않는 자들은 심판을 피할 수 없다(14:9-11). 첫 번째 천사는 긍정적으로 초대장을 보내는 반면에, 다른 두 천사는 부정적으로 경고 메시지를 선포한다. 메시지의 긍정적인 측면과 부정적인 측면은 동전의 양면과 같다. 따로 떼어놓고 취급할 수 없다. 세 천사들은 심판을 경고하고(11:5), 회개를 요청한(11:3) 두 증인의 외침과 맥을 같이하고 있다.

**첫째 천사의 메시지: '영원한 복음'(6-7절)** 계시록 14장 6-7절에서 모

든 민족과 족속과 방언과 나라 가운데 선포되어야 할 '영원한 복음'은 무엇인가? 계시록에서는 '복음'이 계시록 10장 7절에서만 사용되었는데, 왜 여기서는 영원한 복음이라고 했을까? 이 것 역시 로마가 제시하는 거짓되고 일시적인 복음에 대한 패러디이다. 로마제국 지배하에 있던 지역에서 로마 황제의 등장은 복음으로 묘사되었다. 당시 소아시아의 지방 의회에서 아우구스투스의 생일을 '세상을 위한 좋은 소식'인 동시에 새로운 시대를 알리는 신호로서 환호성을 지르며 기념하였다. 또한 베스파시아누스의 왕위 계승에도 사용되었다(Josephus War 4.656). 천사는 짐승이 세상에 제시하는 거짓 복음, 일시적인 복음에 충정을 바치지 말고, 오직 그리스도의 진정한 복음에 삶을 위탁하도록 초청한다. 이어지는 문맥은 짐승 숭배와 참 하나님 경배를 대조하고 있다(9절). 이러한 점은 일종의 패러디를 통해 비웃고 있음을 나타낸다. 복음의 선포는 구원과 심판의 양면을 다 포함한다. 이에 따라서 믿는 자를 불러 모으는 곡식추수와 불신자를 심판하는 포도추수 이야기가 이어진다(14:14-20).

하지만 이러한 설명은 요한이 '영원한 복음'을 사용한 이유로 충분하지 않다. 요한이 특이한 표현을 사용할 때는 반드시 구약 인유를 어떻게 사용하는지 살펴볼 필요가 있다. 해석의 진수는 여기서 판가름이 난다. 계시록 14장 6절에 사용된 '영원한 복음'은 시편 96편 2절의 인유 결과이다.

> 그의 구원을 날마다 전파할지어다!

시편 96편은 열방을 향해 '주 하나님은 왕이시다.' 그러므로 모든 만국 백성은 하나님을 경외하고 그에게 영광을 돌리고 예배하라고 요청한다(시 96:7-8상, 9). 특히 만국의 우상들과 창조주 하나님 사이를 대조한다(5절). 또한 족속과 민족이라는 단어는 계시록의 사중 정형문을 연상시킨다. 그러므로 시편 96편이 모든 열방에게 선포하는 메시지는 "주는 왕이시다"(10절)라는 표현에 요약되어 있다. 영원한 복음은 시편 96편 자체가 모든 열방을 향해 선포하는 메시지이다. 하나님의 통치로 인해 마주할 구원과 심판 앞에서 결정을 하라는 요청이다.

초대 교회가 사용한 '복음'은 예수 그리스도를 통해 도래하는 하나님의 나라(하나님이 다스리신다, 하나님이 왕이시다)를 나타내는 용어이다. 이 단어는 이사야에서 최초로 성경적인 의미를 부여하여 사용되었다(사 40:9; 41:27; 52:7; 61:1). 히브리어 동사 '바살'은 '좋은 소식을 선포하다'는 뜻으로, 헬라어로는 '유앙겔리조마이'

로 번역된다. 신약교회는 이사야의 사상과 언어를 전수받아서, 예수 그리스도의 생애와 사역에 근거하여 창의적으로 다시 해석하고 내용을 보충하였다. 초대 교회에서 '복음'은 로마 황제의 등장과 통치가 복음이 아니라, 진정한 왕이신 예수 그리스도의 탄생과 등장이 복음이라는 선교적 주장이다. 그런데 시편 96편은 복음 선포의 대상을 확대한다. 이사야는 복음을 유다와 예루살렘에 적용하지만 시편 96편은 모든 열방에 대한 주 하나님의 통치를 선포한다. 따라서 계시록의 '영원한 복음'은 이사야 예언을 확대 적용한 시편 96편에 근거를 두고 있다고 볼 수 있다.

첫째 천사의 메시지의 핵심은 "하나님을 두려워하며 그에게 영광을 돌리라 … 경배하라"(14:7)이다. 복음에 대한 적절한 반응은 "하나님을 두려워하며(경외) 그에게 영광을 돌리는" 것이다. 이 메시지는 어려운 질문을 제기한다. 이 명령은 진정한 개종을 기대하는가? 아니면 불경한 인류에게 내리는 강제 칙령인가? 하나님을 경외하고 경배를 드리는 자들은 성도가 해야 할 일이다. 그런데 왜 불신자들에게 이 명령을 전하는가? 이는 강제적인 칙령이 아니라 설득을 통한 복음 전도이다. 경외와 경배는 받으시기에 합당한 분에게 드려야 한다. 어린 양의 승리를 통해 설득하는 것이지, 강요하는 것이 아니다. 첫째 천사의 메시지는 다니엘 4장 느부갓네살의 사례를 인유하고 있다. 바벨론 왕이 금신상 사건으로 생생한 교훈을 받고 둘째 꿈으로 미리 경고를 받았음에도 교만하여 참람한 말을 한다(단 4:30)—"이 큰 바벨론은 내가 능력과 권세로 건설하여 나의 도성으로 삼고 이것으로 내 위엄과 영광을 나타낸 것이 아니냐?" 이 말이 떨어지자마자 왕은 왕위에서 쫓겨나서 들짐승과 같이 광야에서 지냈다. 기한이 차고 바벨론 왕은 총명을 되찾아 하나님을 인정하고 찬양하며 경배한다(단 4:34-37). 다니엘 4장은 느부갓네살의 인간성과 이성과 주권의 회복으로 마무리되고 있다. 이러한 측면에서 계시록 14장 7절은 천사의 복음 선포로 인한 긍정적인 결과를 제시하지 않는가?

이에 대한 그레고리 빌의 반론은 억지에 가깝다. 즉 다니엘 5장 21절은 느부갓네살이 지극히 높으신 하나님이 인류의 실제 영역을 통치하신다는 것을 인정하였다는 점만 확증하지, 그가 이스라엘이 되기 위해 개종하거나 유일신앙의 하나님 경외자가 되었다고 진술하지 않는다. 이와 같은 맥락에서 유대문헌(Lives of Prophets 4:13-16)은 다니엘 3장 34절(=4.31 MT)을 참조하면서, 느부갓네살은 권력에 복귀한 이후에는 이스라엘의 종교로 귀의하지 않았다고 제시한다. 그가 바벨론의 신들을 숭배하는 것을 포기하였을 리는 만무하고, 다만 자신이 숭배하는 대상으로 이스라엘의 야훼를 하나 더 첨가하였을 뿐이다. 하나님이 그에게 가한 심판은 그를 굴욕을 당한 왕으로 만들었기에 그에게는 선택의 여지가 없었을 것이고, 자신이 아닌 하나님이 이 땅의 문제에 진정으로 절대주권을 가졌음을 인정할 수밖에 없었다. 특히 계시록 18장에서 느부갓네살의 비하는 말세의 불경한 자들의 회개를 위한 모형이 아니라 하나님의 진리와 절대주권에 대한 최종적이고 강요된 인정을 위한 모형이다.

그러나 빌은 누가 진정으로 개종하였는지에 대한 판단 기준이 유대 종파에 따라서 다양하다는 점을 간과하고 있다. 그는 침묵으로부터의 논증을 통해 바벨론 왕에 대한 판단을 내리고 있다. 아울러 다니엘을 요한이 인유하거나 반향시킬 때에 창의적으로 변용 또는 적용한다는 점을 정당하게 고려하지 않고 있다. 그래서 어구적인 병행이나 단어나 숙어의 병행으로만 같은 의미를 전달한다고 섣부른 결론을 도출한다. 이는 자신의 전제(즉 이방인의 보편적인 귀의에 대한 부정)를 본문에 강요한 결과이다. 불경한 자들은 결코 하나님께 영광을 돌리지 못한다(참조. 16:9). 14장과 16장에서 '영광을 돌리라'는 명령법은 '회개하라'와 동격으로 하나님의 진리와 세상에 대한 절대주권을 인정하는 것 이상의 의미를 강조한다. 14장 6절의 천사가 '회개하라'는 명령을 하지 않는 이유이다. 더욱이 계시록에서 어디에서든 '예배'는 자발적인 행동으로 그 대상이 하나님이나 어린 양이나 짐승(24번)이나 마찬가지이다.

과연 회개의 시간은 벌써 지나갔는가? 아니다. 최후 심판이 올 때에는 회개의 기회는 사라진다. 그러나 일곱 대접 심판이 실행되기 전까지는 회개의 시간이 남아 있다. 14장 7절의 천사는 영원한 복음을 전파하면서 피조물에 대한 우상숭배에서 돌이켜서 진정한 창조주에 대한 경배를 하라고 세상의 불신자들에게 마지막 경고의 메시지를 발표하고 있다. 하나님은 만물의 창조주로 신분이 확인되고, 이 진리는 사람들이 피조물 대신에 하나님을 경배하는 동기를 부여한다. 이 구절은 사도행전 14장 15절과 유사하다—"여러분에게 복음을 전하는 것은 이런 헛된 일을 버리고 천지와 바다와 그 가운데 만물을 지으시고 살아 계신 하나님께로 돌아오게 함이라." 반면에 우상숭배 체제와 타협을 하려는 심각한 시점에 놓여 있는 신자들은 이 경고에 주의를 기울여서 그들의 진정한 충절을 보여야 한다.

**둘째 천사의 메시지: 무너졌도다(8절)** 바벨론은 첫째 천사의 복음 선포에 주의를 기울이지 못하도록 열방을 감염시켜 놓았다. 모

든 나라에 진노의 포도주를 먹이던 장본인이다. 이 메시지는 로마제국의 비판과 멸망을 예고한 계시록 17, 18장에서 구체적으로 확대된다.

요한은 계시록에서 로마제국을 상징적으로 표현하는데, 바로 "큰 성 바벨론"이다. "큰 성 바벨론"은 다니엘 4장 30절의 인유이다. 느부갓네살이 스스로 영화롭게 여김으로 인해 심판을 받았다. 부정과거 동사의 반복 "무너졌도다!"는 히브리어의 예언적 완료 역할을 한다. 마치 이미 일어난 것처럼 미래에 발생할 바벨론의 멸망에 대한 표현이다. 부정 과거 동사를 이렇게 미래의 의미로 사용하는 것은 바벨론이 미래에 그 통치권이 소멸한다는 예언적 확실성의 강조이다. 요한의 눈에는 바벨론이 하나님 백성에게 한 짓들을 로마도 똑같이 행하고 있다. 하나님 백성을 포로 삼아 억압하고 동화되기를 요구하였던 바벨론이 멸망을 당하였다. 요한은 똑같은 운명이 로마에도 임할 것이라고 예언한다. 로마 역시 예루살렘 성전을 파괴하고 이스라엘을 노예로 세계 곳곳에 팔아버렸다. 로마제국이 지배하였던 불경한 사회, 정치, 경제 체제는 바벨론 포로 생활을 하였던 유다 백성이 겪은 체제이다. 바벨론이 멸망했듯이, 로마도 멸망한다. 이후에 일어나는 모든 제국도 멸망한다.

무엇보다도 바벨론 체제의 위험성은 경제적인 중독성에 있다. "모든 나라에게 그의 음행으로 말미암아 진노의 포도주를 먹이던 자로다!"(14:8) 열국이 바벨론 체제에 열정적으로 충성을 보이는 것은 경제력 때문이다(사 23:15-18; 겔 16:1-36; 4 Ezra 15:46-50, 63). 바벨론 체제는 종교적으로 우상숭배를 강요한다. 그 근거는 막강한 경제력이다. 모든 나라들이 경제 때문에 바벨론 체제를 따를 수밖에 없도록 만든다. 군사적 식민주의보다 경제적 식민주의가 더 중독성이 있다. 열방이 바벨론과 협력하는 것은 경제적인 안전 보장 때문이다. 저항하기에는 너무나 큰 유혹이다. 번성하는 땅의 복지 약속은 술에 만취되는 것과 같다. 이 중독성이 강해서, 세계에 거하는 사람들의 대다수가 흡입(섭취)하기를 원한다. 한번 흡입하면 바벨론의 파괴적인 영향력에 저항하고자 하는 모든 욕구가 마비된다. 바벨론 자신의 궁극적인 불안정을 보지 못하도록 만든다. 진짜 안전의 근원인 하나님마저도 보지 못하는 맹인이 되게 만든다. 다가오는 심판에 대한 두려움도 느끼지 못하도록 마비돼 버린다.

**셋째 천사의 메시지: 짐승 숭배의 결과(9-11절)** 누구든지 짐승과 그의 우상에게 경배하고 이마에나 손에 표를 받으면 하나님의 진노의 포도주를 마신다. 섞인 것이 없이 부은 포도주이다(10절 상).

경제적인 풍요와 안전보장을 위해 짐승에게 충절을 바치는 자는 가혹한 징벌을 받는다. '눈에는 눈'의 원칙에 따라서 열정적으로 바벨론의 포도주를 마신 자들은 하나님의 진노의 포도주를 마시게 된다. 똑같이 포도주를 마시지만, 강도에 있어서는 더 독한 포도주를 마시게 된다. 일시적인 효력과 영원한 효력 사이의 차이이다. 바벨론의 포도주는 열방을 일시적으로 순복하게 만들지만, 그 효력은 시간이 끝나면 사라진다. 불경한 자들은 그 이후 하나님의 포도주를 마시게 된다. 이 효력은 일시적이지 않다. 영원히 하나님의 분노를 받게 된다.

하나님의 분노의 포도주는 "섞인 것이 없이 부은 포도주"이다. 희석되지 않은 원액 그대로의 포도주이고 매우 독하다. 이것은 영원한 형벌을 의미한다. 소돔과 고모라와 같이 불과 유황으로 고난을 받는다(10절). '불'하면 제일 먼저 생각이 나는 것은 심판의 고통이다. 불 이미지에 유황이 더해지면 고통이 더 강조된다. 고통의 심리적인 효과는 이들 단어들에 계시록 18장에 사용된 '슬피 운다', '통곡한다'는 단어와 조합될 때에 강도를 더해 간다. 이러한 점층적인 표현은 복수를 강조하기 위함이 아니다. 불경한 자들이 이전에 부인하였던 진리에 주의를 기울이도록 만들기 위함이다. 밤낮 쉼을 얻지 못한다(11절). 양이 아닌 질적인 표현이다. '끊임없이, 계속하여', '쉼이 없음이 쉬지 않는 특성'을 명료하게 표현한다.

**권면과 위로(12-13절)** 이 단락은 짐승의 지배에 굴복하여 바벨론이 제공하는 경제적인 풍요와 안전을 향유하는 자들이 받는 영원한 형벌과 뚜렷이 대조된다. 먼저 성도에 대한 권면이다. 성도들의 인내는 여기서 드러난다. 하나님의 계명과 예수의 믿음을 지킨 자들은 짐승 숭배자들이 겪는 고난을 겪지 않을 것이다. 일시적인 고난에서 충절을 지킨 자들은 영원한 형벌을 받지 않고 영원한 보상을 받는다. 그들의 믿음은 무엇인가?

> 성도들의 인내와 믿음이 여기 있느니라(13:10)
>
> 지혜가 여기 있다(13:18)
>
> 성도들의 인내가 여기 있다(14:12)

13장 10절에서 믿음은 들을 귀를 가지고 짐승에게 타협하지 않고 고난을 견뎌내는 영적 자질이다. 13장 18절에서 믿음은 지혜이다. 이 지혜로 짐승이 가짜임을 분별할 수 있고, 저항할 수 있다. 14장 12절은 이 두 가지 믿음의 정의를 다 포함한다. 믿음은 어린 양에 대한 충절과 더불어 분별력을 가지고 바벨론의 유혹에 저항하는 신실한 증인의 자질이다. 지혜가 있다면, 신적 심판을 받지 않도록 스스로 분별하여 저항할 수 있다. 일시적인 고난을 견디면, 더 비참하고 영원한 고통을 받지 않는다. 무엇보다도 성도의 믿음은 최후 심판 자리에서 옳다고 인정을 받는다. 이러한 인식은 성도가 바벨론의 유혹을 견딜 수 있는 유의미한 동기부여가 된다.

다음으로 성도를 향한 위로가 있다. 하늘에서 들려오는 음성이 선포한다. "지금 이후로 주 안에서 죽는 자들은 복이 있도다!" 성령이 이에 화답한다. "그러하다. 그들이 수고를 그치고 쉬리니, 이는 그들의 행한 일이 따름이라." 인내의 열매는 신실한 증인의 삶이 옳다고 인정함을 받는 것 이상이다. 보상의 약속이 보완된다. 짐승의 숭배자들이 경험하게 될 안식의 영원한 결핍(14:11)과는 정반대이다. 신자가 죽음에 직면하여서도 신앙을 고수하면, 그는 복이 있는 자이다. 이 복은 순교자의 죽음을 죽은 성도도 물론이거니와 자연적으로 죽은 자에게도 포함된다. 강조는 '주 안에서 죽는다'에 있다. 우상숭배에 순응하라는 압력에 저항하다가 죽은 순교자의 죽음은 고귀하고 복되다. 그러나 일상적인 삶의 현장에서 죽음에 이르기까지 믿음을 고수하며 죽은 성도의 죽음도 고귀하다(시 116:15). 성령이 이를 확증한다. 이생에서 '쉴 수 있는 안식처'를 발견하고자 박해자들과 타협한 자들은 다음 생에서는 얻지 못한다. 반면에 지금 핍박을 견디는 고된 삶을 살아 온 성도는 '쉼'을 누릴 것이다. 쉼은 수고한 자만이 누릴 수 있는 복이다. 안식일과 안식년과 희년이 궁극적으로 지향하는 참된 쉼을 누릴 것이다. 성도가 행한 일은 그들이 받게 될 상급을 나타낸다. 믿음은 행위가 동반될 때에만이 오직 보상을 받는다(참조. 22:12). "그러므로 내 사랑하는 형제들아 견고하며 흔들리지 말며 항상 주의 일에 더욱 힘쓰는 자들이 되라. 이는 너희 수고가 주 안에서 헛되지 않은 줄을 앎이니라"(고전 15:58).

### 곡식 추수(14:14-16)

계시록 14장 14-20절은 두루마리의 최종 결론이다. 두루마리는 어린 양의 승리를 통해 사탄의 666 체제가 패배를 당하고 이 땅에 하나님 나라가 이뤄지는 내용을 담고 있다. 이 내용에서 빠질 수 없는 두 가지 가운데 하나는 바벨론 체제에 대한 저항이다. 이 내용은 계시록 17, 18장에서 바벨론의 멸망으로 표현된다. 다른 하나는 열방이 주께 돌아오는 선지자의 비전이 실현되는 것이다. 이 주제를 수면 위로 떠올려서 다루는 부분이 곡식 추수(14:14-16)와 포도 추수(14:17-20)이다. 하나는 주께 돌아오는 열방의 구원의 추수이고, 다른 하나는 끝까지 회개하지 않는 불경한 자들에 대한 심판의 추수이다.

계시록 14장 6, 7절에서 첫째 천사는 "모든 민족과 종족과 방언과 백성"에게 "영원한 복음"을 선포했다. 하지만 열방이 주께로 돌아오는 광경이 없다. 따라서 이를 보충하는 이미지가 필요하다. 그것은 바로 추수의 환상이다. 추수는 유대문헌에서 종말의 완성을 나타내는 전형적인 이미지이다. 그러나 계시록은 요엘 3장 13절을 인유하여 창의적인 그림을 그린다.

> 너희는 낫을 쓰라. 곡식(카찌르)이 익었도다. 와서 밟을지어다. 포도주 틀이 가득히 차고 포도주 항아리가 넘치니 그들의 악이 큼이로다.

계시록은 추수 이미지를 두 가지로 표현한다—'땅의 추수'라고 불리는 '곡물추수'(14:14-16)와 '땅의 포도수확'이라 불리는 '포도 추수'(14:7-20). 단어 '카찌르'는 곡물 추수에 보통 사용되고, 단어 '바찌르'는 포도 수확에 사용된다(레 26:5; 사 23:14; 32:10; 미 7:1). 요한은 두 가지 추수 이미지를 사용하여, 요엘의 심판 이미지를 구속의 그림으로 전환시켜 놓는다. 곡물 추수를 구원의 이미지로, 포도 추수 이미지를 최후 심판 이미지로 활용한다.

　　곡식 추수는 14장 4절의 14만 4천과 연결된다. 14만 4천은 신실한 예언적 증언으로 순교하고 승리한 교회이다. 이들은 "사람 가운데에서 속량함을 받아 처음 익은 열매로 하나님과 어린 양에게 속한 자들"(14:4)이다. 이 표현은 하늘 보좌의 예배 중에 어린 양에게 드리는 찬양을 기억하게 한다—"일찍이 죽임을 당하사 각 족속과 방언과 백성과 나라 가운데에서 사람들을 피로 사서(속량해서) 하나님께 드리시고, 그들을 우리 하나님 앞에서 나라와 제사장으로 삼으셨다"(5:9-10). 14만 4천은 첫 열매이다. 첫 열매는 나머지를 수확하기 이전에 추수 밭에서 취한 처음 익은 열매를 묶은 단으로, 희생제물로 하나님께 드려진다(레 23:9-14). 첫 열매는 곡식 전체의 온전한 추수를 전망한다(롬 8:23; 11:16; 16:5; 고전 15:20, 23; 16:15). 그리스도가 부활의 첫 열매라고 할 때에(고전 15:23), 이후의 성도들의 부활을 전망하게 만든다. 성령의 첫 열매(롬 8:23)는 신자의 온전하고 최종적인 구속을 전망하게 만든다. 이와 같이, 14만 4천이 땅에서 속량을 받은 첫 열매로서 어린 양의 성전(聖戰)에 참여하여 승리를 거두었다면, 이제 마지막 대대적인 추수가 당연히 전망된다. 첫 열매인 14만 4천으로 시작된 종말론적 추수가 실현되는 그림이 곡식 추수 환상

(14:14-16)이다.

따라서 곡식 추수의 이미지는 심판이 아니라, 주께로 돌아오는 열방을 하나님 나라로 불러 모으는 이미지이다. 레위기 23장 10절은 첫 열매와 나머지 전체 곡식 추수와의 연결 관계를 잘 밝혀 준다―"너희는 내가 너희에게 주는 땅에 들어가서 너희의 곡물을 거둘 때에 너희의 곡물의 첫 이삭 한 단을 제사장에게로 가져갈 것이요." 구속 역사의 전체 흐름에서 첫 열매는 흠이 없는 어린 양 자신이었다. 첫 열매인 어린 양은 인류 전체를 속량하는 마지막 추수를 전망하게 만든다. 계시록 14장에서 첫 열매는 흠이 없는 어린 양을 따라서 짐승과의 성전(聖戰)에 순교를 통해 참여한 14만 4천이다. 이들도 흠이 없는 자들이다(14:5). 14만 4천이 첫 열매로 하나님께 드려져서 나라와 제사장으로 섬김으로서, 열방이 주께로 돌아오는 마지막 추수를 전망하게 만든다.

첫 열매로서 14만 4천과 마지막 곡식 추수로서 열방의 귀의 사이의 연결 관계는 다니엘 7장의 그림과 연결된다. 곡식 추수는 '인자와 같은 이'에 의해 실행된다. 다니엘 7장에서 '인자와 같은 이'는 '옛적부터 계신 이' 앞으로 인도되는데, 모든 백성과 나라와 언어를 다스리는 왕권과 영광과 주권을 받기 위함이다. 다니엘서는 인자를 심판이나 짐승의 멸망과 관련시키지 않고,

단지 하나님 나라를 양도받는 자로만 묘사한다. 이러한 다니엘의 의도를 계시록 14장의 곡식 추수의 환상에 반영하면 변화를 감지할 수 있다. '인자와 같은 이'는 하나님에게서 양도받은 나라에 열방을 받아들이기 위하여 마지막 추수를 한다. 열방은 이제 짐승의 통치가 아니라 그리스도의 통치를 받는다. 그리스도는 이미 이 땅 위에 교회를 세웠다. 교회는 하나님 나라를 이 땅 위에 세우기 위한 교두보이다. 교회는 열방을 하나님 나라로 불러 모으는 데 참여할 수 있다(11:15). '인자와 같은 이'이신 그리스도는 이제 돌아오는 열방을 하나님 나라에 받아들이기 위해 구름 위에 좌정한다. 계시록 1장 11-12절에서 열방을 비추는 일곱 촛대 사이에 거니는 '인자와 같은 이'(여기서는 단 10:5-6 인유)가 이제는 하나님 나라의 영역을 교회로부터 확장하여 열방을 귀속시키기 위해 구름 위에 좌정하신다(단 7장 인유). 곡물 추수 환상은 그리스도의 나라가 이제 교회로부터 열방으로 확대되는 장면을 묘사한다.

### 포도 수확(14:17-20)

포도주 틀을 밟는 이미지는 심판 이미지로 보는 것이 자연스럽다. 요한은 요엘 3장 13절(특히 "그들의 악이 큼이로다")과 이사야

63장 1-6절을 인유하여, 심판의 메시지를 극대화하여 포도 수확 환상을 묘사한다. 특히 계시록 14장 19절의 "하나님의 진노의 큰 포도주 틀"이란 표현은 이사야 본문에 바탕을 두고 있다. 이사야는 하나님이 열방에 대한 진노의 심판을 베푸시는 것을 포도주 틀을 밟는 이미지로 묘사하고 있다.

그런데 왜 포도주 틀을 밟는가? 그 설명은 계시록 내부에서 찾을 수 있다. 14장 8절의 '그녀의 음행의 진노의 포도주'는 모든 민족이 마시도록 바벨론이 만들어 왔다. 바벨론은 열방에 포도주를 제안하여, 일단 맛보면 끊을 수 없도록 중독자로 만든다. 그 결과 짐승을 숭배하고 바벨론의 영향력에서 벗어나지 못하게 만든다. 포도주는 계시록 18장에서 정치적 안전보장과 경제적 번영과 종교적 우상숭배로 음녀 바벨론의 속박 속에 매여 놓는 영향력이다. 포도주는 도리어 하나님의 진노를 불러일으키는 근원이다.

짐승의 조종을 받는 음녀 바벨론의 포도주를 마신 자들에게, 하나님은 더 독한 포도주를 마시게 만든다. 계시록 14장 10절의 '하나님의 진노의 포도주를 마시리니 그 진노의 잔에 섞인 것이 없이 부은 포도주'(14:10)를 마시게 만든다. 이 표현은 하나님이 짐승의 숭배자들에게 주는 포도주는 희석되지 않는 원액 그

대로의 포도주라는 뜻이다. 하나님은 바벨론의 포도주에 중독된 자들에게 더 독한 진노의 포도주를 마시게 만들어 불과 유황으로 고난을 받되 밤낮 쉼을 얻지 못하게 만든다.

큰 포도주 틀을 밟는 이유는 회개하지 않고 끝까지 완고하게 우상 숭배하는 자들(14:11; 참고 9:20-21)에게 포도주를 마시게 만들기 위함이다. 음녀 바벨론에게 도취되어 그 결박을 끊을 수 없어서 맹목적으로 추종하는 자들에게 하나님은 분노의 심판을 붓는다. 포도주 틀을 밟는 심판은 가혹하고 참혹하다. 성 밖(하나님 임재가 없는 곳)에서 포도주 틀을 밟기 시작하는데, 피가 말을 타는 자의 안장에까지 미치고, 또한 1,600 스타디온(팔레스타인 땅의 남쪽 끝과 북쪽 끝 사이의 길이)에 미친다.

포도주 틀을 밟는 자는 누구인가? 곡식 추수는 '인자와 같은 이'이신 그리스도가 하지만, 포도 수확은 주체가 명확하지 않다. 계시록을 읽는 독자들은 천사가 포도를 수확하고 포도주 틀을 밟는다고 생각한다. 하지만 천사들은 포도를 수확하고, 포도주 틀을 밟을 준비를 하고 있을 뿐이다. 요한은 계시록 14장에서 포도주 틀을 밟을 자의 정체를 수수께끼로 남긴다(참조. 사 63:1-6).

포도 수확 환상은 두 가지 단계를 염두에 두고 있다―포도를 포도주 틀로 거둬들임과 포도주 틀을 밟음. 이 두 단계는 땅의 왕들과 그 군대들을 아마겟돈으로 불러 모음(16:12-14)과 파루시아에 민족들을 심판(19:15)하는 최후 심판의 단계와 상응한다. 계시록 19장 11-16절에서 신적 용사이자 심판자로서 포도주 틀을 밟는 자가 그리스도임이 밝혀진다(19:15).

계시록 14장 14-20절의 열방의 구속을 위한 곡식 추수와 열방을 심판하기 위한 포도 수확 이미지는 열방에 선택을 요청하는 결단의 메시지이다. 순교자의 증언을 받아들여서 짐승 숭배를 그치고, 참 한 분 하나님께로 돌아와서 경배하여 영광을 돌릴 것인가 아니면 철저하게 짐승에 미혹을 당하여 순교자들의 죽음에 환호하며 짐승 숭배를 계속할 것인가?

### 모세의 노래, 어린 양의 노래(계 15:2-4)

시편 96편은 우리를 '모세의 노래, 어린 양의 노래'로 인도한다. 시편 96편부터 100편까지는 주제와 언어가 서로 밀접하게 연결되어 있다. 이들 시편들은 야훼 하나님이 전 우주를 다스리며, 세상을 심판하러 오심을 찬양하면서 온 열방이 그 하나님을 경배하도록 초청하는 시들이다. 특히 시편 96편이 이들의 사상을 대변한다고 볼 수 있다. 계시록 14장 6, 7절이 인유하고 있는 시편 96편 2절의 '영원한 복음'을 이들 시편들 전체에 걸쳐서 상세하게 반복하여 설명하고 있다. 이는 요한이 단지 시편 96편뿐만 아니라 이들 시편 전체의 주제와 사상을 반영하고자 하는 의도를 가지고 있음을 알 수 있다.

이들 시편들이 선포하는 메시지는 "새 노래로 여호와께 노래하라!"이다. 이 메시지는 온 열방에 선포되어질 하나님의 승리 또는 구원이다. 여기서 '새 노래'는 두루마리의 일곱 인을 떼기에 합당한 어린 양께 드리는 찬양(5:9)과, 두루마리의 내용이 절정에 이르러 그 면모가 드러나는 어린 양의 승리의 노래(계 14:3)를 서로 연결시킨다. 이 새 노래는 계시록 15장 2-4절에서 모세의 노래(출 15:1-18, 신 32장) 어린 양의 노래로서 구체적인 내용을 드러낸다.

계시록의 새 노래는 하늘 보좌 앞과 14만 4천 어린 양 군대가 찬양하며 선포하는 노래이다. 왜 새 노래를 부르는가? 하나님의 승리를 하나님의 군대가 노래한다. 하나님의 승리는 어린 양이 십자가에 죽으시고 부활하심으로 쟁취한 승리이다. 이 승리를 통해 사탄이 주권자 노릇하던 세상에 하나님의 나라가 세워졌다. 이 승리에 어린 양의 추종자들도 참여하였다. 어린 양이 신실한 증인으로 십자가의 희생적 죽음을 통해 승리하셨듯이, 어린 양의 추종자들도 신실한 증인과 순교적 죽음을 통해 어린 양의 승리에 참여하였다. 이 승리의 귀결은 열방을 향한 경배의 요청이다(14:6-7). 시편 96편에서 100편의 새 노래에서도, 하나님의 통치와 승리가 열방에 영원한 복음을 선포하는 근거가 되었다. 이러한 연결고리들은 우리에게 무엇을 시사하여 주는가? 요한이 계시록을 통해 기대하는 바는 '열방의 귀의'이다. 즉 종말에 열방이 주께로 대대적으로 돌아오는 옛 선지자들의 꿈의 실현이다(사 60장). 이 비전은 단순한 상상이 아니라, 시편과 구약 선지자들의 예언이라는 토양 속에 뿌리를 내리고 자라난 한 그루의 나무와 같으며, 우리가 살펴볼 새 노래는 그 사상을 주해한 열매이다.

모세의 노래, 어린 양의 노래는 '열방의 귀의'에 대하여 어떤 메시지를 전해 주는가? 계시록 15장 2절에서 순교자들은 어린 양이 짐승과 맞서 싸우는 전투에 참여하여 승리하고 승리의 개가를 부르고 있다. 순교자들은 '불이 섞인 유리 바다'에 서 있다. 이 장면은 전투가 막 끝나고 불타는 전장을 바라보며 승리의 노래를 부르는 듯한 이미지를 연출한다. '유리 바다'는 하늘 보좌의 바다(계 4:6)으로서, 순교자들이 하늘 보좌 앞으로 나아가서 옳다고 인정함을 받음을 상징한다. 이는 출애굽 장면을 연상시킨다. 유대 문헌에서 이스라엘이 홍해를 건널 때에, 마치 유리 바다처럼 견고해져서 바다 늪에 빠지지 않고 건넜다고 한다. 그래서 계시록은 어린 양의 노래를 모세의 노래로 묘사하는데, 이는 어린 양 예수 그리스도의 피로 쟁취한 새로운 출애굽 사건을 기념하며 노래하기 때문이다.

그런데 어린 양의 노래를 '모세의 노래'로 표현하기에는 석연치 않은 점이 있다. 이는 출애굽기 15장과 신명기 32장에 수록된 모세의 노래에 등장하는 가사가 아닐 뿐더러 언어적인 연관성이 거의 없기 때문이다. 하지만 유대 문학에서는 '모세의 노래'를 인유할 때에, 가사를 그대로 인용하지 않고 전혀 다른 가사로 창작하는 예가 있다—필로의 성경 고대사(BAP) 32장의 데보라의 노래, 이사야 12장, 시편 105편 등이 그것으로 이들 노래들은 모세의 노래를 철저하게 주해하여, 문학적 연관 관계가 수면 아래에 잠재되어 반향되도록 활용하고 있다. 이와 같이 계시록의 모세의 노래도 본문에 구약의 언어와 사상을 치밀하게 저장하여, 풍부한 의미가 드러나도록 창의적인 주해기법이 동원된 작품이다.

계시록의 모세의 노래, 어린 양의 노래는 출애굽기 15장과 이사야 12장과 시편 105편을 활용한다. 이는 하나님 백성을 대적하는 세력에 대한 종말론적인 승리를 표현하기 위함이다. 어린 양의 승리는 출애굽 역사의 홍해 사건과 똑같을 것이라는 유대 전승을 창의적으로 계승한다. 요한은 출애굽기 15장의 모세 노래를 다음과 같이 의미심장한 내용으로 다시 읽어낸다.

- 하나님의 심판의 놀라운 행위는 그의 대적에게 임한 심판이자 또한 그 백성의 구출이었다(출 15:1-10, 12)
- 하나님의 놀라운 심판 행위는 이방 신들과 하나님의 비교 불가능한 우월성을 증명했다(출 15:11)
- 하나님의 심판의 놀라운 행위는 이방 민족들을 두려움으로 가득 채웠다 (출 15:14-16)
- 하나님의 심판의 놀라운 행위는 그의 백성을 성전으로 이끌고 갔다 (출 15:13, 17)
- 노래는 다음으로 마무리한다—"주가 영원 영원히 다스릴 것이다" (출 15:18)

모세 노래의 핵심 주제는 '하나님 나라의 설립'이다. 출애굽 사건은 하나님 백성을 하나님의 영원한 통치로 인도한다. 요한은 이 노래를 열방이 주께로 돌아오도록 초청하는 노래로 재창작한다.

주 하나님 곧 전능하신 이시여 하시는 일이 크고 놀라우시도다 만국의 왕이시여 주의 길이 의롭고 참되시도다 주여 누가 주의 이름을 두려워하지 아니하며 영화롭게 하지 아니하오리이까? 오직 주만 거룩하시니이다 주의 의로우신 일이 나타났으매 만국이 와서 주께 경배하리이다

모세의 노래에서 핵심구절은 출애굽기 15장 11절이다.

여호와여 신 중에 주와 같은 자 누구니이까? 주와 같이 거룩함에 영광스러우며 찬송할 만한 위엄이 있으며 기이한 일을 행하는 자 누구니이까?

모세의 노래를 인유하는 이후의 유대 노래들은 출애굽기 15장 11절을 출발점으로 삼는다. 이 표현을 요한은 예레미야 10장 6-7(상)절과 시편 86편 8-10절과 시편 98편 1-2절의 주해를 통해 다음과 같이 표현한다.

주여 누가 주의 이름을 두려워하지 아니하며

영화롭게 하지 아니 하오리까?

오직 주만 거룩하시니이다

요한의 짐승의 권세에 대한 심판으로 하나님이 그 누구도 비교할 수 없는 참 하나님이심을 증명하였음을 찬양한다. 계시록 13장 3-4절에서 짐승은 무적의 권세를 보여 "짐승과 같은 이가 누구인가? 누가 이에 맞서 싸울 수 있을까?"라는 열방의 찬사와 경외를 불러일으켰다. 하지만 어린 양이 짐승과 맞서 싸워 이김으로써, 이제 하나님의 비교 불가능성이 증명되었다. 짐승의 회복이 열방의 숭배를 이끌어 내었듯이, 어린 양의 승리는 열방이 하나님을 경외하고 경배하도록 이끈다. 그래서 어린 양의 노래는 "주의 의로운 일이 나타났으매, 만국이 와서 주를 경배하리이다"라고 열방의 귀의를 예언한다.

요한은 구약에서 열방이 주께로 돌아오는 보편주의 사상을 가장 밀도 있게 담고 있는 노래를 선택한다. 그리고 그 선율에 맞추어 출애굽기 15장의 모세의 노래를 창의적으로 재해석한다. 즉 어린 양의 승리를 통해 모든 열방이 야훼 하나님을 한 분 참 하나님으로 인정하고 경배하러 올 것이다. 요한은 출애굽의 중요한 의의를 유지하되 강조점을 전환시킨다. 하나님이 그 백성의 원수를 심판하고 그 속박에서 구출하신 사건을, 이제 열방이 참 하나님을 인정하고 경배하도록 초청하는 방향으로 초점을 바꾸어 놓는다. 어린 양의 노래는 계시록 가운데서도 새로운 출애굽이 함축하고 있는 상징적 의의를 가장 잘 이해하여 결실을 맺은 치밀한 성경 주해의 산물이다. 이미 계시록 5장 9, 10절에서 열방의 사중 정형문을 사용하여, 어린 양의 속량으로 인해 열방을 나라와 제사장으로 삼으셨다고 찬양한다. 어린 양의 새 노래에서는 여기에서 더 나아간다. 열방의 속량 그 자체가 목적이 아니라, 열방이 참 하나님을 경외하고 경배하도록 함이 진정한 목적이다. 출애굽기 15장의 모세의 노래는 "주가 영원히 다스릴 것이다"(15:18)라고 마무리되는 반면에, 계시록 15장의 어린 양의 노래는 "열방이 와서 주께 경배하리이다"라며 출애굽의 의미를 재해석하여 마무리한다.

### 11-15장의 결론

두루마리는 '하늘에서 이뤄진 하나님 나라가 이 땅에 어떻게 이뤄지는가?'가 큰 주제이다. 두루마리는 하나님 나라의 임재를 위해 교회의 역할이 무엇인가를 강조한다. 교회는 새벽이 지나가기를 마냥 기다리는 파수꾼이 아니다. 교회는 하나님 나라의 임재에 능동적이고 역동적으로 참여한다. 두루마리는 교회의 역할을 강조한다. 비록 주연이 아니라 조연이지만, 조연이 빛나는 곳이 두루마리이다.

교회는 죽임을 당한 어린 양의 발자취를 따라서 두 증인의 삶을 산다. 교회가 잘 죽으면 하나님 나라가 임한다. 교회가 못 살면 하나님 나라는 임하지 않는다. 십자가와 부활의 패턴을 따라서 신실한 증인으로 죽기까지 복음을 삶을 통해 증언할 때에 열방이 주께로 돌아온다. 이것이 11장의 이야기이다. 11장은 두루마리의 예고편이자 축소판이다.

12-15장은 두루마리의 확대판이다. 교회가 하나님 나라 임재에 역동적으로 참여하려면 광야 모드로 존재해야 한다. 광야는 새로운 출애굽을 준비하는 곳이다. 새로운 출구를 마련하는 곳이다. 광야 교회는 인간 창조부터 이어져 온 여인과 뱀 사이의 싸움 속에 생존하고 준비하는 교회의 생존양식이다. 사탄과 교회의 싸움은 지상에서와 같이 하늘에서 일어났다. 이러한 싸움의 와중에 교회는 메시아를 배출하고 광야의 삶을 산다. 교회는 메시아 공동체이다. 교회를 통해 메시아가 태어나고, 메시아를 통해 교회는 새로운 정체성과 사명을 받는다. 그래서 사탄은 교회를 핍박한다. 이것이 12장의 이야기이다.

교회를 핍박하는 사탄은 강력한 666 체제를 구축한다. 사탄(용)은 바다짐승(정치 지도자)과 땅의 짐승(종교 지도자)을 대리인으로 내세워서, 악의 통치 체제를 구축한다. 이것이 666이다. 인간을 짐승의 수준으로 격하시키는 모든 정치, 경제, 사회 체제는 666이다. 사탄은 땅에 거하는 자들의 숭배를 받으며 통치한다. 이 체제에 저항하는 자들은 엄청난 고통과 사회적 억압에 직면해야 한다. 이것이 13장의 이야기이다. 그러나 이야기는 여기까지가 아니다.

13장과 극명한 대조를 이루는 것이 14장이다. 시온산에 어린 양이 14만 4천과 함께 서 있다. 사탄의 666 체제에 대항하여 어린 양은 성전(聖戰)을 벌였다. 여기에 14만 4천은 구속의 첫 열매로서 종말론전 성전에 참여하여 승리의 개가를 부른다. 어린 양이 승리하여 시온산에서 다스린다. 어린 양의 승리를 기점으로 영원한 복음과 심판이 선포된다. 바벨론과 그 추종자들은 심판에 직면할 것이다. 결정적인 선택의 기로에 놓여 있다. 계속 우상숭배를 하며 경제적 풍요와 안전에 중독되어 짐승에게 충절을 바치든지, 아니면 주께 돌아오든지, 둘 중 선택을 요구한다. 마지막으로 대추수의 시기가 닥쳐 올 것이다. 첫 열매인 14만 4천을 따라서 열방이 주께 돌아오는 구원의 추수에 참여하든지, 아니면 잔혹한 포도 추수의 심판에 직면한다. 이것이 14장의 이야기이다.

　　15장에서 어린 양의 성전(聖戰)에 참여한 자들이 모세의 노래, 어린 양의 노래를 부른다. 14장 2절에서 14만 4천이 부르는 승리의 개가이다. 이는 출애굽한 이스라엘이 홍해에서 불렀던 모세의 노래와 같다. 그런데 왜 전투와 추수가 끝난 시점에 부르도록 15장에 배치되어 있는가? 14만 4천뿐만이 아니라 주께 돌아온 열방이 부르도록 시간의 여백을 마련해 놓았다. 전능하신 하나님을 열방이 노래하도록 기다리고 있다. 이로서 두루마리는 최후의 승리의 개가를 부르는 장면으로 마무리된다.

6장

# 음녀 바벨론의 실체

음녀 바벨론은 요한 시대에는 로마제국이었다. 계시록 17, 18장은 바벨론의 멸망을 다루고 있다. 역사적으로 로마의 멸망과 최후 심판을 다룬다고 이해한다면, 21세기에 사는 우리와는 별로 적합성이 없다. 바벨론은 요한의 독자들에게 가장 위협적인 존재로서 로마제국을 상징할 뿐 아니라, 지금 우리가 살고 있는 시대에도 여전히 존재한다. 음녀 바벨론의 실체를 제대로 이해하는 것이 중요하다.

계시록 12장에 사탄이 등장한다. 계시록 13장에는 사탄의 대리인 역할을 하는, 두 마리 짐승이 등장한다. 하나는 정치 지도자이다. 요한 당시에는 네로로 대변된다. 하지만 역사적 네로만 지칭하지 않는다. 사탄에게 권세를 받아서 군림하며 하나님 백성을 핍박하는 모든 정치 지도자들이 바로 첫 번째 짐승이다. 이 짐승의 통치 체제와 이념이 666이다. 첫 번째 짐승을 땅에 사는 사람들이 숭배하도록 미혹하고 선전하는 역할을 둘째 짐승이 한다. 둘째 짐승은 종교 지도자들이다. 용(사탄)은 정치와 종교를 통해 자신의 통치를 이 땅에 실행한다.

음녀 바벨론은 무엇인가? 사탄의 삼위일체가 현실 역사의 표면에 내세워서 그 통치를 실현하는 국가이다. 바벨론은 역사 이래 사탄의 통치를 구현하는 실체로서, 역사상에 존재하며 하나님 나라를 대적하여 사탄의 통치 이데올로기를 구현하는 제국들이다. 요한 당시에는 로마제국이다. 그 이전에는 고대 바벨론 제국, 애굽, 신바벨론 제국, 페르시아 제국, 헬라 제국, 로마제국이다. 그리고 이후에 등장하는 모든 형태의 제국은 사탄의 통치를 현실 속에서 구현하는 통로들이다. 제국을 통해 드러나는 사탄의 통치력은 종교와 경제를 통해 가장 잘 구현된다. 요한은 계시록 18장에서 강력하게 로마를 경제적으로 비판하고 있다.

### 바벨론 멸망(17-18장)

17장 1절부터 19장 10절은 여섯 번째와 일곱 번째 대접 심판을 확대한 그림이다. 음녀 바벨론은 짐승과의 관계 속에서 보아야 충분한 이해가 가능하다. 음녀는 붉은 짐승 위에 타고 있다. 로마제국은 첫째 짐승의 권세에 의존하여 권세를 발휘한다. 짐승은 13장에서 등장한 첫째 짐승으로 그리스도의 파루시아를 패러디하여 다시 등장한다(7-11절). 열 뿔 곧 열 왕은 짐승의 동맹군들이다(12절). 짐승과 그 동맹군이 어린 양과 그 군대와 더불어 싸우지만 패배를 당한다(14절). 음녀는 '백성과 무리와 열국과 방언'(열방의 사중 정형문)을 지배한다. 하지만 전혀 예상하지 못한 반전이 여기서 일어난다. 짐승과 그 동맹군들이 음녀 바벨론을 멸망시키는 하나님의 도구가 된다.

어떻게 음녀 바벨론이 멸망을 당하는가? 계시록 18장은 생생하게 그 장면을 묘사한다. 바벨론은 우상숭배의 근거지이다(2절). 바벨론은 하나님의 진노를 불러일으키는 음행의 포도주를 열방에 마시게 하였다. 계시록에서 음행은 우상숭배의 은유적 표현이다. 바벨론의 권세가 주는 매력은 마치 포도주와 같다. 마시면 마실수록 취한다. 로마는 군사적 힘과 경제적 풍요를 미끼로 열방을 미혹하였다. 충분히 매력적인 반대급부를 제공하였다. 바벨론은 자기 영화와 사치에 빠졌다(7절). 그 결과 다가올 재앙에 무감각하여졌다. 바벨론의 멸망은 파급효과가 크다. 바벨론에 의존하던 자들이 애통한다. 바벨론 멸망으로 통곡하는 자들은 세 부류이다. 첫째는 열왕들이다. 이들은 바벨론으로 인해 부귀영화와 안정을 누렸다. 바벨론의 몰락은 그들의 몰락을 의미한다. 둘째 집단은 바벨론과 거래를 하던 상인들이다(11-17절 상). 바벨론으로 인해 가장 많은 혜택을 누리고, 바벨론이 멸망의 길로 가도록 기여하였던 부류가 바로 상인들이다. 세 번째 부류는 해양상업을 주도하던 선원들이다(17하-19절).

계시록 18장은 바벨론의 멸망 원인을 23, 24절에서 세 가지 제시한다. 첫째 이유는 땅의 왕족들인 상인들 때문이다. '자기 영화'에 빠져서 경제적 부를 획득했으나 도덕적 책임을 지지 않았다. 이 표현을 인유하고 있는 이사야 23장 8, 9절을 통해 잘 알 수 있다. 두로는 경제적 부요와 권세로 인한 교만(사 23:9)하게 되어서 도리어 멸시를 받는 자가 되어 버렸다. 인간의 목적은 하나님을 영화롭게 하고 그를 즐거워하는 것이지, 자신을 영화롭게 하고 자신의 성취를 즐거워하는 것은 아니다. 바벨론이 멸망을 당하는 둘째 이유는 모든 열방을 미혹한 "복술" 때문이다(참조. 사 47:9; 나 3:4). 계시록 21장 8절과 22장 15절에서 음행과 우상

숭배와 복술을 나란히 배치하여 놓고 있다. 미혹의 목적은 음행, 곧 우상숭배이다. 그래서 바벨론은 음녀이다. 복술은 미술과 요술을 통해 사람들을 미혹하는 주술행위를 말한다. 로마 멸망의 세 번째 이유는 살인의 피가 울부짖기 때문이다. "선지자들과 성도들과 및 땅 위에서 죽임을 당한 모든 자의 피가 이 성중에서 보였느니라." 무죄한 자의 피를 흘리고 수탈한 피의 흔적이 로마의 부귀영화에 뚜렷하게 보인다.

### 왜 성령은 요한을 광야로 데리고 가는가?(17:3)

광야는 뱀과 악한 영들과 같은 맹수가 거하는 장소이다. 성도들을 핍박하는 곳이다. 또한 죄가 심판을 받는 곳이다. 하지만 무엇보다도 광야는 출애굽과 종말에 성도를 보호하고 양육하는 곳이다(12장). 광야에서 보이는 것이 있다. 광야는 새로운 출발을 위한 준비 공간이다. 이스라엘이 출애굽하여 가나안에 들어가기까지 40년을 보냈다. 광야 40일은 하나님 백성이 애굽 생활에 익숙하였던 노예근성을 벗겨내는 곳이다. 죄를 지은 인간은 사탄의 노예가 된다. 노예는 시키는 대로 일을 하고 주는 대로 먹으면 된다. 지극히 피동적이고 수동적이다. 호의호식만 하면 만족한다. 이러한 근성을 버리는 곳이 광야이다. 광야 40년 동안 이스라엘은 일용할 양식의 훈련을 받았다. 하나님이 공급하시는 양식을 먹으며, 하나님의 인도하심을 받으며 살았다. 하지만 하나님의 '도'(道)를 몸에 익히며, 선과 악 가운데 선택을 하며 살았다. 선택은 하나님이 인간에게 주신 최고의 축복이다. 하나님이 인간을 존중한다는 증거이다. 선택의 기준은 하나님의 도(道)이다. 광야 생활을 통해 이스라엘은 애굽의 허상과 죄악을 깨달을 수 있었다. 다시 애굽으로 돌아간다는 것은 하나님을 반역하는 것과 동일하다. 하나님이 가장 싫어하시는 죄악이다.

출애굽한 이스라엘의 광야 40년은 언약 백성의 삶의 패턴이 되었다. 스데반은 이를 '광야 교회'라고 했다. 쿰란 공동체도 광야 생활을 선택하였다. 세례 요한은 광야에서 주의 길을 예비하였다. 예수님도 광야에서 사역을 준비하셨다. 광야에서 도시를 전혀 다른 새로운 각도에서 볼 수 있는 시야가 열린다.

왜 성령이 요한을 광야로 데리고 갔는가? 17장은 바벨론의 멸망을 기술한다. 단지 바벨론이 어떻게 멸망을 당하는지 구경하도록 데리고 간 것이 아니다. 바벨론은 멸망을 당한다. 바벨론 멸망이 계시록의 끝이 아니다. 구속 역사의 마무리가 아니다. 새 하늘과 새 땅, 새 예루살렘을 준비해야 한다. 새로운 준비와 새로운 출발을 위해서는 광야의 시각이 필요하다.

큰 성 바벨론을 하나님 나라의 시각에서 볼 수 있는 시야가 필요하다. 바벨론에 대한 비판적 시각과 대안적 시각이 필요하다. '큰 성'은 성도와 무고한 자의 피를 흘리고 이뤄졌고 유지된다(18:24). 광야에 있으면 도시의 안락함과 유익함과 편리함을 떨쳐버릴 수 있다. 미혹을 당하지 않는다. 광야의 시각으로 바벨론을 볼 때에, 음녀와 짐승의 색깔을 뚜렷하게 볼 수 있다. 겉모습으로 보는 바벨론은 위대하고 찬란하고 강력하다. 하지만 그 이면에는 수많은 노예들의 신음소리와 세계 곳곳에 수탈들 당한 피해자들의 피가 흥건하게 고여 있다. 어느 사회든 안정과 번영을 위해 희생자들의 목소리를 소수의 항변이라고 묵살시켜 버린다. 이렇게 억압을 당하는 목소리와 묻혀 있는 사실을 듣고 볼 수 있는 시각이 필요하다. 그곳이 광야이다. 계시록은 하늘보좌의 시각뿐 아니라, 제국에 짓밟혀서 고통을 받는 희생자들의 시각을 부각시킨다. 이러한 시각은 당대 다른 로마 작가들과 분명한 차이점이다. 이러한 시각이 어디서 나오는가? 광야에 있을 때이다.

광야는 메시아 시대를 준비하는 자들이 연대할 수 있는 곳이다. 도시의 구조와 굴레에서 벗어나서 하나님이 공급하시는 일용할 양식으로 살아가는 자들이 연대할 수 있는 곳이다. 메시아직 상상력으로 도시를 조망하고 비판하고 대안을 마련하는 곳이다. 메시아 공동체의 시각으로 현실을 직시하고 돌파구를 찾는 신실한 증인들이 함께 보호를 받고 양육을 받으며 준비되는 곳이다. 세례 요한은 광야에서 주의 길을 준비하면서, 다가올 심판을 경고하면서, 자신에게 나아오는 자들에게 세례를 베풀었다. 이는 광야에서 도시를 새롭게 할 사람들을 준비하고 양육하는 활동이다. 이와 같이, 우리 시대에 바벨론의 허상과 죄악을 볼 수 있는 시각을 얻기 위해서는 광야에 나아갈 필요가 있다.

**왜 놀랍게 여기느냐?(17:7)** 요한은 음녀와 짐승의 환상을 보고서 크게 놀랍게 여긴다. 천사는 왜 놀랍게 여기느냐고 책망을 한다. '놀랍게 여긴다'는 단어는 땅에 거하는 자들이 짐승을 숭배하며 숭모하는 장면을 묘사할 때에 사용된다(13:3; 17:8). 만일 요한이 짐승과 음녀에 매력을 느끼게 되었더라면, 얼마나 쉽게 그의 독자들을 미혹할 수 있었겠는가! 왜 계시록은 짐승과 음녀가 눈에 확 들어오도록 특이하고 무시무시하게 색칠을 하는가? 독자들이 쉽게 매력을 느끼지 못하도록 하기 위함이다.

놀랍게 여기는 이면에는 두려움이 있다. 다니엘 4장 17절(상), 19절(상)[칠십인역, 4:16 MT]은 아람어의 '소스라치게 놀람'의 개념을 담고 있다. 예상하지 못한 환상에 대한 경이감의 표현이 아니라 충격과 두려움의 의미이다. 음녀의 피에 굶주린 장엄함과 더불어 짐승과의 성공적인 공모(共謀)를 볼 때에 전율을 느낄 수밖에 없다. 막강한 권세를 가진 정치, 경제적 실체에 대하여 두려움, 공포를 느낄 수 있다. 성도는 현실 세계를 지배하는 바벨론 체제의 막강함과 무소불위의 권세에 주눅이 들 수 있다. 그러나 두려워하지 말아야 한다. 결국은 자중지란을 일으켜서 하나님 심판의 대상이 되고야 만다. 악은 선을 대항하지만, 악은 악과도 모순을 일으키기 마련이다. 아무리 강력하고 영구적인 듯해도, 기껏해야 하나님과 어린 양을 패러디하는 짝퉁에 불과하다.

요한은 왜 놀랍게 여기는가? 바벨론은 크고 매력적이다. '큰 성' 바벨론이다. 바벨론은 그리스도의 신부인 새 예루살렘 성과 같은 복장과 치장을 하고 나타난다. 구약의 대제사장의 복장이 마치 음녀와 어린 양의 신부의 복장과 비슷하다(17:16; 21:18-21). 바벨론은 모든 면이 다 나쁜 것이 아니라 어떤 면에서는 매력적인 모습이 있다고 생각하도록 만들지도 모른다. 요한이 순간 드러나는 것에 사로잡혔을 수도 있다. 음녀 바벨론은 구약 이세벨을 모델로 삼고 있다. 이세벨은 거짓 선지자이다(계 2:20). 의로운 척 하는 위선과 매력적인 아름다움에 우선 주목할 수도 있다. 성도는 바벨론에 매력을 느끼지 않도록 분별력을 가져야 한다. 현상의 이면에 있는 본질을 볼 수 있는 통찰력이 필요하다. 감각적인 맛과 멋에 길들여진 사람들에게 바벨론은 마치 조미료와 인공색감과 같다.

현실 세계의 번영과 부요와 안전에 매력을 느끼면, 이면에 있는 본성을 파악하기 힘들다. 때로는 숭배에 이를 정도로 무비판적인 수용과 추종을 하게 된다. 조직적이고 집단적인 옹호와 추종을 하게 된다. 이데올로기는 인간을 집단적이고 맹목적으로 추종하게 만드는 위력이 있다. 그래서 무비판적인 사람들은 화려한 무대에 선 슈퍼스타나 대중적인 지지를 받는 정치·사회 지도자들을 흠모하고 신격화시키기도 한다. 사회적으로 성공한 자들을 흠모하고 따라한다. 경제적인 성취를 이룬 자들은 성공 자체만으로도 모든 부정적인 측면을 간과하는 많은 사람들의 선망의 대상이 된다. 그리스도인은 이러한 피상적인 경향을 따르지 말아야 한다. 유행하는 음악과 영화, 유명 브랜드를 아무 의식 없이 구매하거나, 얼리어답터를 추종하지 말아야 한다. 현대 사회에서 구매는 숭배를 뜻하기도 한다.

바벨론의 멸망은 성도의 탄원(계 6:10)에 대한 하나님의 응답이다. 성도는 바벨론이 멸망당하는 광경을 보고 통곡할 것인가 즐거워할 것인가? 음녀 바벨론에 어떤 태도를 취하여 살아왔

느냐에 따라 대답은 달라진다. 바벨론에 애착을 느끼는 자들은 통곡할 것이다. 애착의 정도에 따라 통곡의 소리는 달라질 것이다. 바벨론에 거리를 두는 자들은 기뻐할 것이다. 성도는 현실의 표면적인 모습이 아니라 이면에 있는 본질과 본성을 볼 수 있는 시각을 가진다. 짐승과 음녀가 조합을 이루어 만들어 낸 찬란하고 위대한 문명의 이면을 볼 수 있는 시각을 가진 성도는 바벨론의 멸망을 즐거워하고 기뻐한다.

바벨론이 부를 획득하는 과정은 피와 땀을 희생시키는 착취구조였다. 또한 부의 사용은 사치와 자기 영화와 교만으로 이어졌다. 이는 우상숭배와 동일하다. 바벨론의 멸망은 소돔과 고모라, 애굽, 두로, 에돔, 니느웨 그리고 로마에 적용된다. 바벨론 멸망의 논리는 로마뿐 아니라, 그 이후부터 지금까지 제국의 길을 걷는 모든 정치·경제 체제에 적용될 수 있다. 제국은 불의한 정치·경제 체제로서 반드시 하나님의 심판을 받는다. 성도는 거기서 나와서 그 죄에 참여하지 말고, 그들이 받을 재앙을 받지 말아야 한다. 그들의 죄는 인간의 영혼을 탐닉한 문명을 창출하고 자기 영화와 자만에 있다. 하나님의 진노의 잔을 피하기 힘들다.

### 통렬한 바벨론 비판

본문에 나타난 바벨론은 다음과 같이 정리할 수 있다. 첫째, 많은 물 위에 앉은 큰 음녀이다(17:1; 15). 일차적으로 '많은 물 위에 앉은 음녀'라는 표현은 역사적으로 신 바벨론의 멸망을 예언한 예레미야 51장 13절(=28:13, 칠십인역)의 인유이다—"많은 물가에 거하여 재물이 많은 자여 네 탐람의 한정, 네 결국이 이르렀도다." 느부갓네살이 건설한 바벨론은 물을 탁월하게 전략적으로 이용하였다. 군사적으로 안전한 방어벽을 만들었다. 경제적으로는 사방으로 펼쳐지는 운하를 통해 왕성한 무역 네트워크를 형성하였다. 로마 또한 해양 강국으로서 지중해를 군사적으로 장악했고, 무역에 있어서도 전 세계에 네트워크를 형성하였다. 그러나 문자적인 의미를 넘어서 이는 열국을 상징한다. 17장 15절은 음녀가 앉아 있는 물은 '백성과 무리와 열국과 방언들'이라고 밝힌다. 즉 열방을 뜻한다. 이사야 17장 12-13절도 "많은 물"을 '많은 민족'을 위한 은유로 사용한다(참조. 사 8:7; 23:10; 렘 46:7-9; 47:2; 4QpNah frag. 1, 2:4; 3:8). 이는 열방 위에 권세를 부리며 군림한다는 뜻이다. 바벨론과 거래를 하던 왕들과 상인들이 통곡하는 이유는 바벨론과의 동맹관계 속에서 누리는 이익이 엄청났기 때문이다. 이 표현 자체만으로도 바벨론의 제국적 성격을 잘 보여준다. 한 면에 베스파시아누스, 다른 한 면에는 로마의 일곱 언덕에 앉아 있는 여신 로마를 새긴 동전은 여신 로마와 신들의 위대한 어머니(Magna Mater)가 음녀 바벨론 이미지의 배후에 있음을 나타내는 역사적 증거일 수도 있다.

**베스파시아누스 황제와 여신 로마가 새겨진 동전의 앞뒤 면**

둘째, 바벨론은 우상숭배의 근원지이다(17:2-5; 18:2-3; 23). 바벨론은 음행의 포도주를 열방이 마시게 만들었다. 땅의 임금과 더불어 음행하였고, 땅에 사는 자들도 그 음행의 포도주에 취하였다. 우상숭배와 음행이 직접적인 연결고리를 가지고 있다는 것은 계시록의 핵심 사상이다(2:14, 20-21; 9:21; 14:8). 음녀는 자주 빛과 붉은 빛 옷을 입고 금과 보석과 진주로 장식하였다(4절 상). 음녀 곧 거리에서 자신의 이름을 붙이고 호객 행위를 하는 매춘부와 같다. 음녀가 돈을 받고 몸을 팔고 성적 봉사를 한다는 점은 고대 세계에 잘 알려진 관행이다. 바벨론이 경제적인 매춘부라는 점은 잘 드러낸다. 음녀의 복장과 어린 양의 신부의 복장이 대비된다. 음녀의 복장(17:4)은 가증한 물건과 음행의 더러운 것을 반영하고, 신부인 예루살렘의 복장(21:2, 9-23)은 하나님 현존의 영광을 반영한다. 이러한 대조를 통해, 음녀는 우상숭배와 관련이 있음을 알 수 있다. 바벨론은 우상숭배에 기반을 둔 종교를 통해 세계 각국과 유대 관계를 맺었다. 이 관계를 통해 경제적인 통상관계를 돈독하게 만들었다. 바벨론에 협력하면 경제적 번영과 정치적 안전을 보장하여 준다. 포도주는 중독성이 있다. 경제적 반대급부에 중독되면 끊기가 힘들어진다.

　셋째, 성도들과 선지자들과 땅에 사는 자들을 핍박하였다(17:6; 18:24). '피에 취한다'라는 표현은 고대 사회에 억압을 표현하는 숙어이다(Josephus War 5.343-44; Philo Leg. All. 3.202). 피는 보통 죽음의 은유적 표현이지만, 상징적으로는 핍박과 억압을 나타낸다. '다른 사람의 눈에 피눈물이 나게 한다'라는 표현이 있다. 경제적 번영을 위해 강요하는 우상숭배에 굴복하지 않는 자들은 바벨론을 통치하는 체제에 의해 핍박을 받을 것이다. 바벨론의 잔은 "가증한 물건과 음행의 더러운 것으로 가득 찼다." 이는 우상숭배와 박해를 상징적으로 나타낸다. 음녀는 나중에 짐승에 의해 멸망을 당하지만, 음녀 바벨론의 권세 배후에는 본질적으로 짐승의 권세가 뒷받침하고 있다. 바벨론은 성도들의 피와 예수의 증인들의 피에 취하였다(6절 상). 하나님 나라는 본질적으로 세상 나라에 위협적이고, 가치와 체제를 전복한다. 고대 사회 체제에 가장 핵심인 우상숭배를 거부한다. 뿐만 아니라 하나님 백성은 가치 체계와 삶의 방식이 바벨론이 주도하는 세상과는 다르다. 바벨론의 체제에 가장 강력하게 저항할 수 있는 가치 체계와 삶의 방식으로 하나님 백성은 살아간다.

넷째, 바벨론은 짐승과 동맹군에 의해 멸망을 당한다(17:6하-18). 이 대목은 자못 충격적이다. 바벨론은 어린 양과 그 군대에 의해 멸망을 당하는 것이 아니라, 사탄 세력 내에 자중지란으로 멸망을 당한다. 물론 하나님의 섭리 안에 있음은 당연하다(17:17). 17장에 짐승이 소개되는 이유는 바벨론 체제를 지지하기 위함이 아니라 멸망시키기 위함이다. 바벨론은 본질적으로 짐승의 통치 이데올로기를 구현하는 통로이다. 하지만 열 뿔과 짐승의 동맹은 어린 양과 성도와 더불어 싸우지만, 승리를 하지 못한다. 그 결과 반전이 일어난다. 짐승은 음녀를 공격하여 멸망시킨다.

이것은 이때까지 감추어졌던 '비밀'이다. 성경에서 '비밀'은 하나님의 약속과 예언이 어떻게 성취되는지를 표현하는 언어이다. 예수 그리스도의 십자가와 부활로 인한 열방의 구원과 하나님 나라가 세워지는 것은 가장 명확하게 아이러니한 비밀이다 (참조. 롬 11:25; 16:25-26; 고전 2:7; 15:51; 마 13:11; 막 4:11; 눅 8:10; 엡 3:3-4, 9; 살후 2:7). 계시록의 '비밀'은 다니엘을 배경으로 한다. 다니엘 4장 9절(데오도션)에서 '비밀'은 느부갓네살의 교만을 심판할 때에 사용된다. 하지만 다니엘 2장 18-19, 27-30, 47절에서는 종말론적 의미로 사용된다. 구약의 다른 곳에서는 매우 드문 사례이다. 계시록에서 비밀은 그리스도의 파루시아 직전에 있는 바벨론의 멸망이다. 17장 7절에서 '비밀'은 17장 8-18절에 드러내는 짐승의 실체와 역할을 나타내기 위해 다시 사용된다. 말세에 바벨론의 멸망으로 이어지는 사건들은 하나님의 감춰진 계획의 성취이다. 뿐만 아니라 전혀 예상하지 못하게 아이러니한 방법으로 풀어진다.

무엇을 예상하지 못하고 무엇이 아이러니한가? 하나님 나라가 세워지고 짐승의 제국이 멸망을 당하는 방식이 아이러니이다. 일차적으로 어린 양과 하나님 백성이 세상의 관점에서 눈에 드러나게 승리하는 것이 아니다. 오히려 패배를 당하고 고난을 당하는 방식으로 승리한다. 패배를 당하는 것이 이기는 방법이다. 음녀 바벨론은 그리스도의 파루시아 이전에 이미 내부 갈등으로 스스로 망한다. 내부에 결정적인 반란이 일어난다. 악한 체제의 정치, 경제적인 분야와 종교 사회적인 분야가 충돌을 일으킨다. 정치가 경제와 종교를 멸망시킨다. 이러한 시나리오는 구약 예언에서 드러나지 않았지만, 계시록에서는 밝히 드러난다. 그래서 비밀이다. 이전 세대와 세상에는 감춰졌지만, 들을 귀가 있는 자들에게는 드러난다.

하나님을 경외하지 않는 세상 제국의 정치 경제 체제는 결국 제국을 뒷받침하는 사회, 종교 체제의 본질에 등을 돌리고 도리어 멸망시킬 것이다. 하나님 나라의 원리에 근거하지 않는 정치와 경제는 반드시 이에 종속되는 사회, 교육, 문화, 미디어를 억압하고 붕괴시킨다. 악의 체제는 본질적으로 모순을 안고 있다. 따라서 한 체제를 결속시키는 힘이 와해되고 내적인 모순이 갈등으로 드러난다. 동맹 관계의 심각한 균열과 이반이 일어난다. 바벨론에 협조하던 열국이 바벨론을 배반하고 도리어 멸망을 시킨다. 땅의 왕들(16-18절)은 바벨론의 무수한 경제적·종교적 추종자들로 하여금 바벨론에 충성하지 못하도록 설득하여 단념시킨다. 바벨론에 대한 미몽에서 각성하는 것은 왕들에 의한 바벨론의 심판과 최후 심판 자체의 전조이다. 유프라테스 물들을 말려 버림(16:12)은 어떻게 전 세계의 바벨론의 종교적이고 경제적인 신봉자들이 바벨론에 충성을 철회하고 반역하게 되는지를 보여주는 그림이다.

다섯째, 바벨론은 경제적 제국주의를 추구하여, 풍요로 인하여 사치와 자기 영화와 교만에 빠졌다(18:3, 7). 바벨론의 죄는 자기 영화와 사치와 교만이다. 이 죄가 무엇에서 비롯되었는가? 경제적 번영이다. 랍비 문헌의 표현은 이를 잘 반영하다. "세계 전체 부를 10분위로 나눈다면, 10분의 9는 로마가 취하고, 10분의 1은 세상의 나머지가 취하였다"(b. Kiddushin 49b). "큰 성 로마에는 365개의 도로가 있었고, 각 도로마다 365개의 궁전이 있고, 각 궁전마다 365군데 상점이 있었다"(b. Pesahim 118b). 여기서 365는 연중 쉴 틈이 없는 사치와 향락을 상징적으로 나타낸다. 바벨론은 자기만족에 빠져서, "나는 여왕으로 앉은 자요 과부가 아니라, 결단코 애통함을 당하지 아니하리라"(7절 하)라고 교만한 주장을 한다(참조. 사 47:7-8). 그 대가는 심판이다. 탈리오 법에 따라서 행한 대로 징벌을 받아 패망하게 된다. 역사적으로 바벨론이 받은 심판은 바벨론의 길을 따르는 모든 제국주의가 받은 심판의 본보기이다. 로마의 제국주의적 특성은 18장 12-13절에 수록된 로마가 세계 곳곳에서 거래한 상품 목록을 통해 잘 드러난다.

금 : 스페인 (금을 생산하는 곳이면 로마가 대적하는 자리이다)

은 : 스페인

보석 : 인도

진주 : 홍해

세마포 : 이집트와 스페인과 소아시아.

자주 옷감 : 밀레도, 두아디라, 라오디게아, 히에라폴리스

비단 : 중국 (파르디아, 인도)

붉은 옷감 : 소아시아

각종 향목 : 구레네, 모로코

각종 상아 : 아프리카와 인도

각종 값진 나무 : 세달

동 : 고린도와 스페인

철 : 스페인, 폰투스, 인도, 중국

옥석 : 아프리카, 이집트, 그리스

계피 : 남아시아, 소말리아

향료 : 인도 남부

향과 향료 : 예멘, 소말리아

유향 : 남아라비아

포도주 : 시실리, 스페인(와인 경작으로 곡물 파동)

감람유 : 이탈리아

고운 밀가루 : 이집트

밀 : 사르디니아/시실리, 아프리카/이집트

소 : 운송과 파티

양 : 시실리, 고기와 양털

말 : 아프리카, 스페인, 시실리, 카파도기아, 그리스

수레 : 골

노예 : 전쟁 노예(유대인 7만 명)와 무역, 에베소(겔 27:13)

인간의 영혼 : 인간의 인격을 희생

항목은 총 스물여덟 항목이다. 계시록에서 숫자 28은 4(땅의 사주경계)×7(완전수)로 범위가 지구촌 전체에 미침을 나타낸다. 이들 무역 물품 항목들은 로마의 타락한 문화적 특징을 확연하게 잘 드러낸다. 첫째, 이들 물품은 로마의 수입품 중에 사치와 향락에 사용된 가장 비싼 물품들이다. 플리니는 당시 로마에서 가장 비싼 자연 생산품을 기록하고 있는데(Natural History 37.204), 계시록의 28개 항목 중에 13개가 이에 속한다. 아우구스투스 이

래로 수입이 증가하여, 베스파시아누스 시대를 거쳐서 계시록이 기록된 도미티아누스 때에 절정에 달한다.

둘째, 부자들의 향연을 위해 로마가 세계 전역에서 수입한 외래 식품은 빠져 있다. 이들 식품은 1세기 로마인들의 과도한 탐닉과 방종이 어느 정도인지를 가늠할 수 있도록 하는 지표와 같았다. 계시록이 특별하게 언급할 필요가 없었다. 이미 로마 작가들의 불평과 풍자의 특정한 공격 대상이었기 때문이다. 대부분의 수입 상품들은 사치품들이다. 대부분의 사람들이 먹고 사는 기본 생필품을 찾아보기가 거의 어렵다(계 18:11 이하; 참조. 27:12 이하). 이들 사치품들은 탐욕스러운 욕구를 채워주기 위해 당시 세계의 중심부로 자연스레 집중되었다. 나머지 주변부 세계에 당연히 영향을 미치게 마련이다. 주변부에 사는 사람들은 단순히 다른 사람들의 필요를 공급하는 수단이 되어 버린다. 소수 특혜를 누리는 사람들이 부유하고 호사스런 생활을 도에 지나치게 추구하면, 나머지 인간의 생활과 사회가 숨겨진 대가를 지불해야만 한다.

셋째, 로마에서 흔히 발견할 수 있던 스물여덟 항목 중에 절정에 달하는 것은 '노예와 인간의 영혼'이다. 이 목록은 간명하지만 음산한 언급이다. 노예들은 그저 몸뚱이뿐이다. 그러나 토를 달지 않고는 그냥 넘어갈 수 없는 결정적인 언급은 '인간의 영혼'이다. 로마는 인간의 영혼까지 사고팔 정도로 인간 자체를 상품화시켜 버렸다. 곧 이어지는 14절은 일종의 노여움을 나타내는 감탄사이다. "바벨론아! 네 영혼이 탐하던 과일"은 로마가 하나님의 심판으로 상실하게 될 물건에 대한 반복되고 간명한 수식어이다. '탐하던 과일'은 출애굽기 20장 17절의 탐심에 관한 계명과 창세기 3장 6절의 낙원의 과실을 반향한다. 이는 풍요와 재산에 애착을 가진 인간의 특성이다. 요세푸스는 가인은 땅과 탐욕에 휩싸인 삶을 살았다고 기록한다(Ant. 1:60). 로마의 안정과 번영은 수백만의 노예를 희생시킨 산물이다(18:13, 24). 18장 24절은 선지자와 성도뿐 아니라 땅에서 죽임을 당한 모든 자의 피가 로마의 성중에 발견된다고 고발한다.

계시록은 당대 어떤 도덕군자들보다도 더 강력하고 통렬하게 로마에 비판을 가하고 있다. 로마 작가들은 귀족들의 근면하고 엄격하고 단순한 생활 스타일을 높이 평가하였다. 그래서 로마제국의 상류층의 부패와 향락에 탐닉하는 모습을 비판했다. 하지만 요한은 철저하고 포괄적이고 근본적으로 로마를 비판한다. 로마가 가진 사악한 근성을 폭로한다. 요한이 로마를 비판하는 것은 기독교를 핍박했기 때문이라는 생각은 실수이다. 요한

이 로마제국에 깊이 뿌리를 내린 권력의 핵심 속성을 수면 위에 부상시키는 이유가 있다. 요한의 비판의 요지는 이것이다. 즉 로마는 부와 사치를 위해 세계를 정복하여 노략질을 했다. 정복한 땅에 세금을 적출하여 자신들의 부와 풍요를 누렸다. 그리고 노예와 부속민의 노동으로 제국의 품위와 풍요를 유지하였다. 제국의 신성화와 어린 양의 통치는 충돌이 불가피하다. 로마는 무고한 자들의 피를 흘리고 이에 취하여 있다. 이것이 바로 제국의 본성이다.

요한은 계시록을 쓸 때에 로마를 바벨론이라고 부르고 비판한다. 바벨론은 어느 시대 어느 곳에서나 군사적 권력과 포로생활의 상징이자(시 137편, 벧전 5:13), 어린 양의 도를 증언하는 자들에게는 압제의 상징이다. 하지만 바벨론은 하늘 보좌의 비전을 가진 사람의 눈으로 볼 때에, 하나님의 영광을 볼 수 있는 장소이다. 에스겔이 바벨론에서 하나님의 영광의 비전을 보았듯이(겔 1장), 요한도 그의 발자취를 따르고 있음이 계시록 전체를 통해 명백하게 드러난다. 동조하여 살지는 않지만 바벨론의 주권 아래서 어떻게 살아야 하는지에 관한 비전이 필요한 자들을 향하여 묵시로 말을 한다. 다른 가치관에 기초한 일상생활 비전을 가지고 전혀 다른 시각으로 살아가지 않는 한, 바벨론 유배생활에서 벗어날 수가 없다. 계시록은 "내 백성아! 바벨론에서 나오라. 바벨론의 죄에 참여하지 말라. 바벨론이 받을 재앙들을 받지 말라!" 경고한다.

계시록은 바벨론 환상을 통해 경고한다. 우리가 당연하게 여기는 것에 대하여 경각심을 불러일으킨다. 부가 어떻게 창출되고 있는지? 국제 무역이 공정하게 행해지고 있는지? 약자를 희생시키고 강자는 희희낙락거리고 있지는 않는지? 소수의 풍요와 향락을 위해 대다수는 땀과 눈물을 흘리고 있지는 않은지? 술을 먹여서 고통을 잊게 만들고, 한 끼 빵 조각을 던져 주면서, 존경받아야 할 은인인 척하지 않는지? 부유한 국가에 살고 있는 그리스도인들은 세계 경제의 지배력과 이득에서 과연 자유로울 수 있는지? 악을 재생산하는 구조는 구조악이다. 정치권력과 경제권을 가진 자들이 부와 지위와 권세를 얻기 위해 무엇을 하고 있는지를 계시록은 폭로하고 고발한다. 음녀 바벨론이 왕들과 권력자들과 더불어 음행을 저질렀다. 이세벨의 길을 걷고 있다. 바알 숭배의 길로 가고 있다. 소수가 대다수의 자원을 고갈시키고 착취하며 유익을 독점하고 있다면, 이는 분명히 성경이 말하는 음행이다. 문화와 경제의 이름으로 행하는 난잡한 성적 행위와 같다.

계시록은 정치와 경제에 중립적인 시각을 허용하지 않는다. 어떤 활동도 도덕적으로 중립적이며 비판의 범위를 넘어 있는 것이라고 간주될 수 없고, 죽임을 당하신 어린 양의 구속이 필요가 없다고 주장할 만한 것은 아무것도 없다. 계시록은 국제무역과 상거래가 인도적인 차원을 벗어나 발전되고 있음을 폭로한다(계 13:14). 혹자는 정치나 경제를 복음의 관점에서 해석하기가 어렵고 애매하다고 주장한다. 전문가에 맡겨야 한다고 주장한다. 그러나 계시록은 이러한 가설들이 얼마나 허구이고 위선인지를 폭로한다. 어린 양 예수의 이야기는 인간의 존엄성을 해치며 자행되는 모든 거래행위의 어두운 면을 여지 없이 빛 가운데 노출시켜 버린다. 그리스도인은 어린 양과 사탄의 666 체제 사이에 벌어진 성전(聖戰)의 관점에서, 우리가 직접 눈으로 보고 있고 마주 대하는 것의 본성을 분별하여야 할 의무가 있다. 세상은 짐승의 지배를 받는 영역과 하늘의 통치를 받는 영역이 뒤섞여 있다. 그리스도인은 당황하거나 혼동하지 않고, 그 본질을 파악하는 분별력이 필요하다. 그래야 현실 속에서 하나님 나라의 가치와 삶의 방식으로 살아갈 기회가 있다. 진정한 그리스도인은 누구인가? 하늘 보좌에 성령으로 네트워크가 되어 있는 보편적 교회의 진정한 구성원은 누구인가? 교회의 신조를 동의하고, 주일 예배와 기도와 성경 읽기를 얼마나 열심히 하는지가 판단 기준이 아니다. 얼마나 음녀 바벨론에 저항하고 있는지가 진정한 판별 기준이다.

### 바벨론 심판의 결과(18:21-23)

간략하게 정리하면 다음과 같다.

힘센 천사가 큰 맷돌 같은 돌을 바다에 던진다.

결코 다시 보이지 아니한다.

풍류 소리가 들리지 아니한다.

사치품이 보이지 아니한다.

맷돌 소리가 들리지 아니한다.

등불이 비치지 아니한다.

신랑과 신부의 음성이 들리지 아니한다.

일곱 가지의 '아니한다'는 로마가 자랑하던 것이 박탈을 당하고, 로마가 자랑하던 것이 소멸되며, 로마가 행한 것대로 갚아 주는 결과이다. 계시록은 바벨론 멸망을 단계별로 강도를 높여서 강조하고 있다. 14장 8절에서 이사야 21장 9절을 인유하여 바벨론 멸망을 선포하였다. 16장 12절 이후에 강도를 더해서 선포하고, 결국 18장에서는 바벨론의 본성을 노출하여 절정에 이른다. 바벨론 심판은 과거 시제로 표현되었다. 마치 이미 일어났던 사건처럼 히브리어의 예언적 완료의 의미를 자아낸다. 왜 이렇게 표현하는가? 바벨론의 멸망은 이때까지 몇몇 방식으로 예측이 되어 왔으며, 이미 성취가 된 상태에 있다. 이것이 바로 미래에 바벨론의 멸망을 확실하게 보증하는 근거이다. 그러므로 현재 이 글을 읽는 독자는 주저하지 말고 결단을 해야 한다.

바벨론이 하나님의 심판을 받는가? 바벨론은 왜 내부적인 균열이 일어날 수밖에 없는 모순을 안고 있는가? 그 이유는 간단하다. 제국의 길을 걸었기 때문이다. 로마는 큰 성 바벨론이다 (14:8; 18:2, 21). 다니엘서에서 왕의 권세와 영광이 얼마나 큰지를 나타내는데, 왕은 자만했고 하나님의 심판을 받는다(단 4:27). 바벨론의 길을 걷는 모든 제국은 다 크다. '크다'는 것은 한 시대에 차지하는 권세와 영광을 가늠하게 만든다. 또한 한 세대를 넘어서 그다음 세대에도 악명이 높은 영향력을 발휘한다.

바벨론은 제국 체제의 원형이다. 악한 정치, 경제, 종교 체제의 원형은 니므롯의 고대 바벨론 제국(창 11장)의 멸망 이후 느부갓네살의 신바벨론 제국, 로마제국의 형태로 1세기 당시에 등장했고, 역사가 종언이 될 시점에 이를 때까지 계속하여 형태를 달리하여 역사의 무대에 등장할 것이다. 바벨론의 멸망의 예언과 성취는 일종의 역사적 패턴이다.

### 내 백성아, 거기서 나오라

계시록 18장은 두 가지 간투사[1]를 제시한다. 4절과 14절이다. 고소하듯이 분노하여 발하는 간투사이다.

- 내 백성아! 거기서 나와 그의 죄에 참여하지 말고, 그가 받을 재앙들을 받지 말라(18:4)

- 바벨론아 네 영혼의 탐하던 과실이 네게서 떠났으며 맛있는 것들과 빛난 것들이 다 없어졌으니 사람들이 결코 이것들을 다시 보지 못하리로다(18:14)

**간투사가 도전하는 메시지** 구약 선지자들도 당대 이스라엘에게 비슷한 경고하였다. 계시록은 이 패턴을 따르고 있다.

- 나의 백성아 너희는 그 중에서 나와 각기 나 여호와의 진노에서 스스로 구원하라(렘 51:45; 참조. 사 48:20; 52:11; 렘 50:8; 51:6)

- 너희는 떠날지어다 떠날지어다 거기서 나오고 부정한 것(바벨론의 우상)을 만지지 말지어다 그 가운데서 나올지어다(사 52:11)

- 주께서 말씀하시기를 너희는 저희 중에서 나와서 따로 있고 부정한 것을 만지지 말라(고후 6:17)

    이들은 일차적으로 우상숭배 경고이다. 하지만 고대사회는 정치와 경제가 분리된 사회가 아니라 서로 밀접하게 관계되어 있다. 우상숭배는 불신앙의 표면이다. 그 이면에는 정치적, 경제적, 사회적 측면에서 일상생활에 근본적인 요소들이 결합되어 있다. 따라서 표면적으로 우상숭배와 결별시키는 것이 주목적이 아니다. 로마의 경제적 측면을 강력하게 비판하는 맥락에 왜 이 경고가 등장하는가? 그 의도를 제대로 파악하지 못하면, 간투사의 본질을 놓치기 쉽다. 우상숭배에 참여하지 않으면, 사회생활을 제대로 하기 어렵다. 사회적인 성공을 해야 영향력이 있는 삶을 살고, 복음을 전할 기회도 있다. 경제적 풍요와 사회적 성공은 온전한 신앙생활의 증거이다는 식으로 사회체제와 타협하고 동화되도록 유혹하는 목소리는 옛날이나 지금이나 늘 존재한다. 계시록이 이러한 거짓 선지자들을 발람과 이세벨의 이름으로 부르는 이유가 여기에 있다.

'떠나라'는 의미는 무엇인가? 우상숭배를 경고한 구약 선지자들의 메시지보다는 소돔에 사는 롯의 가족을 향한 천사의 경고 메시지를 더 크게 반향하고 있다. '떠나라'는 메시지는 공간적인 도피가 아닌 신앙적 저항을 의미한다. 아브라함에게 고대 바벨론 제국에서 떠나라고 한 것은 공간적인 분리를 뜻한다. 이는 아브라함이 받은 사명을 전혀 다른 삶의 가치와 방식으로 살아갈 언약의 백성과 열방의 구원을 위한 '씨'를 준비하기 위함이다. 하지만 1세기 소아시아 지방에 사는 그리스도인들에게 로마를 떠나서 약속의 땅으로 가라고 공간적인 이동을 명령한 것은 아니다. 신앙의 삶은 끊임없이 신앙생활하기 쉬운 환경을 찾아 떠돌아다니는 것을 의미하지 않는다. 우리는 이 세상에 살지만 이 세상에 속하지 않는다. 현실 도피적인 삶을 살라는 경고가 아니라, 현실의 가치와 삶의 방식에 저항하는 삶을 살도록 요청하는 도전이다. 사회적 철수나 은둔이 아닌 복음으로 저항하며 살라는 것이다.

요한은 로마에 의해서 착취당하고 억압당하고 핍박당하는 저항 집단의 비판의 목소리를 높은 어조로 선포하고 있다. 요한은 로마 권력에 희생을 당한 자들을 똑똑하게 기억하고 있다. 노예 매매와 인간의 영혼을 소비하는 경향이 로마의 경제적 번영의 밑바닥에 자리를 잡고 있다. 로마제국주의에 대한 통렬한 비판은 성도와 선지자뿐 아니라 죽임을 당한 로마의 희생자들의 피가 로마의 도성 곳곳에 부르짖고 있다는 암울한 멘트로 로마를 고발하며 마무리하고 있다.

이 경고의 일차적인 대상은 교회 밖에 있는 자들이 아니다. 하나님의 백성으로 부름을 받은 자들이다. 이미 유혹을 받아 심각한 타협의 위기에 빠져 있다. 그 이유는 무엇인가? 통찰력과 분별력이 없기 때문이다. 짐승과 음녀의 본질과 실체를 제대로 파악하지 못하기 때문이다. 짐승은 666으로 상징되는 사탄의 체제이다. 이를 그대로 반영한 정치적·경제적 실체가 바로 음녀 바벨론이다. 바벨론의 실체를 제대로 파악하는 것이 필요하다.

바벨론의 본질을 가장 잘 대변하는 것이 바벨탑이다. 단순히 높은 탑을 쌓아가는 문화가 아니다. 모든 자원의 집중을 통해서 획일화되고 전체주의적 통제가 가능한 사회 체제를 만드는 것을 상징하는 것이 바로 바벨탑이다. 이러한 사회체제를 만들기 위해서는 경제적 번영과 군사적 부강과 사회적 일치와 평화가 요구된다. 바벨탑 사회를 만들기 위해서는 전체 체제의 꼭대기에 있는 통치세력을 신격화시킬 필요가 있다.

바벨론은 역사상에 존재하여 왔던 제국주의의 모델이다. 제국주의 본질을 제대로 파악할 때에 음녀 바벨론에서 떠나서 그들의 죄와 재앙에 참여하지 않는다. 제국주의는 무엇인가? 제국주의는 세상을 하나의 이데올로기로 묶어서 맹목적으로 추종하도록 만든다. 표면적으로는 사회적 안정과 평화를 추구하지만, 그 이면에는 경제적인 번영을 위한 이익 추구가 있다. 어떻게 경제적 번영을 추구하는가? 가능한 한 자원을 끌어 모아서 집중시킨다. 크면 클수록 좋다. 많으면 많을수록 좋다. 높으면 높을수록 안정되고 영화롭다. 제국주의의 한계는 체제 자체에 있다. 끊임없이 자원을 끌어들이지 않으면, 사회 체제 자체가 생존할 수 없다. 따라서 자원 확보를 위해 끊임없이 약자를 수탈하고 값싼 노동력을 확보하여, 약자의 희생을 바탕으로 엘리트들이 부귀영화를 누리고 호의호식하고, 일반인들에게는 번영의 부스러기와 평화를 제공한다. 축적과 수탈이 제도화되어 있는 체제이다. 문제를 일으키지 않으면, 사회는 평화롭고 번영한다. 이러한 체제를 유지하기 위해서는 치밀한 정보망과 강력한 통치력이 뒷받침되어야 한다. 또한 통치 엘리트의 신분보장과 안정을 위해서는 신격화가 수반된다. 신격화를 조장하고 합법화시키는 종교 세력이 협력을 한다. 그리고 사람들의 생각을 맹목적으로 만드는 이데올로기가 필요하다. 맹목은 비판력을 상실하도록 만든다. 비판력이 없으면 조종을 당한다. 조종은 곧 힘 있는 자의 이익에 따라 이용당함을 의미한다. 이는 엘리트를 위해 희생자들 만들어낼 필요가 있는 구조이다. 바로 이것이 계시록이 로마를 비판하는 본질적인 이유이다.

제국의 허상을 잘 표현하고 있는 영화가 봉준호 감독의 〈설국열차〉일 것이다. 열차는 앞 칸에서 뒤 칸까지 신분과 계급으로 계층화되어 있다. 뒤 칸에 속한 자들의 노동과 희생을 통해 앞 칸의 사람들은 행복하게 생활을 영위한다. 앞 칸으로 나아가는 신분상승은 원천적으로 봉쇄되어 있다. 신분상승을 추구하는 시도는 무모하고, 엄중한 징벌을 받는다. 앞 칸까지 나아갔지만, 해결책은 아니다. 결국 설국열차에서 나와야 산다. 설국이라는 것은 맹목적 이데올로기의 속임수이다.

성경이 제시하는 경제 원리는 제 손이 수고하는 대로 먹는 것이다. 땀을 흘려 노동할 수 있는 터전이 있고, 자급자족의 삶을 사는 것이 창조의 원리이다. 이 원리는 하나님 나라의 원리이고, 희년정신의 본질이다. 원래 하나님이 주신 기업이 아니면, 자신의 것이 아니고 일정 기간 사용하다가 돌려주어야 한다. 빚을 탕감하고 땅을 돌려주고 종을 자유롭게 하여야 한다. 하나님이 맡기신 땅과 재물과 재능을 청지기 의식으로 관리하고 운영하여 사는 것이 하나님 나라의 원리이다. 이러한 하나님 나라의 원리는 제국과 철저하게 충돌할 수밖에 없다.

통찰력과 분별력이 있는 성도는 바벨론 체제에 저항하여야 한다. 바벨론의 체제에 타협하지 말아야 한다. 바벨론 체제는 자본주의를 통해서도 실현될 수 있고, 사회주의를 통해 실현될 수도 있다. 신실한 성도는 이데올로기의 본질을 파악하고, 하나님의 형상으로 지음을 받은 인간을 비인간화시키고 희생시키는 모든 정치, 경제 체제에 저항해야 한다. 로마의 체제에 협조하던 자들도 희생자들이다. 그들은 나중에 통곡한다. 로마의 경제적 착취로부터 유익과 혜택을 얻던 사람들이 결국에는 희생자로 전락한다. 잘못된 체제를 유지시키기 위해 재능과 노동력과 재물을 기여한 자들은 결국 그 체제의 희생자로 전락하여 통곡하게 된다. 이것이 제국의 본성이다. 세상에 사는 성도는 이들과 공감대를 형성할 수 있다. 그래서 안정과 번영과 풍요를 제공하는 체제의 몰락을 애통하거나 당황하거나 낙담하지 말고 천상의 메시지를 들을 수 있는 귀가 필요하다. 신자는 무엇을 공유할지, 무엇에 공감할지, 무엇과 동역할지를 잘 판단해야 한다. 바벨론을 위한 애가를 부르는 자들과는 동류(同類)가 되지 말라는 경고이다.

자본주의든, 사회주의든, 어떤 정치와 경제 이데올로기든지 맹목적으로 신봉하거나 추종하거나 지지하지 말아야 한다. 이데올로기 비판 능력을 가져야 한다. 인간을 신격화시키는 모든 시도에 참여하지 말고 저항해야 한다.

내가 누리고 있는 안락과 행복과 기쁨의 배후에는 소리 높여 울부짖는 희생자가 없는지를 파악하는 지각능력이 필요하다. 로마의 죄악은 수많은 노예 노동을 기반으로 운영되는 체제에 있다. 약소국을 점령하여 세금과 자원을 수탈하고, 제국을 유지하는 희생물로 전락시킨다. 억울하게 죽임을 당하거나 희생을 당한 자의 눈물과 피가 성도가 누리는 문화와 혜택과 안녕에는 없는지를 알아야 한다. 한 켤레의 신발이나 한 벌의 옷을 입기 전에, 제조 과정에 수탈적인 노동환경에서 일하면서 제대로 땀의 결과를 삯으로 받지 못하는 자들의 억울함과 아픔을 기억해야 할 신앙적 양심이 필요하다. 한 잔의 커피를 마시기 전에, 정당한 노동 대가를 지불받지 못하는 생산과정이 있는지를 살펴보는 사회 정의에 대한 의식이 있어야 한다.

### 7장

# 천년왕국, 하나님 나라, 새 예루살렘

천년왕국에 대한 견해는—각 견해 내에도 해석적 다양함이 있지만—대체로 세 가지가 있다. 첫째, 천년왕국이 그리스도의 재림 이후에 일어난다는 전천년설. 둘째, 천년왕국은 교회 시대의 끝 무렵이 다가올수록 일어나고, 그리스도의 결정적인 도래는 천년왕국이 마무리될 때에 있다는 후천년설. 셋째, 천년왕국은 그리스도의 부활에서 시작되어 최후 재림 때에 결말을 짓는다는, 즉 그리스도의 부활과 보좌에 좌정하심부터 마지막 파루시아까지의 전체 교회 시대가 천년왕국이라는 무천년설(무천년이라는 표현은 모호하다. '개시된 천년왕국'이라고 부르는 것이 더 좋겠다).

　　　세 가지 입장은 신학계에서는 나름대로 일리가 있다고 보고, 다른 견해라고 해서 이단의 교리라고 정죄하지는 않는다. 이전부터 줄곧 견지해 오던 견해를 이것이 옳고 저것은 틀렸다고 말하는 것은 무모하다. 일관성과 성경과의 상응성, 이해가능성과 실현 가능성이 있느냐가 관건이다. 잘못된 종말론들도 있다. 특히 세대주의 종말론은 19세기 말에 등장하여 당시 부흥운동과 결합하여 급속도로 확산되었다. 세대주의는 인위적인 도식에 맞춰서 현실에 일어나는 사건들을 해석하며, 신자를 광신적으로 몰아간다. 교부시대나 종교개혁 시대에는 부각되지 않던 신흥 신학 조류이다. 개혁주의를 지향하는 대부분 신학교에서는 세대주의를 배척한다. 그런데 상당수의 목회자들이 무분별하게 세대주의를 받아들인다. 세대주의의 최대 폐해는 시한부 종말론 같은 종말론 운동을 지지하고 파급하는 근거가 된다는 점이다. 이러한 오류는 어디에서 비롯되는가? 성경의 흐름을 따라 성경이 말하는 것을 듣지 않고, 이미 굳어진 신학적 사고에 짜 맞춰서 성경을 읽고 자신의 견해를 지지하는 논거로만 사용하는 잘못된 성경 해석 태도에 있다.

　　　19장과 20장 사이의 주제와 시간의 문제는 종말론을 다룰 때에 뜨거운 논쟁거리가 되어 왔다. 이러한 논쟁은 계시록 본문에 충실하기보다는 이미 형성된 종말론의 교리를 계시록에 억지로 끼워 맞추다가 생긴 불상사이다. 본문이 무엇이라고 말하는지를 듣는 것이 우선적이다. 그리고 본문과 맞지 않는 논리를 폐기하는 것이 성경을 올바로 읽는 독자의 태도이다.

### 계시록에서 천년왕국의 위치

천년왕국을 언급하는 계시록 20장은 바벨론 멸망과 새 예루살렘이 하늘에서 내려오는 장면을 묘사하는 큰 단락(계 17:1-22:5)의 일부이다. 이야기의 흐름에서 어디에 속하는지를 파악하는 것은 중요하다.

| | |
|---|---|
| 17:1-19:10 | 음녀 바벨론의 멸망 |
| 17장 | 바벨론 멸망 선언 |
| 18:1-24 | 바벨론 멸망에 대한 불경한 자들의 반응 : 통곡 |
| 19:1-10 | 바벨론 멸망에 대한 경건한 자들의 반응 : 환희 |
| 19:11-21:8 | 바벨론에서 새 예루살렘으로의 전이 |
| | 불경한 세상에 대한 심판 |
| 21:9-22:5 | 새 예루살렘 |

계시록 17-22장을 교차 대칭 구조로 보는 것도 본문 이해에 도움을 준다. 여기서 나타나는 병행구조는 20장 1절 이하가 19장 11-21절을 시간적으로 뒤따르는 단락이 아님을 제시한다.

  A 음녀의 심판(17:1-19:6)

   B 신적 심판(19:11-16)

    C 짐승과 거짓 선지자의 심판(19:17-21; 참조. 겔 39장)

     D 사탄이 1,000년 동안 감금됨(20:1-3)

     D′ 성도들이 1,000년 동안 통치/심판함(20:4-6)

    C′ 곡과 마곡의 심판(20:7-10; 참조. 겔 38-39장)

   B′ 신적 심판(20:11-15)

  A′ 신부의 정당성 입증(21:1-22:5; 참조. 19:7-9).


**두 번 인유된 에스겔 38-39장**  계시록 20장 8-10절(성도들을 대항하는 곡과 마곡의 전투)은 에스겔 38, 39장을 인유한다. 그런데 이미 19장 17-21절에서도 동일한 에스겔 본문을 인유하고 있다. 그 이유는 무엇인가? 두 단락 사이에 동일성과 다양성이 존재하지만, 계시록의 특징인 요점 반복의 일부이다.

곡과 마곡의 전투(19:17-21)

천년왕국(20:1-6)

곡과 마곡의 전투(20:7-10)

두 개의 전투는 한 예언의 서로 분리된 미래 성취이다. 요한은 구약의 다른 예언들의 성취를 다중적인 차원에서 다루기에, 이들 두 전투도 동일하게 다중적인 성취의 일환이다.

| 예언 | 개시된 성취 | 종합 완성된 성취 |
|---|---|---|
| 단 7:13 | 계 1:13(예수의 현재 통치) | 14:14(최후 통치) |
| 사 49:2 | 계 1:16 | 2:12, 16 |
| 겔 38-39장 | 19장(인간) | 20장(영적 존재) |

19장과 20장 사이의 전투를 구분하여, 하나의 전투는 악마의 세력들을 대항하는 전투로, 다른 하나는 인간의 세력들에 대항하는 전투로 본다. 20장 8절의 곡과 마곡은 영적인 세력들로 9장 1-11절과 9장 13-19절과 비슷하게 본다. 16장 13-14절에 병행하는 이야기에 악마의 개입을 묘사하고 있다. 하지만 이 악마들은 전투에 참여하는 대신 땅의 왕들을 전투에 동원시키려

고 모으는 역할을 한다. 따라서 왕들과 동등하지 않다. 그러므로 19장은 인간 군대에 대항하여 싸우는 전투이고, 20장은 악마의 군대들에 대항하여 싸우는 전투로 본다.

그러면 시간적으로 20장 1-6절은 어느 시기에 속하는가? 계시록의 문학적 특징 중의 하나가 요점 반복임을 기억할 필요가 있다. 교회 시대의 일반적인 과정을 다루고 있다. 17-19장은 교회시대의 마지막에 해당한다.

### 문자 그대로인가 상징인가

1,000년의 의미가 문자적인가 상징적인가? 1,000년은 문자적인 수가 아니라 상징적인 수이다. 첫째, 구약에서 메시아의 지상 통치에 대한 구약 예언들은 상징적이다(시 2편; 사 2:1-4; 4:1-6; 11:1-16; 렘 23:5-8; 겔 37:24-28; 겔 40-48장; 단 2장; 7장; 슥 14장). 둘째, 계시록은 시종일관 수를 비유적으로 사용한다. 셋째, 인근 문맥에서 사용된 용어의 상당수가 비유적인 성격을 나타낸다―쇠사슬, 무저갱, 용, 뱀, 잠금, 봉인, 짐승. 넷째, 상징적인 논조가 계시록 전체를 지배하고 있다. 다섯째, 구약은 숫자 1,000을 비유적으로 사용한다. 비시간적인 비유적 사용(신 1:10-11; 32:30; 수 23:10; 욥 9:3; 33:23; 시 68:17; 50:10; Cant 4:4; 사 7:23; 30:17; 60:22 칠십인역; 단

7:10; 암 5:3). **시간적인 비유적 사용**〔신 7:9; 시 84:10; 전 6:6; 7:28; Jub. 30.20, 대상 16:15-17(=시 105:8-10, 영원한 언약은 천대에까지 명한 말씀)〕. **여섯째, 유대와 초기 기독교 문헌은 1,000년을 속량을 입은 자들의 영원한 복을 위한 표상으로 사용한다**(Jub. 23.27-30; Barnabas 15; T. Issac. 6-8장). 숫자 1,000은 숫자 10의 세 배이다. 고난을 받는 성도들이 비교적 간략한 "10일" 동안의 시련을 견딘다면 (2:10), 그들은 천 년 통치의 보상을 받을 것이다. 10을 1,000에까지 강도를 높이고 날들을 햇수로 늘여나가는 것은 현재 잠시 받는 역경은 장차 받을 영광과 족히 비교할 수 없음을 나타낸다.

희년서 4장 29, 30절은 이렇게 말한다. "아담은 죽었다. 1,000년에 70년이 모자랐다. 천 년은 하늘의 증거로는 하루이다 (시 90:4). 그러므로 지식의 나무에 관하여 기록되었다—그 날에 너는 이것을 먹으리니 너는 죽으리라." 여기서 희년서 저자는 이사야 65장 22절(칠십인역, 나의 백성의 날들은 생명나무의 날들과 같을 것이라. 그들은 그들의 수고의 열매를 오랫동안 누릴 것이라)을 인유하고 있다. 아담은 죄를 범하여 천 년을 채우지 못하고 죽었다. 미래 메시아 시대에는 아담이 이루지 못한 천 년을 넘어서 영원히 살 것이다(사 65:22; 시 90:4; T. Lev. 18:8-13).

### 계시록의 천년왕국 표현

계시록에 표현된 천년왕국은 두 가지 내용이다. 첫째, 천사가 무저갱의 열쇠와 큰 쇠사슬로 사탄을 천 년 동안 결박한다 (20:1-3). 둘째, 보좌에 앉은 자들이 심판하는 권세를 받아서 그리스도와 더불어 천 년 동안 왕 노릇한다(4-5절). 첫째와 둘째는 동전의 양면이다. 한편으로 사탄은 결박을 받고, 다른 한편으로 성도는 왕 노릇하는데, 그 기간은 천 년이다. 그러면 사탄의 결박과 성도의 왕 노릇이 언제 시작되었는가? 그리스도의 십자가 죽음과 부활 그리고 보좌에 좌정하심으로 시작되었다. 사탄은 그리스도의 십자가와 부활로 결정적인 패배를 당하였다. 그 활동과 권세는 상당한 수준으로 제한을 당한다. 열방을 미혹하고 교회를 소멸시키려는 사탄의 능력을 하나님이 제한한다. 하지만 교회를 미혹하는 사탄의 기만전술은 다시 부각되어 사탄은 최후의 발악을 한다. 이러한 발악은 최후 심판을 초래한다. 다른 한편으로 이미 그리스도 안에서 순교를 당한 성도들은 하늘 보좌 앞에서 옳다고 인정함을 받고 그리스도의 통치에 참여한다.

"천사가 무저갱의 열쇠와 큰 쇠사슬을 그의 손에 가지고 하늘로부터 내려온다"(1절)에서 "무저갱의 열쇠와 큰 쇠사슬"은 그리스도의 부활로 인한 효력을 나타내는 상징적 표현이다. 1장 18절에서 무저갱의 열쇠는 '죽음과 음부의 열쇠'이다. 그리스도가 부활을 통해 죽음을 극복하고, 죽음에 대한 절대 주권을 가짐을 비유적으로 함축한다. 3장 7절에서 다윗의 열쇠를 가지신 그리스도는 생명과 죽음의 권세를 가지신 분으로 등장한다. 6장 8절에서 네 번째 인을 뗄 때에 등장하는 청황색 말은 사망의 권세를 가졌는데, 이 말의 활동은 그리스도의 주권 아래에 있다(6:1). 9장 1-2절에서 무저갱의 열쇠를 받은 별은 "하나님의 인"을 받은 자들에게는 영향을 끼치지 못한다(9:4). 죽음에 대한 권세가 하나님께 있음을 나타낸다.

첫 번째 창조 이전에 바다 괴물과 하나님 사이에 전투가 있었다. 마찬가지로 새 창조 이전에도 사탄과 하나님 사이의 전투가 있다. 이 전투의 결과로 사탄의 권세는 제한을 받는다. 천 년 동안의 결박은 그리스도의 부활의 직접적인 결과이다. 교회 시대에 마귀의 권세는 음부의 열쇠를 가지신 그리스도의 주권으로 인해 심각하게 제한을 당한다. 사탄의 결박과 축출과 몰락을 표현하는 동일한 용어들('결박하다, 묶다', '던지다' 등)이 사용된 다른 신약 구절들을 살펴보면 이러한 결론은 확증된다(마 12:29; 막 3:27; 눅 10:17-19; 요 12:31-33; 골 2:15; 히 2:14). 계시록 20장 7-9절에 따르면 결박이 끝나는 시점은 그리스도의 최후 파루시아 직전에 일어난다.

**'결박'의 의미**  1장 18절과 3장 7-8절에 비추어 볼 때에, 사탄은 예수의 부활 이전에 행하였던 것과 같이 죽음의 영역에 대한 권세가 더 이상 없다. 그리스도의 부활은 사탄과 죽음의 권세에 승리하였다. 사탄은 그리스도의 주권 아래 활동할 수 있을 뿐이다. 그렇다고 사탄의 활동이 완전히 중지되지는 않는다. 다만 그리스도가 사탄과 죽음에 대한 주권을 가졌음을 부각한다. 사탄은 여전히 미혹하고 시험하고 핍박한다. 그리스도인은 영적인 보호를 받는다. 그리스도인의 고난은 사탄을 이기는 반전의 계기가 된다. "마귀가 땅으로 쫓겨났다"는 그림을 공간적인 의미로 받아들이는 것은 잘못이다. 마귀는 더 이상 땅에 존재하지 않는다. 무저갱이나 하늘은 영적 차원에서 이해되어야 한다. 무저갱은 영적인 영역을 대변하는 다양한 은유들 중에 하나로서, 마귀와 그 동료들이 작업을 하는 곳이다.

사탄의 활동은 두 가지 측면에서 결정적인 제한을 받는다. 첫째, 열방을 미혹하는 사탄의 활동이 결정적으로 제한을 받는다. 따라서 사탄은 더 이상 열방을 결박하고 유혹할 수 없다. 둘째, 사탄은 신앙공동체를 소멸할 권세를 상실한다. 그리스도의 부활 이후 시대에는 이전에 행하여 왔던 방식으로는 언약 공동체를 미혹하거나 대적하여 적대적인 공격을 개시할 수 없다.

반면에 첫째 부활을 통해 성도들은 천 년 동안 왕 노릇한다(4-6절). 천년왕국은 그리스도의 부활과 파루시아 사이에 실행되는 그리스도의 통치이다. 그리스도는 하나님 보좌 우편에서 땅을 통치한다. 창조 이후로 하나님을 알지 못하고 경배하지 않고 사탄의 지배 아래 있는 영역에 대한 주권 회복을 위한 영적 전투를 수행한다. 하늘과 땅의 운명을 건 결정적인 전투는 이미 십자가에서 일어났고, 이 전투에서 승리하였다. 이제 나머지 실지 회복과 잔당 소탕을 위한 전투가 남아 있다. 이것이 그리스도의 통치이다. 이 전투에 성도는 참여한다.

먼저, 순교자들과 짐승의 표를 받지 않은 성도들이 천년왕국의 통치에 참여한다. 실제로 사탄의 통치로 죄와 사망의 그늘에 있는 자들에게 신실한 증언을 통해 그리스도의 통치를 선포한다. 이는 영적인 전투이다. 복음의 신실한 증언은 사탄의 권세를 소멸하는 강력한 무기이다. 둘째, 교회 시대에 죽은 성도들은 그 영혼이 영적으로 부활하여 하늘 보좌 앞으로 올라가서, 나라와 제사장으로 그리스도와 더불어 다스린다. 영적 죽음에 대한 권세를 가지고 사탄의 권세를 대적한다.

천년왕국은 생명과 통치가 핵심 개념이다. 신실한 증인의 삶으로 인해 고난을 당하는 그리스도인은 궁극적인 승리를 하고, 옳다고 인정함을 받는다. 그들의 기도는 이 땅의 심판을 위한 원동력이다. 짐승에게 죽임을 당한 자들은 다시 살아난다. 짐승의 통치에 불복하고 저항했던 그리스도인은 영원히 통치할 것이다.

계시록 12장이 사탄과의 전투를 하늘의 관점에서 서술한다면, 계시록 20장은 땅의 관점에서 서술한다. 12장과 20장은 동일하지는 않지만 병행하는 점들이 있어서 상호 해석하는 역할을 한다. 이러한 측면에서 계시록의 요약 반복의 패턴을 다시 파악할 수 있다.

| 계 12:7-11 | 계 20:1-6 |
|---|---|
| (a) 하늘 | (a) 하늘 |
| (b) 미가엘과 그의 사자들이 용으로 더불어 싸운다 | (b) 천사와 사탄의 전쟁이 전제되어 있다(2절) |
| (c) 큰 용이 땅으로 내어 쫓긴다 | (c) 사탄이 무저갱으로 던져진다(3절) |
| (d) 악한 대적들: 큰 용, 옛 뱀, 마귀, 사탄인데, '온 천하를 꾀는 자'라 | (d) 천사의 악한 대적들: 용, 옛 뱀, 마귀, 사탄. 다시는 만국을 미혹하지 못하게 하였다가(2-3절), 천년이 지난 후에 놓여서 미혹하는 활동을 잠시 동안 재개한다(3, 7-8절) |
| (e) 사탄이 큰 분노를 표하는데, 그의 시간이 얼마 남지 않았음을 알았기 때문이다(12절 하) | (e) 사탄이 잠시 동안 감금상태에서 풀려난다(3절) |

| | |
|---|---|
| (f) 사탄의 멸망은 그리스도와 그 성도들의 나라에 기인한다(10, 11절) | (f) 사탄의 멸망은 그리스도와 성도들의 나라로 기인된다(4절) |
| (g) 성도들의 왕권은 사탄의 멸망과 그리스도의 승리에 기반할 뿐 아니라, 또한 증언의 말씀을 굳게 붙들 때에 심지어 죽기까지 보인 신실함에 근거한다(11절) | (g) 성도들의 왕권은 사탄의 멸망에 기반할 뿐 아니라, 또한 예수의 증언과 하나님의 말씀을 굳게 붙들 때에 심지어 죽기까지 보인 신실함에 근거한다(4절) |

**무저갱으로 몰락한 효력**  4절의 결론은 마귀가 무저갱으로 몰락한 첫 번째 효력을 설명한다. 그리스도인이 보좌에 앉을 수 있게 만들었다. 사탄의 몰락이 가져온 두 번째 효력은 보좌에 앉은 자들에게 "권세가 주어졌다"는 점이다. 그런데 보좌에 앉은 자들은 누구인가? 천사들과 더불어 승귀한 신자들은 모두 다 하늘 법정의 구성원이 된다(참조. 눅 22:30; 고전 6:2; 계 2:26-27; 19:14). 계시록 4장에서 천사들과 장로들은 성도들을 대표한다. 성도들이 죽음 이후에 하늘로 올라갈 때에 그들은 3장 21절과 2장 26-27절에서 '이기는 자들'에게 주는 약속의 개신된 성취로 대적을 통치하러 그리스도의 재판석에 합류한다. 물론 이들 약속들도 성도들의 최후 부활에서 완전한 성취에 도달하게 될 것이다—"이기는 그에게는 내가 내 보좌에 함께 앉게 하여 주기를 내가 이기고 아버지 보좌에 함께 앉은 것과 같이 하리라"(참조. 마 19:28; 눅

22:30). 성경에서 통치와 재판은 서로 공명이 되는 성격을 가지고 있는데, 따라서 성도들은 다스리고 재판적 기능을 실행하는 모습으로 그려지며, 이는 다니엘 7장 22절의 성취로 세대의 끝에 종합 완성하여 실행될 것이다(눅 22:30; 고전 6:2; 1 Enoch 38:5; 48:9; 95:3; 98:12).

계시록 6장 9절과 20장 4절에 나타나는 순교자의 모습 사이에 분명한 연관 관계는 이 의미를 확증하여 주는데, 계시록 6장 10절은 성도들의 정당성 입증을 위한 첫 번째 공식적인 요청이다—"거룩하고 참되신 대주재여 땅에 거하는 자들을 심판하여 우리 피를 신원하여 주지 아니하시기를 어느 때까지 하시려나이까?" 20장 4절은 이 탄원에 대한 첫 번째 응답이 아니라, 흰 옷과 '쉼'을 사용하는 6장 11절에 이미 함축된 답변을 확대하고 있다. 이 확대된 응답은 전혀 새롭지 않은데, 이는 성도들이 이미 1장 6절과 5장 10절에서 나라와 제사장으로 불리고 있기 때문이다. 성도들의 보좌는 일차적으로 왕권을 시사한다.

**그리스도와 더불어 왕 노릇한다** 5-6절은 사탄의 결박으로 인한 효력을 추가적으로 해석한다. 첫째 부활과, 이에 수반되는 축복들, 즉 제사장의 신분, 둘째 사망으로부터 보호, 왕권. 이것이 '거룩'의 실재이다. 둘째 사망에 대한 권세를 가진 자는 제사장이 되고 왕 노릇하는 반면에, 둘째 사망에 고통을 받는 자들은 하나님으로부터 영원히 분리된다.

둘째 사망으로부터 보호를 받고, 제사장과 왕이란 이중적인 신분을 축복으로 받는 삶은 무엇인가? 둘째 사망에 대한 권세를 가진다는 것은, '천 년'이 지닌 비유적인 의미가 확대되어, 영원에 속한 자 즉, 생명의 근원이신 하나님으로부터 단절됨이 결코 없이 온전한 관계 속에서, 왕과 제사장으로 하나님과 그리스도를 섬기는 자가 됨을 의미한다. 22장 5절은 성도들이 천년왕국에서 시작된 통치의 연속선상에서 '영원 영원히' 다스린다고 한다.

제사장과 왕의 이중적인 직임의 배경은 출애굽한 이스라엘의 소명과 사명을 서술하는 출애굽기 19장 6절과 하나님 백성의 말세 회복을 언급하는 이사야 61장 6절, 메시아에 대한 스가랴 6장 13절이다.

- 너희가 내게 대하여 제사장 나라가 되며 거룩한 백성이 되리라(출 19:6)

- 그가 여호와의 전을 건축하고 영광도 얻고 그 위에 앉아서 다스릴 것이요 또 제사장이 자기 위에 있으리니 이 두 사이에 평화의 의논이 있으리라(슥 6:13)

- 오직 너희는 여호와의 제사장이라 일컬음을 얻을 것이라 사람들이 너희를 우리 하나님의 봉사자(쇠라트)라 할 것이다(사 61:6)

'쇠라트'는 제사장 직무와 관련되는 경우도 있지만(레위 지파, 제사장), 일차적으로는 행정적이거나 사무적인 봉사, 즉 오늘날 장관(長官)에게 적용될 수 있는 용어이다(요셉, 모세를 수종한 여호수아, 엘리야를 수종한 엘리사, 또는 왕궁에서 수종든 자들). 탈굼 61장 3-6절은 전체 민족이 제사장이 될 뿐 아니라 또한 면류관을 쓴 "진정한 왕자들"이라고 부연한다. 흥미롭게도 스가랴 6장 13절은 메시아적 인물이 보좌에서 왕적인 통치를 하기도 하고 제사장의 직임도 감당할 것인데, 이 두 직임 사이에는 갈등이 없다고 한다. 특히 스가랴 본문은 계시록 전체를 통틀어서 메시아이신 그리스도의 이중 역할에 대한 배경으로 사용되는데, 이 직임에 성도들이 공동 집합적으로 참여한다. 출애굽기 19장 6절과 이사야 61장 6절을 신자들에게 적용한 베드로전서 2장 9절의 "왕 같은 제사장"이란 표현의 의미도 이렇게 이해할 수 있다.

나가며

    요한계시록은 문학적으로 높은 완성도를 보이는 작품이다. 문학적 구조의 치밀한 구성, 반복 요약, 수의 활용 그리고 아이러니와 패러디를 통한 메시지의 역설적 전달 등은 당대의 어떤 작품과 비교해도 손색이 없다. 특히 계시록은 이미지를 풍부하게 활용한다. 이미지는 논리적인 강요보다는 상상력을 통해 설득하게 만들고, 독자가 이미지의 의미를 시대와 지역을 넘어서 창출할 수 있는 여지를 만들어 준다. 논리적인 증명 방법이 가지고 있는 설득력으로 독자들이 지성적으로 설복되기를 요구하는 철학적인 글들과는 달리, 계시록의 언어 그림들은 독자들에게 말을 걸어서 그들로 하여금 참여하게 만들며 또 신적인 경륜 속에 자신들의 위치를 다시 설정하도록 만든다. 계시록은 독자가 의미를 만들어 가는 데 참여하도록 초청한다. 요한의 시대에는 당시 독자들에게 상황 적합한 메시지를, 그 이후 교회가 처한 상황에 따라서 계시록은 매우 강력한 예언적 메시지를 교회와 주변 사회를 전할 수 있는 준거점과 방향을 제시하여 왔다.

계시록은 치밀한 성경주해의 산물이다. 계시록의 구절구절마다 구약이나 묵시 문헌이 인유되지 않은 곳이 없을 정도이다. 당대 유대인들의 성경 주해 방법인 '게세라사와'를 사용하여 옛글을 창의적으로 재해석한다. 기계적으로 성경을 직접 인용하지 않고, 인유와 반향을 시켜서 성경적인 색채와 맛을 돋보이게 만든다. 계시록의 구약 주해는 창의적이다. 그리고 신선하고 풍부한 의미를 창출한다. 또한 읽는 독자에게 상상과 설득을 통해 영적 충격을 주어서, 정신을 바짝 차리도록 만든다. '들을 귀가 있는 자는 들을지어다!'라는 메시지는 정형화된 경고 메시지이다. 하지만 요한은 진부한 메시지를 전달하지 않는다. 그렇다고 전혀 엉뚱하고 신비적인 메시지를 전달하지도 않는다. 성경을 그리스도의 십자가와 부활의 관점에서 재해석하고, 나아가 열방이 주께로 돌아오도록 신실한 증인의 삶을 살도록 초청한다.

계시록은 선교를 위한 문헌이다. 선교가 교회를 위해 존재하지 않고, 교회가 선교를 위해 존재한다. 선교는 교회 사역의 일부가 아니라, 공동체의 방향을 설정하는 기본 축이다. 선교를 망각하는 교회는 존재의 이유가 없다. 선교는 해외에 나가서 복음을 전하는 활동보다 훨씬 더 포괄적이고 역동적이다. 선교는 교회에 주어진 사명을 감당하는 모든 행위를 요약하여 표현하는 말이다. 선교는 예배가 없는 곳에 예배자가 세워지고, 그리스도가 '주'라고 선포하는 모든 활동이다.

계시록은 주께서 교회에 남기신 성취되지 않은 약속을 완수하기 위해 기록되었다고 해도 과언이 아니다. 옛 선지자들은 열방이 주께 돌아오는 꿈을 꾸었다. 예수께서 성육신하여 이 땅에 오신 것은 온 인류의 구원을 위함이다. 예수님의 생애와 죽음은 열방이 주께 돌아오기 위한 초석을 마련하여 놓았다. 예수는 모든 열방에 복음이 다 전해질 때에, 마지막 때가 온다고 하셨다 (마 24:14). 각 복음서는 예수가 승천하기 전에 남기신 복음 전도를 위한 명령을 기록하고 있다. 이 명령은 우리의 숙제이며 요한에게는 훨씬 더 피부에 와 닿는 시급하고 당면한 과제였다. 요한 당대의 교회는 선교는커녕 주변 사회에 매몰되어 가던 중이었다. 로마제국은 강성했다. 마치 죽음에서 부활한 예수 그리스도와 같았다. 네로의 자살 이후에 혼란의 시기를 겪었지만, 이전보다 더 강성하게 회복했다. 신적인 존재와 같았다. 로마제국의 정치, 경제, 종교의 압력에 교회는 질식되고 있었다. 타협은 이미 깊숙하게 진행되었고, 동화되어 정체성을 상실할 상황에 놓였다. 요한은 이런 상태에 빠진 교회를 일깨워서 열방을 향한 복음 전도의 길로 나아가도록 촉구할 필요를 느꼈다.

두루마리의 메시지는 열방이 어떻게 주께 돌아오는지에 대한 하늘 보좌의 계획을 전하는 것이다. 교회는 어린 양 예수를 따라서 심지어 죽기까지 신실한 증인의 사명을 감당하여야 한다. 이기는 자가 되어야 한다. 이기는 방법은 전쟁과 투쟁과 같은 세상적인 승전이 아니다. 어린 양이 싸우신 성전(聖戰)에 참여해야 한다. 순교하는 삶을 통해 신실하게 복음을 전해야 한다. 죽는 것이 사는 것이다. 패배하는 것이 이기는 것이다. 교회가 어린 양의 발자취를 따라 걸어가면, 세상의 눈으로는 실패하고 패배를 당하여도, 하늘 보좌의 눈으로는 이긴다. 하나님이 증인을 죽은 곳에서 일으켜서 살아나도록 만드신다. 이를 보고 열방이 하나님의 살아 계심을 목격하고 하나님의 주권을 인정하고 주께 영광을 돌린다. 계시록의 핵심 메시지는 두루마리이다. 두루마리는 열방이 주께로 돌아오도록 교회가 어린 양의 종말론적 군대로서 신실한 증인의 사명을 감당하도록 촉구하고 동기를 부여하기 위함이다. 삶의 울타리를 뛰어넘어서 미전도 종족이나 미개척 지역에 복음을 전도하는 것은 실제적인 선교적 삶이다. 또한 현실 속에서 짐승의 통치를 거부하고 복음적인 삶을 살아내는 것도 선교적이고 순교적인 삶이다.

넷째, 계시록은 저항문서이다. 계시록이 독자에게 제시하는 핵심적인 메시지 중의 하나는 '어린 양을 숭배할 것이냐 짐승을 경배할 것이냐'이다. 첫째 짐승은 사탄의 대리통치자이다. 땅에서 올라온 짐승은 권세와 기적으로 첫째 짐승을 사람들에게 숭배하도록 부추기고 선전한다. 짐승이 세상을 통치하는 논리는 이데올로기이다. 즉 우상화이다. 어떤 논리든지 이데올로기로 변하는 즉시 맹목적이다. 소수 집단의 특권과 이익을 대변한다. 지극히 상식적이도록 만든다. 사람들이 저항할 수 없도록 만든다. 이데올로기에 저항하는 자들은 불이익을 받고, 반사회적으로 낙인을 찍는다. 체제 불안 분자로 사회에서 도태시키고 축출하며 심지어 죽이기까지 한다. 이것이 바로 666이다. 666은 짐승의 통치 이데올로기이다. 666은 인간을 짐승의 수준으로 격하시키는 모든 논리와 설득력이다. 짐승이 666의 논리로 권력을 구체화시킨 것이 음녀 바벨론이다. 바벨론은 '크면 클수록 좋고, 많으면 많을수록 올바르며, 힘이 있으면 있을수록 권세가 있다'는 논리이다. 인류 최초에 실현된 실체가 고대 바벨론 제국의 바벨탑이다. 사람들을 집중시키고 획일화시킨다. 다양성을 싫어한다. 강압과 통제와 조종으로 인간을 다스린다. 그래서 제국을 건설한다. 제국은 자급자족의 패턴을 거부한다. 나눔과 공존보다는 축적을 통해 경쟁하여 독식한다. 축적이 제도화되면, 약자를 희생시킨다. 그 희생의 대가를 소수가 누린다. 이 제도를 영속화시키는 것이 바로 제국이다.

1세기 당시 음녀 바벨론은 로마제국이다. 요한은 독자들에게 음녀 바벨론의 실체를 폭로한다. 로마제국의 배후에는 사탄이 자리를 잡고 권세를 부여하고 통제하며 조종한다. 요한은 로마제국을 신랄하게 비판한다. 당대 어떤 문헌보다도 통렬하게 비판한다. 식민지와 노예 제도를 통해 로마는 평화와 안정을 구가한다. 이 평화와 안정은 누군가의 희생을 대가로 누리는 축복이다. 계시록 18장은 노예와 인간의 영혼을 탐하는 로마는 멸망을 당한다고 선언한다. 선지자와 성도와 심지어 무고하게 희생을 당한 자들의 피가 소리를 지른다고 고발한다. 이러한 형태를 보이는 집단이나 사회나 국가, 기업은 바벨론을 본받는 음녀이다. 하나님의 심판은 반드시 정의가 실현됨을 보여 준다. 요한은 독자들에게 "내 백성아! 거기서 나오라!" 촉구한다.

바벨론을 탈출하라는 말은 어떤 의미인가? 공간적으로 탈출하여 안정된 곳으로 도피하라는 말이 아니다. 그리스도인은 현실을 도피하거나 현실과 격리된 삶을 살라고 부름을 받지 않았다. 현실을 변혁시키는 삶이 생명력을 가진 그리스도인에게 주어졌다. 바벨론의 가치와 삶의 방식을 거부하고 저항하는 삶을 살라는 의미이다. 어떻게 저항하는가? 복음에 합당한 삶을 살면서, 때로는 억압과 불이익과 핍박과 심지어 죽임을 당하더라도 복음의 가치와 삶의 방식으로 살아가도록 하기 위함이다.

666은 이미 요한의 시대부터 지금까지 줄곧 사탄의 통치 이데올로기로 인간의 삶의 현장에 위력을 발휘해 왔다. 점잖고 건전한 모습을 가장하여 인간을 짐승의 수준으로 격하시키는 21세기의 사상과 정치 경제적인 세력에 교회는 저항해야 한다. 교회는 짐승에게 설득을 당하고 미혹되어 버렸다. 음녀 바벨론이 주는 풍요와 안전에 익숙해 있다. 더 이상 빠져나올 수 없을 정도로 중독되어 있다. 심각하게 타협하고 동화되어 버렸다. 종교적인 겉모습은 기독교적인 형태를 취하지만, 정신과 가치는 짐승에게 맡긴 상태이다. 이러한 교회는 짐승의 이데올로기에 저항하기보다는 오히려 변호하고 지지하고 합리화하고 정당화시킨다. 교회는 이에 저항해야 한다. 계시록은 저항해야 할 마땅한 이유를 제시한다. 이 세상이 짐승을 숭배하기 때문이다.

계시록은 우리에게 세 가지 시각을 제시한다. 하나는 하늘 보좌의 시각이다. 하늘 보좌의 관점에서 현실을 볼 수 있는 눈이 뜨여야 한다. 둘째, 종말론적 시각이다. 예수 그리스도의 십자가 죽음과 부활과 최후 파루시아 사이에 역사하는 하나님 나라를 볼 수 있어야 한다. 하나님 나라의 가치와 생활 방식으로 이 땅에 살아가는 것이 진정한 그리스도인의 책무이다. 마지막으로 짐승의 통치를 받는 지배 이데올로기 희생자들의 시각에서 현실을 볼 수 있어야 한다. 사회적 약자와 종말의 그리스도인은 연대감을 가지도록 만든다. 이러한 시각을 가진 그리스도인은 짐승과 음녀 바벨론의 통치에 저항한다.

저항하는 그리스도인이 되기 위해서는 분별력, 비판력, 통찰력이 필요하다. 계시록이 말하는 지혜와 총명이 바로 이것이다. 예수께서 가르치신 복음을 준거점으로 삼아서, 내가 사는 현실이 짐승의 지배를 받는지 분별할 필요가 있다. 하나님 나라 가치가 아닌 것을 철저하게 상대화시키고, 그 자리에서 끌어내려야 한다. 그리고 현실을 비판할 줄 알아야 한다. 진리가 아닌 것에 타협하려는 모든 시도에 저항해야 한다. 그러나 비판으로만 끝나면 허무주의에 빠진다. 이것도 저것도 아니라고 한다면 살아남을 제도나 집단은 없다. 사회적 우울증에 빠진 그리스도인들이 너무 많다. 이러지도 못하고 저러지도 못하고 될 대로 되라는 식으로 살아가는 그리스도인들이다. 신실한 증인의 삶을 사는 그리스도인은 통찰력을 가진다. 하나님 나라를 세워 가는 메시아적 통찰력이 필요하다. 예수의 산상수훈은 대안 사회에 대한 그림이다. 교회는 대안 사회를 꿈꾸고, 현실 속에서 최선을 다해 만들어가는 삶을 살아야 한다.

주

1. Lucian, Verae *Historiae* 47; cf. Quintilian, *Institutio Oratoria*, IX.4.129
2. H. Van Dyke Parunak "Transitional Techniques in the Bible" Journal of Biblical Literature, 102.4. 1983: 525-548.; Bruce W. Longenecker., *Rhetoric at the Boundaries: The Art and Theology of New Testament Chain-Link Transitions*, Waco. Teasa: Baylor University Press. 2005.
3. James L. Bailey, "Genre Analysis" in *Hearing the New Testament: Strategies for Interpretation* (ed. J. B. Green), Eerdmans: Grand Rapids, 1995: 197-221
4. 한 사회의 모든 사람이 받아들이는 신념 체계. 제도화된 사회 구조를 한 사람의 사회화 과정을 통해 설득하고 정당화시키는 역할을 한다. 이는 하나의 이념적 체계로서, 왜 우리가 이런 방식으로 살고 있는지 설명을 제공한다. 잠언, 도덕, 격언, 신화, 종교, 신학적 전통과 가치 체계들은 상징적 우주의 일부분이다. 피터 버거와 토마스 루크만이 《실재의 사회적 구성》(*The Social Construction of Reality*)에서 발전시킨 지식사회학의 개념이기도 하다.
5. 묵시는 '전제적이고, 논리적이며 (또는) 사실에 입각한 언어'로 구성되어 있지 않고, '상상을 하면서 참여하기를 강요하는 상징적인 언어가 가지고 있는 환기시키는 힘'에 의해서 설득한다(Schüssler Fiorenza 1991:31).
6. cf. W. C. Booth, *A Rhetoric of Irony*, London: University of Chicago Press, 1974. "The Pleasures and Pitfalls of Irony: Or, Why Don't You Say What You Mean?" in D. M. Burks (ed.), *Rhetoric, Philosophy and Literature: An Exploration*, West Lafayette: Purdue University Press, 1978: 1-13.
7. Henry Barclay Swete, *The Apocalypse of St. John: The Greek Text with introduction*, Notes and Indices (third edition; London: MacMillan and Co., 1911), p. cxl; Angelo Lancellotti, "L'Antico Testamento nell' Apocalisse," Rivista Biblica 14 (1966), 369; Jean-Louis D'Aragon, "The Apocalypse," *The Jerome Biblical Commentary II* (edited by Joseph A. Fitzmyer and Raymond E. Brown; Englewood Cliffs, N. J.: Prentice-Hall, Inc., 1968), p. 468a. 구약 인유 목록은 다음을 보라: R. H. Charles, *A Critical and Exegetical Commentary on the Revelation of St. John I* (The International Critical Commentary; New York: Charles Scribner's Sons,

1920), pp. lxviii – 칠십인역xii.
8. G. K. Beale and D. A. Carson, eds. *Commentary on the New Testament Use of the Old Testament*. (Grand Rapids: Baker Academic, 2007), pp. 1081 – 1088.
9. Richard Bauckham, *The Climax of Prophecy: Studies on the Book of Revelation*, Edinburgh: T. & T. Clark, 1993:238 – 337.
10. Richard Bauckham, *The Climax of Prophecy: Studies on the Book of Revelation*, Edinburgh: T. & T. Clark, 1993:384 – 407.
11. 놀라서 본능적으로 나오는 말로, 요청이나 대답 따위를 나타낸다.

**약어표**

1 Enoch. 에녹 1서(구약 위경)

1 Macc. 마카비 1서(구약 외경)

1 QH. 쿰란 제1동굴에서 발견된 감사찬송시

1 QM. 쿰란 제1동굴에서 발견된 종말론적 전투를 위한 매뉴얼

1 QS. 쿰란 제1동굴에서 발견된 공동체 규칙서

1 QSb. 쿰란 제1동굴에서 발견된 축복의 규칙서(1QSa는 회중 규칙서)

2 Bar(2 Baruch). 바룩 2서(구약 위경)

2 Macc. 마카비 2서

3 Macc. 마카비 3서

3 Baruch. 바룩 3서

4 Ezra. 에스라 4서

4 Macc. 마카비 4서

4Q285. 쿰란 제4동굴에서 단편으로 발견된 문서로 살해당한 메시아 본문

4QFlor(4QFlorilegium, 4Q174). 쿰란 제4동굴에서 발견된 문헌. 다윗의 아들이 하나님의 아들임을 다양한 구약 본문을 통해 종말론적으로 주석

4QPBless. 쿰란 제4동굴에서 발견된, 일곱 줄짜리 족장들의 축복

4QpIsa. 쿰란 제4동굴에서 발견된 이사야서에 대한 페쉐르(성경 주석)

4QpIsaa frag. 쿰란 제4동굴에서 발견된 이사야서에 대한 페쉐르(성경 주석)의 단편

4QpNah frag. 쿰란 제4동굴에서 발견된 나훔서 주석 단편

4QShirShabb. 쿰란 제4동굴에서 발견된 안식일 희생제사의 노래

4Q161. 쿰란 제4동굴에서 발견된 이사야서에 대한 페쉐르(성경 주석)의 단편

Asc. Isa. 이사야 승천서

b. Hag. 하기가(Hagiga, 유대 절기에 드리는 헌물)에 관한 바벨론 탈무드

b. Sanhedrin. 산헤드린(유대 의회)에 관한 바벨론 탈무드

b. Sota. 소타(간음이 의심되는 여인을 검증하는 쓴 물에 관한 규정)에 관한 바벨론 탈무드

Cant(Canticles). 시편과는 다른 찬송시

CD. 다마스커스 문서(사독 문서)

Justin Dial 126. 저스틴과 트리포의 대화록 126번

Irenaeus Adv. Haer. 이레니우스의 이단 대적

Josephus, War. 요세푸스의 유대 전쟁사

Jub. 희년서

Justin 1 Apol. 저스틴의 변명 1

Lam. R. 예레미야 애가의 미드라쉬

Lev. R. 레위기의 미드라쉬

m. Sota. 소타(간음이 의심되는 여인을 검증하는 쓴 물에 관한 규정)에 관한 미쉬나Mekilta Rabbi Ishmael[Beshallah] 유대교에서 성경 주해의 규칙들(Mekhilta)로서 미드라쉬를 수집해 놓은 고전 중 하나의 작품. 출애굽 주석과 두 가지 해석 방식(할라카—법적 교리, 하가다—도덕적, 종교적 가르침)을 대변

Midr. Ps. 시편의 미드라쉬

Midr. Rab(Midrash Rabbah). 유대 성경에 대한 도덕적, 종교적 가르침(하가다)을 수집한 전체 작품

Midr. Rab. Eccles. 전도서의 하가다식 미드라쉬

Midr. Rab. Exod. 출애굽기의 하가다식 미드라쉬

Midr. Rab. Gen. 창세기의 하가다식 미드라쉬

Midr. Rab. Num. 민수기의 하가다식 미드라쉬

Philo Leg. All. 알렉산드리아 필로의 알레고리 해석(Legum allegoriae)

Pseudo-Philo. 필로의 이름으로 쓴 가작

Sib. Or. 시빌 신탁

T. Dan. 단의 유언

T. Jud. 유다의 유언

T. Levi. 레위의 유언

T. Jos. 요셉의 유언

Tanhuman Vayigash. 토라를 11주씩 묶어서 1년간 읽을 수 있도록 분류한 책

Tg. Cant. 찬송기에 대한 탈쿰

Tg. Onk. Pal. 구약의 아람어 의역(Targum Onkelos)

# 요한계시록 강의
: 선교와 저항

A Lecture on the Book of Revelation
: Mission and Resistance

2018. 4. 11. 초판 1쇄 인쇄
2018. 4. 23. 초판 1쇄 발행

**지은이** 정용성
**펴낸이** 정애주
국효숙 김기민 김의연 김준표 김진원 박세정
송승호 오민택 오형탁 윤진숙 임승철 임진아
정성혜 차길환 최선경 한미영 허은

**펴낸곳** 주식회사 홍성사
**등록번호** 제1-499호 1977. 8. 1.
**주소** (04084) 서울시 마포구 양화진4길 3
**전화** 02) 333-5161
**팩스** 02) 333-5165
**홈페이지** www.hsbooks.com
**이메일** hsbooks@hsbooks.com
**페이스북** facebook.com/hongsungsa
**양화진책방** 02) 333-5163

ⓒ 정용성, 2018

• 잘못된 책은 바꿔 드립니다.
• 책값은 뒤표지에 있습니다.
• 이 도서의 국립중앙도서관 출판예정도서목록(CIP)은 서지정보유통지원시스템 홈페이지(http://seoji.nl.go.kr)와 국가자료공동목록시스템(http://www.nl.go.kr/kolisnet)에서 이용하실 수 있습니다.(CIP제어번호: CIP2018010637)

**ISBN** 978-89-365-1282-8 (03230)